인공지능 시대
무기가 되는 생각법

인공지능 시대
무기가 되는 생각법

변창우 지음

HIPS Human Intelligence PROCESS
Problem Solving

SAY KOREA

일의 기본기는 아무리 강조해도 지나치지 않다. 일의 기본기를 갖추지 않은 사람이나 기업은 머지않아 밑천이 드러나고 곤경을 겪게 된다. 『인공지능 시대 무기가 되는 생각법』은 '문제해결력'이라는 일의 기본기를 배울 수 있는 좋은 교재다. 문제해결이라는 주제로 다양한 경험과 인사이트를 쉽고 재미있게, 그리고 현실적이고 솔직하게 풀어냈다. AI 시대에 인간이 살아남기 위한 역량으로 전문가들은 맥락적 해석과 인사이트 도출을 이야기한다. 이는 문제해결력을 기반으로 한 논리적이고 창조적인 사고에서 비롯된다. 이 책은 AI 시대에 필요한 통합적 사고 프로세스를 처음부터 끝까지 알려주는 안내서다.

_**강재상**(패스파인더넷 공동대표. 『당신의 제품과 서비스가 팔리지 않는 이유』, 『일의 기본기』 저자.)

"문제해결이라는 본질에 집중하면 내 일이 확장된다"라는 말을 인터뷰에서 한 적이 있다. 광고인을 '문제를 해결하는 사람'으로 정의했더니 내 일이 확장되어 광고에서 브랜드 컨설팅으로, 다시 조직문화를 연구하고 있다. 문제해결은 많은 직장인들이 숙명처럼 받아들여야 하는 과업이다. 하지만 이를 위한 체계적인 지침서는 많지 않고, 조직마다 각자의 방식으로 문제해결을 시도하고 있다. 그러나 점점 더 확실해지는 것은 앞으로 기업이 풀어야 할 문제들은 과거처럼 한 가지 방식으로 해결하기 어려운 복잡한 무엇이 될 것이라는 점이다. 그런 의미에서 이 책 『인공지능 시대 무기가 되는 생각법』은 문제를 다양한 관점에서 정의하고 통합적으로 해결하는 방법을 보여주고 있어 눈길을 끈다. 인공지능 시대에 내 일을 확장하고 좋은 리더가 되기 위해 노력하는 이들을 위한 좋은 길잡이가 될 책이다.

_**박웅현**(TBWA KOREA 조직문화연구소 대표. 「여덟 단어」, 「책은 도끼다」 저자.)

학생들에게 AI를 가르치고 기업체를 대상으로 AI 관련 강연과 컨설팅을 진행하며 점점 더 깨닫는 사실이 있다. AI 자체에 대한 지식도 중요하지만 '도구로서 AI를 어떻게 활용할 것인가'에 대한 고민이 더 깊어져야 한다는 점이다. 비즈니스 현장에서 아무리 AI를 도입한들 AI를 활용하는 사람이 문제해결 역량이라는 기본기를 갖추지 못하면 AI를 제대로 활용할 수 없다. 따라서 기업의 과제는 AI의 역할을 인간의 지능과 지성을 확장해주는 도구로 인식하는 것, 그리고 구성원의 문제해결 능력 자체를 키우는 노력을 병행하는 것으로 정리할 수 있다. 그런 의미에서 『인공지능 시대 무기가 되는 생각법』은 지금 기업이 가장 먼저 읽어야 할 책이다.

_**이경전**(AI 전문가, 경희대 빅데이터응용학과 교수. 「세븐 테크」, 「한경무크 챗GPT 2023」 공저자.)

기업 경영자로서 AI 시대를 대비하는 것은 현 시점의 가장 큰 고민거리 중 하나다. 회사 차원에서 시스템을 도입하고 인프라를 구축하는 일도 고민이지만, 경영자와 중간관리자 및 실무자 등 조직 구성원들의 일하는 방식이 어떻게 변화해야 하는가에 대한 고민이 가장 크다. 과거 우리나라 기업들은 일하는 방식의 변화 없이 시스템만 도입했다가 시행착오를 겪곤 했다. 그런 함정에 빠지지 않으려면 구성원들의 마인드와 일하는 방식이 함께 바뀔 필요가 있다. 그 방안을 고민하던 차에 구성원들에게 추천해줄 만한 책이 나왔으니 무척 반갑다. 『인공지능 시대 무기가 되는 생각법』은 장기적인 전략과 계획으로 AI 시대를 대비하는 모든 이들에게 좋은 지침서가 될 것이라 확신한다.

_**조좌진**(롯데카드 대표이사 사장.)

오랫동안 크리에이티브 컨설팅을 해오면서 문제해결의 핵심은 논리적 분석과 창의적 사고의 융합임을 알게 됐다. 이에 더해 저자는 30여 년간 다양한 산업 현장에서 축적한 노하우를 바탕으로 AI 시대에 인간 고유의 문제해결 능력과 통합적 사고가 더욱 중요해질 것임을 일깨워준다. 급변하는 환경에서 문제의 복잡성이 나날이 커지는 지금, 『인공지능 시대 무기가 되는 생각법』은 개인과 조직이 직면한 모든 도전 과제를 창의적으로 돌파하고 싶은 이들에게 큰 도움이 될 책이다.

_**최소현**(네이버(주) 디자인&마케팅 부문장.)

AI 시대에 인간은
더욱 인간다워져야 한다

예전부터 문제해결Problem Solving에 관한 책이 하나쯤은 있어야 한다고 생각해왔다. 직접 이 주제로 책을 내려고 3년 전부터 틈틈이 자료를 모으고 생각을 정리했다. 집필에 속도를 낸 것은 작년 무렵, 여기저기서 인공지능Artificial Intelligence, AI이 인간을 대체할 것이라는 전망이 들리면서였다. 이런 때일수록 역으로 인간지능Human Intelligence, HI의 역할을 강조하는 책이 필요하다는 '삐딱한' 생각을 품었다.

문제해결은 인간의 지적 능력을 대표하는 활동이다. 원시시대부터 현대 사회까지 인간의 역사는 크고 작은 문제해결을 위한 도전과 응전의 역사였고, 인간의 지능과 지성은 그 과정을 통해 발달해왔다. 집, 학교, 직장 등 사람이 모인 모든 장소에서 문제해결 활동은 꼭 필요하다.

그런데 이렇게 중요한 문제해결 능력을 기르기 위해 참고할 만한 책이 국내에는 별로 없다는 게 나에게는 큰 의문이었다. 학교를 졸업하고 직장에 들어가면 매일 마주해야 하는 것이 문제해결이라는 과업이다. 직장에서는 이미 여러분이 문제해결 능력이 있다는 가정하에 임무가 주어지고, 직장을 다니면 다닐수록 더 크고 어려운 문제를 해결해야 하는 책임이 주어진다. 그런데 정작 직장과 사회생활에서 참고할 수 있는 문제해결 참고서는 별로 없다.

"아, 그거야 현실 문제라는 게 제각각이고 한 가지 방법으로만
해결할 수 있는 게 아니니까 그런 거 아니오?"

맞는 말씀이다. 절반만.

현실의 문제를 해결하는 방식은 저마다 다르고 가정부터 회사까지 분야별로도 제각각이다. 하지만 나는 서로 다른 문제해결 방식들을 관통하는 공통의 '그 무엇'이 있다고 믿는다. 그리고 그것을 알면, 어떤 문제해결 상황에도 써먹을 수 있는 문제해결 능력을 기를 수 있다고 생각한다. 이 책은 바로 이 생각의 결과로 만들어졌다. 30년 넘게 여러 군데 직장을 다니면서 보고 듣고 배운 '그 무엇'들을 현재 직장인의 필요에 맞게 가다듬었다.

새로운 기술이나 사업모델이 출현했을 때, 그걸 무조건 흉내 내려다가 오히려 자기 정체성과 차별성을 잃고 방황하는 기업과 개인

을 자주 보게 된다. 대부분 정답은 자신이 잘할 수 있는 것을 더욱 잘하는 것, 그리고 새로운 기술이나 사업모델은 자신이 잘할 수 있는 것을 더 잘하기 위해 이용하는 것이었다. AI에 대한 대처법도 마찬가지다. 인간이 AI보다 잘할 수 있는 것을 더욱 잘하고, 그것을 위해 AI를 잘 써먹어야 한다. 다시 말해 인간은 더욱 인간다워져야 한다. 바로 이 책에서 얘기하는 '인간지능 문제해결 프로세스'를 익히고 '문제해결사'가 되어야 하는 이유다.

이 책은 인간지능을 활용한 문제해결 프로세스를 알려주는 일종의 가이드북이다. 현실 세계의 문제를 해결하는 데 필요한 프레임워크Framework를 제공한다. 조직 차원에서 문제해결을 위한 특정 프로젝트나 태스크를 수행하기 위한 가이드이기도 하지만, 개인 차원에서도 문제해결을 위해 한 번쯤 밟아야 하는 씽킹 프로세스Thinking Process이기도 하다.

이 책에서 나는 'AI 시대에 인간의 가장 중요한 역할이 무엇인가?' 라는 질문을 던졌고, 이에 대한 대답으로 '맞는 질문 하기와 통합적 사고를 통한 문제해결'을 제시했다.

당연히 이 책의 과정을 따른다고 해도 해결책이 뿅 하고 자동으로 튀어나오지는 않는다. 하지만 최소한 이 책이 제시하는 문제해결 과정을 밟는다면 잘못된 질문으로 쓸데없이 시간을 낭비하거나 편향된 접근으로 잘못된 해결책을 도출하는 위험은 상당 부분 줄일 수 있다고 확신한다. 비유하자면 정석定石과 같다. 정석은 알면 많이 도움이 되지만, 그렇다고 현실에서 그 문제가 그대로 출제되지는 않는다. 그러나 적어도 각각의 문제해결에 도움이 되는 관점과 프레임을 제공할 것이다.

긴 내용이지만 지루하지 않도록 부족한 실력이나마 그림도 직접 그려 넣고, 다른 책에서 못 본 실제 사례를 예로 들었고, 심지어 '아재 개그'도 가미하는 등 나름 노력했다. 활용에 목적을 둔 책이지만, 그래도 내 돈 내고 사 보는 책인데 재미있게 읽혔으면 한다. 이 책이 오늘도 현장에서 골치 아픈 문제들과 씨름하는 분들에게 책상 한편에 놓아두었다가 뭔가 막히고 답답할 때 그래도 한번씩 들추어 보는 책이 되었으면 좋겠다는 야무진 바람을 가져본다.

2024년 여름, 맑은 날

1부

AI 시대에 살아남는
인재의 조건

1장

AI 시대는
직장인의 위기인가

AI 시대를 살아가는
인간의 무기

AI 시대를 살아가는 인간에게 가장 필요한 역량은 무엇일까? 서문에서 말한 것처럼, 나는 '문제해결 역량'이라고 본다. 문제풀이는 AI가 가장 잘하는 것 아니냐고? 개념이 조금 다르다. AI가 풀어내는 문제는 정형화되고 구조화된 문제고, 인간이 풀어야 하는 문제는 비정형화되고 복잡한 현실 문제다.

맞는 질문 하기

조만간(어쩌면 벌써) AI는 수학능력시험 문제를 인간보다 훨씬 정확하고 빠르게 풀어낼 것이다. 그런데도 우리 교육 현장에서는 여전히 주어진 문제를 잘 푸는 사람들에게 높은 점수를 준다. 그들이 좋은 대학에 가고 좋은 기업에 취직한다. 그러다 보니 소위 '잘나가는' 기업에 특히 문제풀이 선수가 가득하고 질문을 잘하는 사람은 드물다. 리더들 역시 마찬가지다. 경영자가 잘못 던진 질문에 맞는 답을 찾아보려다 거덜 난 회사들이 많다. 글로벌 기술과 트렌드를 선도해야 할 우리나라 기업들이 가진 가장 큰 문제가 '제대로 질문하는 리더'들이 부족하다는 것이다.

이제는 생각하는 방법과 일하는 방법이 달라져야 한다. 정형화되고 조건이 결정된 상황에서 문제의 답을 찾는 것은 이제 인공지능이 인간지능을 훨씬 앞서갈 것이다. 반면에 우리가 직면하는 비즈니스 문제는 여전히 복잡하고 불확실한 양상을 띤다. 아니, 그 정도가 오히려 심해지고 있다. 기술과 사람이 혼재되고, 데이터와 크리에이티브가 버무려지고, 변화의 속도가 무섭도록 빨라지는 중이다. 게다가 AI가 기능적이고 반복적인 일들을 대신 처리하면서 이제 인간은 과연 어떤 일을 해야 하는가에 대한 의문이 커지고 있다.

예를 들어 판매/마케팅/재고/물류활동을 AI가 자동으로 관리해주고 프라이싱도 AI가 실시간으로 최적화시켜주게 되면, 조만간 관련 부서 인력은 대폭 줄어들거나 시스템으로 대체되는 날이 올 것이다. 사람은 전략과 중요 의사 결정만 하고, 실무는 AI가 대신하는 세상이 오고 있다. 이제 조직 내에서 사람이 해야 할 중요한 역할은 보고서를 잘 쓰는 게 아니다. 보고서 초안은 AI가 어지간한 실무자보다 더 잘 만들게 될 것이다. 조직 관리만 잘하면 묻어가던 시대도 갔다. 관리할 조직 역시 AI로 대체될 것이기 때문이다. 기능적이고 전문적인 지식 또한 AI가 더 잘 파악하고 있을 것이다. 전통적인 의미에서 관리자의 역할은 한계에 봉착했다. 그럼 뭘 어떻게 해야 하는 걸까?

결론부터 말하자면, AI가 아무리 날고 기어도 인간을 대신할 수 없는 것이 있다. 바로 '질문하기'다. AI는 주어진 문제를 풀 수는 있어도 없는 질문을 만들지는 못한다. AI에게 질문을 하라고 하면 하는 척은 할 테지만, 그 질문은 문제의식을 가지고 상황을 개선하고자 하는 의지에서 나온 '진짜' 질문이 아니다. 질문을 던지는 것은 인간만이 가진 역량이자 특권이다. (만약 AI가 어느 순간 자신에게 질문을 던지기 시작한다면, 그 순간이 바로 AI가 인간을 앞지르는 특이점이 될 것이다.) AI로 인해 기존의 상식과 전제들이 무너지고 뒤집어지는 불확실성과 변혁의 시기에 인간의 질문하는 능력은 더욱 빛을 발할 것이다.

이제 우리는 AI가 결코 대체할 수 없는 인간 고유의 능력인 인간지능을 활용하여 현실 세계의 복잡한 문제들을 해결해나가는 역량을 키워야 한다. 바로 **'맞는 질문**Right Question**을 던지고, 통합적 사고를 통해서 최적의 해결책을 도출하고, 이를 실행해낼 수 있는 문제 해결 역량'**이 필요하다.

통합적 사고

AI 때문에 상당수 실무진이 사라지게 될 것이라는 전망이 여기저기서 제시되고 있다. 앞으로 어떻게 하면 살아남을 수 있을지 마음이 뒤숭숭한 사람들이 많을 것이다. 어떻게 하면 AI 시대에 살아남을 수 있을까? 자기 전문 분야에서 최고의 실력을 쌓으면 될까? 그럴 수 있다. 그렇지만 최고의 자리에 오르기도 어렵고 자리를 지키기란 더욱 어렵다.

디자이너인 이 과장은 "세상에서 가장 아름다운 디자인은 내가 만든 제품의 매출이 폭발적으로 성장하는 S 커브다"라고 늘 이야기한다. 백엔드Back-end 개발자인 김 과장은 프론트 엔드Front-end 디자인에도 관심이 많아 풀 스택Full Stack 개발자를 목표로 하고 있다. 데이터 분석 전문가인 박 과장은 고객 접점에서의 크리에이티브에 따라 고객의 클릭률과 전환율 차이가 크다는 걸 알고, 크리에이티브 담당인 최 대리와 협업해서 크리에이티브에 따른 A/B 테스트를 진행하고 있다. 기획 및 전략 전문가인 변 팀장은 데이터 분석의 중요성을 절감하여 데이터 분석 기본과정을 수강하고, 간단한 분석은 SQLStructured Query Language*과 엑셀로 본인이 직접 수행해본다.

이들의 공통점은 무엇일까? 바로 자신들의 업무나 전문 분야 외에 다른 분야로 영역 확장을 시도한다는 것이다. 이들처럼 자기 전문 영역 외에 하나 이상의 다른 전문 분야를 가지고 있으며, 업무와 관련해 폭넓은 배경지식을 가진 이들을 파이π자형 인재라고 부른다. 이들은 다양한 경험과 지식을 가지고 문제해결을 위해 새로운 연결을 만들어 낼 줄 아는 사람들이다. 또 자기 영역만 아는 것이 아니라 다른 영역과 일 전반에 관해 알고 있으므로, 여러 주체와 이

---

*시스템에서 자료를 처리하는 용도로 사용되는, 구조적인 데이터 질문 언어.

익이 얽힌 복잡한 문제에 관해 사고가 훨씬 유연하게 열려있고 팀워크 또한 좋은 편이다. 이러한 인재들이 모여있으면 커뮤니케이션이 활발해지고 다양한 질문이 쏟아지며 해결책의 스펙트럼도 훨씬 더 넓어진다.

AI는 이러한 역량을 가진 인력을 대체하기 어렵다. AI는 제한된 영역의 정형화된 문제를 풀어줄 뿐이지 분야 사이에 복잡하게 얽혀있는 비정형화된 문제를 해결하는 것은 한계가 있기 때문이다. 과거 AI는 알고리즘 적용과 같은 분석적인 업무가 주특기였으나 최근에는 그림이나 음악을 만드는 창의적인 작업도 수행해내고 있다. (물론 엄밀히 말하면 이 역시 데이터를 통한 학습의 산물이다.) 그러나 AI는 분석적이면서 동시에 창의적이라는, 어찌 보면 이율배반적인 지시를 이해하지 못한다. AI는 아직 분석을 명령하면 분석하고 제작을 명령하면 만들 뿐이지, 분석과 창조 사이를 오가며 통합적으로 최적안을 만들어 내지는 못한다.

반면 인간지능은 이 두 가지 일을 동시에 수행해낼 수 있다. 어느 것에 분석을 적용하고 어디에 창의성을 발휘할 것인지를 분류하고, 최종적으로 해결책을 도출하기 위해 이 두 가지를 어떻게 통합시켜야 하는지 판단할 수 있다. 이것이 바로 인간지능의 '통합적 문제해결 능력'이다. 특히 과거에 발생하지 않았던 새로운 문제를 다루는 인간지능의 통합적 문제해결 능력을 AI가 대체하기란 당분간 어려울 것이다.

이러한 통합적 문제해결 능력을 기르려면 자기 분야에 대한 전문성뿐만 아니라 여러 분야를 아우르는 통합적인 사고가 필요하다. 사일로Silo*에 갇혀서 부분최적화만 생각하는 우물 안 개구리여서는 안 된다. 큰 그림을 보는 전략적 사고를 해야 하고, 분석력과 창의성을 기반으로 실제로 문제를 해결해내는 역량이 필요하다.

> "AI는 인간지능의 대체제가 아니다. 그것은 인간의 창조성과 독창성을 확장해주는 도구다."
>
> _페이페이 리Fei-Fei Li(스탠퍼드 대학 교수)

---

*회사 안에 성이나 담을 쌓고 외부와 소통하지 않는 부서를 가리키는 말.

우리 일자리를 위협하는 것은
AI가 아니다

.

 팀에 새로 신입사원 한 명이 들어왔다. 미국 캘리포니아주의 무슨 대학교 출신이란다. 그런데 이 친구 상당히 독특하다. 많은 분야에 박식하고, 어떤 주제를 질문하건 막힘 없이 술술 '썰'을 풀어낸다. 어떤 분야들에서는 전문가 수준의 지식을 드러내서 깜짝깜짝 놀란다. 그리고 지독한 워커홀릭이라 주 7일 하루 24시간 항시 일할 준비가 되어있다. 무슨 일을 시키건 싫은 내색을 하지 않고, 보고서를 다시 써 오라고 해도 금방 수정해서 다시 가져온다. 엑셀과 코딩 실력도 놀라운 수준이다. 한국말도 곧잘 하지만 영어로 얘기하게 하면 그럴싸한 말들을 훨씬 많이 하는 편이다.

 이 정도면 팀에 차세대 에이스가 들어온 거라고 봐야 하는데, 몇 달 같이 지내보니 좀 이상한 점들이 눈에 들어오기 시작한다. 먼저

묻지 않으면 절대로 자기가 먼저 얘기를 하는 법이 없다. 그리고 던진 질문에 가끔 말도 안 되는 얘기를 꾸며대어 답한다. 있지도 않은 얘기를 그럴싸하게 늘어놓는다. 하마터면 그대로 믿고 진행하다가 낭패를 볼 뻔하기도 했다. 그리고 좋게 얘기해서 별로 욕심이 없어 보이는데, 나쁘게 얘기하면 소처럼 묵묵히 시키는 일만 한다. 또 만드는 보고서를 보면 무난하기는 하지만, 뭔가 자신만의 관점이나 새로운 발상이 잘 보이지 않는다. 그런데 뜻밖에 이 과장의 얘기로는, 배경·맥락·역할을 명시하고, 구체적인 아웃풋 기대치를 제시하고, 단계적으로 집요하게 물어보고 지시하니 때로는 그럴듯해 보이는 자기 생각을 얘기하기도 한단다. 무서운 점은 이 친구가 점점 더 놀라운 속도로 아는 게 많아지고 자기 약점을 보완해나간다는 것이다.

이 새로 들어온 친구는 누굴까? 짐작하듯이 챗GPT, Gemini, 클로바 X, Claude와 같은 생성형 AI이다. 이렇게 의인화해서 바라보면 AI는 안 쓸 이유가 없는 훌륭한 직원이다. 아직은 독립적으로 일을 맡기기엔 적합하지 않지만, 내 옆에 두고 필요할 때마다 일을 맡기기에는 더할 나위 없다. 대신에 질문과 지시를 명확히 해야 하고, 아직은 아웃풋을 꼼꼼하게 살피고 마무리는 내가 직접 해야 할 것 같다. 비용? 한 달 월급(사용료)으로 최대 20달러만 내면 된다. 커피 몇 잔 값으로 활용할 수 있는 가성비 으뜸 비서다. 단점과 한계도 있지만, 그걸 잘 알고 나에게 맞게 활용하면 그뿐이다.

그렇다면 혹시 이 친구가 회사에서 곧 내 자리를 대신 차지하게 될까? 글쎄, 나는 지금 이 책을 읽는 독자들이 은퇴하기 전까지는 그런 일은 발생하지 않는다는 쪽에 한 표를 걸겠다. 우리가 지금 신경써야 할 주제는 다른 것이다. 바로 AI를 업무에 활용하는 사람과 그렇지 않은 사람의 성과 차이다.

AI를 사용하는 사람과 사용하지 않는 사람의 경쟁력 차이는 명확할 것만 같다. 실제로 그런지 연구 결과를 찾아보았다. 보스턴 컨설팅 그룹BCG과 미국의 교수들이 공동으로 한 연구로, 경영 컨설턴트들을 대상으로 AI 사용 여부가 업무 생산성과 질에 미치는 영향을 연구한 논문이다.* 결론은 예상하듯이 AI를 쓰는 그룹의 생산성이 좋은 것으로 나타났다. 구체적으로는 AI를 사용한 컨설턴트들이 12.2퍼센트 더 많은 일을 수행했고, 25.1퍼센트 더 빠르게 업무를 수행하여 능률이 높았다. 아웃풋의 질도 40퍼센트 이상 좋았다. 또 하위 그룹의 경우 성과가 43퍼센트 증가했고 상위 그룹은 17퍼센트 증가하여 다수에게 충분히 도움이 된다는 점을 보여주었다. 가장 중요한 시사점은 문제해결이 주 업무인 경영컨설턴트란 직업에서도 AI를 잘 활용하는 사람이 경쟁 우위를 가지게 된다는 것이었다.

그런데 의외의 결과들도 있다. 데이터 분석과 인터뷰 결과를 미세하게 통합해야 정답을 맞출 수 있는 문제를 개발하여 실험했더니, AI 미사용 그룹은 84%가 정답을 맞혔는데 AI 사용 그룹은 오답률이 높았다. AI 사용자 중 상당수가 AI가 내놓은 결과를 검토하거

---

*Navigating the Jagged Technological Frontier: Field Experimental Evidence of the Effects of AI on Knowledge Worker Productivity and Quality, 2023.

나 검증하지 않고 그대로 사용했다. 이것은 AI에게 너무 의존하면 문제가 생길 수 있다는 사실을 알려준다.

요즘은 AI 외에 인공일반지능Artificial General Intelligence, AGI이라는 용어도 자주 쓰인다. 이는 일정한 조건 하에서가 아니라 통상적인 상황에서 인간이 해낼 수 있는 어떤 지적인 활동도 해낼 수 있는 AI를 의미한다. 누구는 10년 이내에 상용화된다고 얘기하고 누구는 당분간은 힘들다고 얘기한다.

사실 AI를 우리가 실생활에 접목해 사용하기까지는 새로운 데이터 확보, 에너지 문제, 사회적·윤리적·법률적 수용 문제 등 현실적인 장벽들이 산재해있다. 또한 조직 내에서 개인의 업무가 한두 가지의 단순 반복적인 업무로 이루어져있다면 지금 AI도 얼마든지 대체할 수 있겠지만, 복잡한 복수의 업무들을 수행하는 개인을 대체하는 것은 적어도 당장은 어려울 것이다. 그렇다면 지금 우리가 해야 할 걱정은 무엇일까? 바로 이런 AI를 자유자재로 활용해서 업무를 스마트하게 처리하는 옆자리 동료의 성과다.

프롬프트 엔지니어가 새로운 직업으로 뜬다고 난리 치다가 이젠 잠잠하다. 해보니까 별 게 없기 때문이다. 프롬프트 엔지니어링이라는 거창한 용어를 붙였지만, 배경과 맥락을 고려하여 AI가 해주어야 할 역할을 명시하고, 구체적인 아웃풋에 도달하기 위해 단계적으로 집요하게 물어보는 등 약간의 요령만 알면 된다. 사용법도 금방 익숙해진다.

결국 AI를 더 잘 사용하기 위해서는 AI를 쓰는 법만 알아서는 부족하다는 의미다. 업무 지식, 질문을 잘하는 능력, 결과에 대한 비판적인 사고 능력 등 일의 기본기가 갖추어져야 하며, AI를 언제 어디에 어떻게 활용해야 하는지 실제 문제해결에 적용해보는 경험이 필요하다는 것이다.

이 책에서 던지고자 하는 '맞는 질문'은 "AI가 인간의 역할을 대체할 것인가?"가 아니다. (최소한 근시일 이내는 아니다.) 당장 우리가 고민해야 할 맞는 질문은 "이제 우리가 뭘 하면 되지?"다. 이 질문을 잘 풀어내는 사람들, 즉 AI를 능률 높은 비서로 활용하면서 스스로는 인간이 가장 잘할 수 있는 일인 '문제해결'을 더 잘 해내는 사람들, 이들이야말로 나의 일자리를 가장 위협하는 존재가 될 것이다.

> "우리는 기술의 영향을 단기적으로는 과대평가하고 장기적으로는 과소평가하는 경향이 있다."
>
> _로이 아마라 Roy Amara(미래학자)

퍼스트 무버의 출발점:
맞는 질문을 던져라

"당신의 진짜 실수는 대답을 못 찾은 게 아니야. 자꾸 틀린 질문
을 하니까, 맞는 답이 나올 리가 없잖아. 왜 이우진은 오대수를
가뒀을까가 아니라, 왜 풀어줬을까란 말야. 왜? 자, 다시. 왜 이
우진은 오대수를 딱 15년 만에 풀어줬을까요?"

박찬욱 감독의 영화 〈올드보이〉에 나오는 대사다. 역시 대가다
운 통찰이다.

맞는 질문은 새로운 통찰과 혁신을 자극하고, 기존의 관행을 깨
는 새로운 발상을 만들어낸다. 또한 공동의 목표 달성을 위한 팀워
크과 신뢰를 조성하기도 한다. 맞는 질문에 틀린 답을 내놓는 것은
흔히 일어나는 일이다. 이 경우엔 다시 생각해서 맞는 답을 찾을 기

회가 있다.

문제는 틀린 질문을 던졌을 때다. 경영학자 피터 드러커Peter Ferdinand Drucker는 "적절한 답을 찾는 것은 결코 중요하거나 어려운 일이 아니다. 적절한 질문을 찾는 일이 중요하고 어려운 일이다. 잘못된 질문에 대하여 딱 알맞은 답을 구하는 일보다 쓸모없고 위험하기까지 한 일이 없다"고 말했다. 조직의 리더가 틀린 질문을 던지면 시간, 인력, 예산 모두를 낭비하게 된다. 더욱 치명적인 것은 '리더'가 틀린 질문을 하면 조직 전체가 맞는 답을 찾을 기회가 원천적으로 봉쇄된다는 점이다. 리더가 질문을 어떻게 하느냐에 따라 구성원들의 사고는 프레이밍Framing 효과에 의해 다른 방향으로 전개될 가능성이 크다.

그러나 안타깝게도 우리나라 직장은 '질문하지 않는 문화'가 지배하고 있다. 위에서 아래로 일방적인 지시를 내리거나, 혹은 밑에서 알아서 챙겨주고 위에서는 결재만 하는 문화가 아직도 만연해 있다. 질문을 잘하는 문화가 자리 잡지 못한 이유는 객관식 답만 찾는 교육의 영향이기도 하고, 그동안 패스트 팔로어Fast Follower로서 잘하는 회사들만 따라가면 되던 시대의 잔재이기도 하다.

우리나라 직장에서 일이 진행되는 방식을 한 가지 일화를 통해 살펴보자.

보험회사 CMO인 김 전무는 마케팅 팀장인 이 부장을 불러서 난데없이 헬스케어 플랫폼 출시를 위한 전략을 세워 오라고 지시하는데, 다른 말 없이 보고 시한만 알려준다. 이 부장은 좀 황당하지만 새삼스러운 일도 아니라고 생각하며 곧 팀원들을 불러 모아 과거 보고서들을 검토하고, 경쟁사의 움직임을 체크하고, 아이디어 회의를 통해 보고서를 만든다. 여기서 직장 생활 20년 차인 이 부장은 김 전무의 기호와 스타일에 맞춰 세 가지 정도의 대안을 마련하는 치밀함과 세심함을 발휘한다.

그런데 이 부장이 보고를 올리자 김 전무는 마음에 드는 안이 없다며 보고서 수정을 요구한다. 이럴 리가 없는데 싶어 이 부장은 정보 채널을 가동한다. 이 부장은 곧 이 보고서가 CEO의 지시 사항이었으며, 김 전무는 CEO의 헬스케어 플랫폼에 대한 의중을 파악하지 못해 이 건에 관해 지시할 방향도, 할 말도 없었다는 사실을 알게 됐다.

명확한 지향점 없이 하루하루 보고서를 수정하다 보니 어느새 CEO에게 보고하는 날이 왔다. 이 부장은 전날까지 팀원들과 밤을 새워 준비한 내용을 보고하기 시작했다. 그런데 얼마 지나지 않아 CEO가 보고서를 탁 덮는다. 그러더니 척척 앞으로 걸어 나와 [표 1]의 로직트리를 화이트보드에 쓱쓱 그리기 시작한다. 그러고는 여기에 나와있는 질문들이 궁금한 것이라며 이걸 주제로 얘기하자고 말한다.

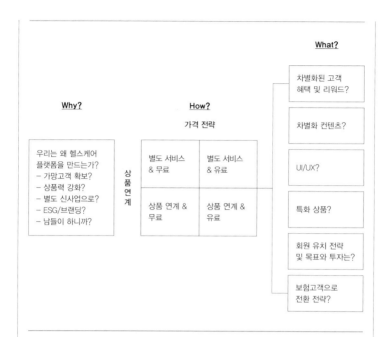

What?

차별화된 고객
혜택 및 리워드?

차별화 컨텐츠?

UI/UX?

특화 상품?

회원 유치 전략
및 목표와 투자는?

보험고객으로
전환 전략?

Why?

우리는 왜 헬스케어
플랫폼을 만드는가?
– 가망고객 확보?
– 상품력 강화?
– 별도 신사업으로?
– ESG/브랜딩?
– 남들이 하니까?

상품
연계

How?

가격 전략

별도 서비스 & 무료	별도 서비스 & 유료
상품 연계 & 무료	상품 연계 & 유료

[표 1] 헬스케어 플랫폼 출시 로직트리

　CEO는 헬스케어 플랫폼 구축의 키포인트에 질문을 집중시켰다. 김 전무와 이 부장은 같이 땀을 뻘뻘 흘리며 답변해보지만 의외의 질문들에 당황하지 않을 수 없다. 이 부장은 Why목적, How과정, What결과으로 진행하는 CEO의 질문방식에 당황했지만, 이런 식의 질문이 방향성을 더 명확하게 만들어준다는 생각이 들었고, 미리 이런 식의 질문을 하지 않은 김 전무가 원망스러워졌다.

가상의 상황이지만 기업에서는 이와 유사한 상황들이 매일같이 벌어지고 있다. 이 부장의 기획은 왜 표류해야만 했던 걸까? 바로 우리나라 직장의 리더들이 '맞는 질문'을 던지지 못했기 때문이고, 그들에게 '리더의 역할은 맞는 질문을 던지는 것'이라는 인식과 훈련이 부족했기 때문이다. 빅데이터, AI, 머신러닝 등 데이터가 넘쳐나는 시대를 살고 있지만 아쉽게도 우리나라 기업들의 의사결정 방식은 데이터가 부족하던 시대에 '높은 분'들의 직관과 육감에 의존했던 패턴을 그대로 답습하고 있다. 이러니 직원들은 논리적 사고와 데이터 분석보다는 높은 분의 직관과 육감을 지지하는 편향된 자료 수집과 유려한 보고서 작성에 특화될 수밖에 없다. 과거에 선진기업들을 벤치마킹하여 가장 빨리 따라 함으로써 성공하던 시대는 지나갔다. 우리 기업이 글로벌 기술과 트렌드를 선도할 퍼스트 무버First mover가 되는 출발점은 미래에 대한 통찰과 비전을 가진 리더들이 '맞는 질문'을 던지는 것이다. AI로 인하여 기존의 지식과 기술의 가치는 하락하고, 참신하고 통찰력 있는 질문의 가치는 더욱 상승할 것이다.

사업 단위가 아닌 팀 단위 조직에서도 맞는 질문을 던지는 리더십이 필요하다. 팀장은 팀원에게 할 일과 해내는 방법을 일방적으로 지시하기보다는 질문을 통해서 팀원들이 스스로 생각하게 하고 해결책을 찾아가게 해야 한다. 지시는 '왜?'라는 여지를 주지 않고 오로지 시키는 대로 하게 만든다. 반면에 질문은 상대에게 선택권과 자율성을 주며, 답을 찾는 과정에서 새로운 발상을 찾게 하고 문제해결 능력의 성장을 유도할 수 있다.

물론 좋은 질문을 많이 한다는 것이 쉽지는 않다. 똑똑하고 업무 능력이 좋은 리더일수록 '어느 세월에 질문해서 답을 내게 하나? 그냥 지시하는 게 속 편하지'라고 생각한다. 하지만 리더가 언제까지 사사건건 지시를 내릴 수 있을까? 결국 팀이 성장해야 하고, 이를 위해 리더는 지시가 아닌 질문을 할 필요가 있다.

'질문하기'가 오로지 팀원들을 위해서만 효과가 있는 것이 아니다. 질문은 질문하는 사람도 성장하게 하고 훨씬 더 큰 그림을 보게 한다. 아니, 이 효과가 더 크다. **맞는 질문을 선택하는 과정 자체가 많은 경험, 인사이트, 고민의 시간이 필요한 과정이기 때문이다.** 또한 질문을 통해 리더는 자기 절제와 신중함을 수련할 수 있다. '됐어, 놔둬', '차라리 내가', '그럴 바엔', '그건 이렇게'를 외치고 싶은 충동을 억제하고 대신 질문을 던지려면 몸에서 사리가 나와야 한다. 하지만 그 인내의 과정을 통해서 스스로 질문하고 문제해결을 할 줄 아는 팀원들을 갖게 된다면, 그 보람과 편안함으로 충분한 보상을 받게 될 것이다.

맞는 질문은 조직 전체가 사고할 방향을 결정한다. 우리가 아는 성공한 창업가들의 인터뷰를 보면 대부분 그 사업을 벌이는 계기가 된 의문 또는 질문이 있다. 좋은 질문은 사업뿐 아니라 인생에서도 새로운 통찰을 얻게 하고 긍정적인 변화를 불러일으키는 힘이 있다.

내가 아는 위대한 질문들로 마무리해보고자 한다. 이들은 저 질문 하나를 끌어내기 위해 평생을 바쳤다는 사실을 기억하자.

변하지 않는 것은 무엇일까?

_제프 베이조스 Jeff Bezos (아마존 창업자)

업의 개념은 무엇인가?

_이건희 (전 삼성그룹 회장)

인간은 정말 신이 창조했을까?

_찰스 다윈 Charles Robert Darwin (생물학자)

왜 여자들은 코르셋으로 허리를 조이고 치마를 땅에 끌고 다녀야만 할까?

_코코 샤넬 Gabrielle Bonheur Chanel (패션 디자이너)

PC 메신저를 모바일에서 구현할 수 없을까?

_김범수 (카카오 창업자)

서쪽으로 가면 인도에 더 빠르게 갈 수 있지 않을까?

_크리스토퍼 콜럼버스 Christopher Columbus (탐험가)

신화(트로이 전쟁)는 정말 책 속 이야기일 뿐일까?

_하인리히 슐리만 Heinrich Schliemann (고고학자)

혁신을 가져오는
통합적 사고의 힘

2022년 노벨생리의학상 수상자인 스웨덴의 스반테 페보Svante Pääbo 교수는 네안데르탈인 등 고인류의 유전자 분석을 통해 고유전체학이라는 새로운 분야를 개척하는 데 기여했다. 최근까지의 통설은 네안데르탈인이 진화가 덜 된 미개한 인류였으며, 현생 인류의 조상인 호모사피엔스와의 경쟁에서 밀려서 결국 멸종했다는 것이었다. 하지만 페보 교수가 네안데르탈인의 유전자 지도를 완성하면서 현생 인류의 유전자에 네안데르탈인의 유전자가 일정 부분 포함되어있음을 알아냈고, 덕분에 두 인류 사이에 교잡이 있었다는 사실이 밝혀졌다. 여기서 주목해야 할 것은 유전자 분석 기술과 기존의 진화생물학이라는 분야가 결합하여 새로운 진실들이 드러나기 시작했다는 것이다. 앞으로 통합적이고 융합적인 연구가 더욱 활발해질수록 훨씬 더 많은 진실이 밝혀질 것이다.

　DNA의 이중나선구조를 규명하여 노벨상을 받은 프랜시스 크릭Francis Creek의 이야기도 통합적 사고의 힘을 보여준다. 크릭은 대학원과 박사과정에서 입자물리학을 전공했다. 그런데 2차 대전 중 폭격으로 실험실이 파괴되자, 생물학으로 진로를 변경하면서 분자생물학에 눈을 뜨게 된다. 이후 X-ray 분석기술, 유전학 등 관련 분야의 지식과 기술들을 총동원하여 DNA의 이중나선구조를 규명했다. 크릭이 원래대로 물리학만 팠더라면 두 가지 학문의 융합이 요구되는 이러한 발견은 불가능했을 것이다.

　통합적이고 융합적인 사고는 경영 분야에도 눈부신 싹을 틔웠다. 스티브 잡스Steven Paul Jobs의 말이 결정적인 계기가 됐다.

"애플의 DNA에는 단지 기술Technology만으로는 부족하다는 인식이 각인되어있다. 기술에는 인문학Liberal Arts이 결합되어야 한다는 것이다. 인문학과 결합된 기술이야말로 우리의 심장을 뛰게 할 수 있다."

　이후로 국내에는 인문학 열풍이 불기 시작했고, 너도나도 인문학 강연을 들으러 다니기 시작했다.

　내가 다녔던 카드 회사는 통합적 사고의 의미를 잘 이해했던 회사였다. 그곳은 기존의 카드 회사와 달리 다른 분야의 콘셉트를 카드에 접목하여 혁신을 시도했다. 먼저, 카드업에 디자인의 개념을 도입하여 이제까지 금색이나 회색 아니면 검은색 일색이던 카드 플레이트 디자인을 차별화했다. 다음으로 기존에 후원금만 전달하던 후원 형식을 탈피해, 럭셔리 브랜드가 하듯이 자신들의 정체성을 녹여내는 콘서트를 진행했다. 또한 족보 없던 카드들에 브랜드 아키텍처를 도입하여 체계적인 카드 포트폴리오를 구축하였으며, 카드 사업의 경쟁자를 빅테크로 정의하고 데이터 분석에 빅테크 못지않은 과감한 투자를 했다.

이 회사는 본업인 카드업에 이질적인 업종의 아이디어를 통합함으로써 차별화에 성공하고 고객들에게 다른 가치를 제공할 수 있었다. 인상적인 것은 이 회사가 본업의 중심을 잡고 선을 넘지 않았다는 것이다. 업종 간 통합 시도가 중심을 잃어 스스로 정체성을 훼손하는 사례가 적지 않다는 점을 생각하면, 이 회사의 CEO 이하 구성원들의 지식, 경험, 균형감각을 높이 살 만하다.

세계적으로 학계와 업계에서 융·복합적인 사고를 강조하는 큰 흐름이 이어지고 있다. 그런데도 우리나라 교육은 고등학교 시절부터 진로를 문과와 이과로 나누어 선택을 강요한다. 게다가 스티브 잡스가 기술과 인문학의 결합을 강조한 이후 여러 경영자들이 그렇게 열심히 인문학 강연을 들으러 다녔건만, 여전히 기업들은 통합적인 사고를 할 줄 아는 인재를 기르는 데 무관심하다. 심지어 통합적 사고를 일하는 방식에 어떻게 적용해야 하는지조차 잘 모른다. 이처럼 한 우물만 팔 줄 아는 직장인들이 넘쳐나는 현실을 보면, 지금 우리나라 직장인들이 AI가 자신을 대체할 것이라고 걱정하는 것도 근거 없는 걱정이 아닌 셈이다.

인문학을 한마디로 표현하면 인간에 대한 학문이다. 인문학을 공부한다는 것은 모든 사업이 궁극적인 타깃으로 삼아야 할 '인간'이라는 존재를 이해한다는 것이다. 여기에는 새로운 것에 대한 호기심과 오픈 마인드, 타인에 대한 공감 능력과 감수성도 필요하다. 나이 든 '꼰대'들과 평생 기술만 파온 공대 출신들이 가장 따라잡기 힘든 부분일 것이다.

AI 혁명이 예고되는 시기에 다시 인문학을 강조하는 이유는 명확하다. AI가 널리 확산되면 개인이 가진 기술적 갭을 극복하는 것은 점점 더 그리 어려운 일이 아니게 될 것이기 때문이다. AI의 프롬프팅을 활용하면 인문계 출신들도 얼마든지 연구 개발이나 기술에서 자기 역할을 할 수 있게 된다. 아니, 오히려 인간에 대한 이해와 통찰을 바탕으로 훨씬 더 큰 성과를 낼 수도 있다.

인문학적 소양은 강좌 몇 개 듣는다고 어느 날 갑자기 생기는 게 아니다. 책을 읽고 전시회를 가고 사람을 사귀고 여행을 가는 등 경험과 축적의 시간이 필요하다. 어떤 이들은 스티브 잡스가 대학교에서 타이포그라피 수업을 청강한 사례를 인문학 공부의 사례로 든다. 하지만 스티브 잡스가 젊은 시절 구도승처럼 세계를 방황하며 고민했던 축적의 시간에 비하면 이는 너무 단편적인 사례다. 고유전체학을 개척한 스반테 페보 교수도 젊은 시절 이집트 역사와 문화를 파고든 개인적인 경험이 고인류 유전자 복원이라는 과업의 원동력이 됐다.

인문학적 소양을 쌓고 공감 능력과 감수성을 쌓는 것은 물론 상당 부분 개인이 해야 할 영역이지만 기업이 해야 할 일도 있다. 바로 인문학적 소양과 감성을 지닌 엔지니어와 연구자를 채용하고, AI·데이터·기술을 이해하는 기획자와 마케터 및 리더들을 잘 뽑아서 키우는 것이다. 다방면의 인재 확보를 전제로 기업의 문화나 일하는 방식에 통합적인 사고를 접목하는 행동 역시 필요하다. 그리고 실제 업무 프로세스나 툴에도 통합적 접근방식을 적용시켜야 한다.

AI 시대 핵심 인재는
π 자형 인재다

좌뇌와 우뇌의 기능과 역할은 뇌과학에서 많이 다루어왔던 주제다. 우리가 사회생활을 하다 보면 마치 혈액형이나 MBTI처럼 사람을 논리적이고 분석적인 좌뇌형, 그리고 감성적이고 직관적인 우뇌형으로 구분하는 모습을 자주 볼 수 있다. 실제로 좌뇌는 주로 부분을 보며, 숫자와 분석 같은 논리적인 역할을 담당하고, 개별 사실이나 현상에서 일반적인 결론을 도출하는 귀납적 사고를 담당한다. 우뇌는 주로 전체를 보며, 이미지 처리와 창의성 등을 담당하고, 일반적인 원리나 전제로부터 개별적인 특정 결론을 도출하는 연역적 사고를 담당한다. MBTI로 설명하자면, 좌뇌는 S Sensing이고 우뇌는 N Intuition인 셈이다.([그림 1] 참조)

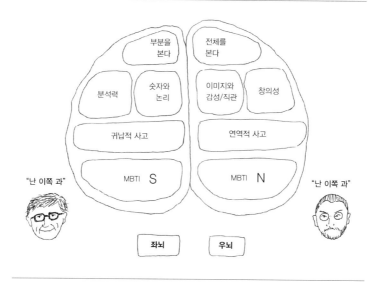

[그림 1] 좌뇌와 우뇌

π**자형 인재**

그런데 최근 뇌과학의 연구를 보면 좌뇌와 우뇌의 역할이 고정적이지 않다는 견해가 많아지고 있다. 실제로 좌뇌과로 분류되는 수학자나 우뇌과로 분류되는 예술가의 뇌를 CT나 MRI 촬영을 해 보면 많은 경우 큰 차이가 없다고 한다. 그리고 사고에 의해 한쪽 뇌가 일부 손상되더라도 다른 쪽 뇌가 그 역할을 무리 없이 대체한다는 사례도 꽤 있다. 이는 대뇌 특정 부위의 역할이 고정적인 것이 아니며, 후천적으로 얼마든지 자기가 약한 능력들을 키울 수 있다는 것을 의미한다.

사실 이런 결과는 별로 놀라운 것은 아니다. 인간이 하는 일들은 대부분 논리와 창의성, 과학과 예술, 숫자와 이미지 등 상반되는 두 가지 역량을 모두 요구하기 때문이다. 위대한 과학자는 미분방정식 속에서 헤매다가 어느 날 예술가처럼 찰나의 순간에 번뜩이는 영감을 받고, 위대한 예술가는 머릿속에서 로직트리Logic Tree와 다이어그램Diagram을 수없이 반복한 후 작업을 해나간다. 평범한 직장인들도 며칠 동안 밤새워 작업한 데이터 분석 결과를 어떻게 하면 인사이트가 넘치는 이미지 장표로 표현할지 고민하고, 자신이 새로 만든 크리에이티브의 클릭률과 전환율을 분석하는 엑셀 파일을 만든다.

어떤 사람들은 창의성과 분석력은 반대되는 속성이라 한 사람이 동시에 가질 수 없다고 생각하거나 타고난 두뇌의 주된 기능에 자신을 고착시키기도 한다. 하지만 이것은 인간을 자꾸 유형화하려는 경향에서 파생된 잘못된 믿음이다. 인간은 누구나 두 가지 속성을 모두 보유하고 있으며 필요에 따라서 두 가지를 동시에 활용할 수 있다. 더 나아가 분석력은 창의성을 끌어올릴 수 있고, 분석을 제대로 하려면 창의성이 있어야 한다. 분석력 없는 창의성은 공허하고 창의성 없는 분석은 맹목적이다.

한편, 기업에서도 CFO로 대표되는 좌뇌과와 CMO로 대표되는 우뇌과가 서로 대립하는 경우가 많다. 생산적인 논쟁을 통한 시너지보다는 서로 건널 수 없는 강을 사이에 두고 대치하는 형국이다. 물론 좌뇌과와 우뇌과가 효과적인 협력 체계를 갖추어 성공을 일군 기업들도 있다. '오너 경영인(우뇌) – 전문경영인(좌뇌)' 식의 조합이 대표적이다. 이런 조직들은 '정해진 룰 안에서의 논쟁'과 같은 나름의 선이 있거나 서로에 대한 존중이라는 바탕이 있다. 체크 앤 밸런스Check & Balance, 그리고 오랜 기간 축적되어온 조직문화와 역할 분담에 대한 노하우 등을 잘 활용한다. 하지만 상당수 기업에서 좌뇌과와 우뇌과는 서로를 못 잡아먹어서 안달인 게 보통이다. 이는 소모적이고 비생산적인 대립을 초래하고, 조직을 한쪽이 이기고 한쪽은 지는 제로섬Zero-sum 게임에 빠져들게 만든다.

이를 해결하기 위해 내가 제안하는 방법은 좌뇌와 우뇌의 두 가지 능력을 모두 갖춘 파이π자형 인력들을 육성하거나 영입하는 것이다. 혁신은 이질적인 지점들을 연결하면서 발생한다. 그런데 연결할 지점이 없는 사람들은 문제를 다양한 각도에서 보지 못하고 일차원적으로 한 가지 관점에서만 파악하게 된다. 혁신을 원한다면 지금까지처럼 좌뇌과 또는 우뇌과 한 우물만 판 사람을 뽑아서 견제와 균형을 시도하기보다는, 한 몸에 다양한 관점과 경험을 내재한 π자형 인재들을 채용하고 키워야 한다. 또 일하는 방식에도 하이브리드형 접근방식을 적용할 필요가 있다. 개인에 따라 분석력 혹은 창의성 가운데 어느 한쪽이 더 강할 수 있지만, π자형 인재의 진정한 미덕은 다른 접근방식에 대해서도 기본적인 이해와 수용 능력이 있다는 점이다.

애자일 조직

고객의 니즈 변화가 다양해지고 AI 등 새로운 기술 도입이 가속

화되면서 기업들은 과거보다 훨씬 더 신속하게 문제해결을 하고 해결 방안을 실행해나갈 수밖에 없게 됐다. 과거의 방식과 속도로 일해서는 변화의 속도를 따라잡을 수 없다.

[그림 2]는 새로운 모바일 사이트를 출시할 때를 예로 들어 전통적인 기업과 빅테크/스타트업의 개발 과정상 차이점을 보여준 것이다. 전통적인 기업들은 새로운 서비스를 출시하기 위해 여러 부서가 관여하여 오랜 시간 준비한다. 기획팀에서 신규 사이트에 대한 보고서를 작성하는 일부터 시작해 영역별로 담당 부서가 보고서를 작성하고 관련 부서의 합의를 얻는 과정을 이어나간다. 그렇게 오랜 시간이 소요된 다음, 정작 개발은 외부 SI 업체의 협력사인 외주 개발사가 진행하게 된다. 그렇게 만들어진 시스템은 차후 업그레이드가 필요해지는데, 이때는 차라리 새로 만드는 게 나은 상황도 종종 발생한다.

반면에 빅테크나 스타트업은 아이디어가 나오면 현장에서 프로토타입을 만들거나 파일럿 테스트를 통하여 가능성을 파악해본다. 그래서 결과가 좋으면 바로 보고를 올려 자체적으로 개발하고 출시한다. 업무 속도가 비교하기 힘들 정도로 빠르다. 전통 기업이 아무리 산업에 대한 경험과 노하우를 많이 보유하고 있다고 해도 이런 속도의 차이를 만회하기란 쉽지 않다. 근래에 새로 출범한 인터넷 은행들이 전통적 은행 기업들을 제치고 성공할 수 있었던 이유는 이들이 은행업에 대한 노하우와 상품력이 있었기 때문이 아니다. 바로 속도의 차이를 활용해서 새로운 UI/UX와 차별화된 서비

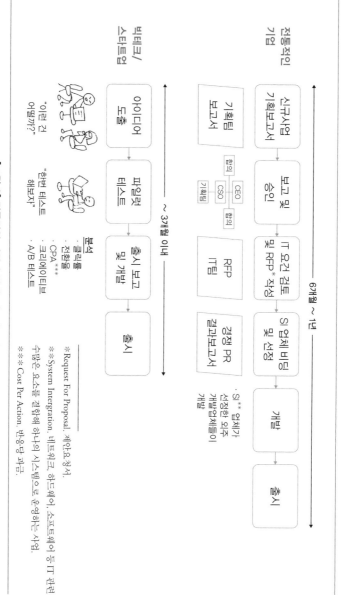

전통적인 기업

신규사업 기획보고서 → 보고 및 승인 → IT 요건 검토 및 RFP* 작성 → SI 업체 비딩 및 선정 → 개발 → 출시

기획팀 보고서

협의 → CEO → 협의
기획팀 — CSO

RFP ITTL

경쟁 PR 결과보고서

· SI** 업체가 선정한 외주 개발업체들이 개발

← 6개월 ~ 1년 →

빅테크/스타트업

아이디어 도출 → 파일럿 테스트 → 출시 및 보고 및 개발 → 출시

"이런 건 어떨까?"

"한번 테스트 해보자"

← ~ 3개월 이내 →

분석:
· 클릭률
· 전환율
· CPA***
· 크리에이티브
· A/B 테스트

──────────
* Request For Proposal. 제안요 청서.
** System Intergration. 네트워크, 하드웨어, 소프트웨어 등 IT 관련 수많은 요소를 결합해 하나의 시스템으로 운영하는 사업.
*** Cost Per Action. 반응당 과금.

[그림 2] 전통적인 기업과 빅테크/스타트업의 업무 방식 비교

스를 빠르게 테스트하고 출시했기 때문이다. (물론 현재는 그런 장점들이 많이 희석되었다.)

이 예시에서 조직/인력 측면을 살펴보면, 빅테크/스타트업은 새로운 상품이나 서비스를 처음부터 끝까지 책임지는 프로덕트 매니저가 전 과정을 주도하고, 참여 인력들도 다양한 역할들을 동시에 수행하는 모습이 발견된다. 부서별로 역할과 책임이 명확하게 구분된 전통적 기업과는 사뭇 다른 광경이다.

이와 관련해서 국내에서도 빠르게 변화하는 비즈니스 환경에서 유연하고 민첩하게 대응하기 위한 조직을 운영하는 경우가 늘어나고 있다. 애자일Agile 조직을 구축하여 통합팀을 구성하고, 팀원들이 OKRObjective and Key Results*에 따라 자율적으로 업무를 수행하는 구조를 도입하는 중이다. 알파벳, 마이크로소프트, 애플 등 글로벌 기업은 이미 활용 중이고, 국내 빅테크와 주요 스타트업이 이 흐름에 동참하고 있다. 이런 애자일 조직의 통합팀은 기획자, 마케터, 데이터 분석가, IT 개발자 등 다양한 인력들로 구성된다. 팀 내부에서 실시간으로 분석을 진행하고, 조직 간 의사소통이나 내부 승인에 소요되는 시간을 제거하여 더욱 빠르게 의사결정과 업무를 처리한다.

그러나 애자일 조직은 운영하기가 쉽지 않다. 우선 두 가지 이

---

*인텔에서 시작되어 구글을 거쳐 실리콘밸리 전체로 확대된 성과관리 기법. 조직적 차원에서 목표를 설정하고, 결과를 추적할 수 있도록 해주는 목표 설정 프레임워크다.

상의 전문 분야를 가지고 폭넓은 교양과 배경지식을 가지고 있는 소위 π자형 인재들로 팀원을 구성해야만 성과에 시너지가 발생하고 커뮤니케이션도 활발하게 이루어진다. 그리고 팀 내부에서 디자인 씽킹, 데이터 사이언스, 로지컬 씽킹 등 다양한 문제해결 방법론이 시도되어야 한다. 그렇지 않으면 팀이 단순히 각자 원래 소속 부서의 의견만을 앵무새처럼 전달하는 인력들의 집합소에 그치게 된다. 무엇보다도 팀원과 팀을 이끄는 리더의 역량이 중요하다. 리더가 넓은 분야의 지식과 경험이 있는 사람이 아닌 경우 다양한 인력들로 구성된 산하 팀들을 이끌어나가기가 쉽지 않다.

결국 애자일 조직은 다양한 배경과 지식을 가진 이들이 모여 다양한 문제해결 방법론을 유연하게 적용할 수 있어야만 성공할 수 있는, 난이도 높은 조직 형태다. 그렇지만 애자일 조직을 도입하는 국내 기업들은 점점 더 많아질 것으로 예상된다. 글로벌 기업 또는 발 빠른 빅테크/스타트업들과 속도 경쟁을 하기 위해서는 어쩔 수 없는 선택일 것이다.

따라서 π자형 인재에 대한 수요는 점점 늘어날 것이며, 자신의 커리어를 두 가지 이상의 분야로 확장해나가는 개인이 기업에서 선호하는 인재가 될 것이다. 이질적인 두 가지 분야에 전문가가 되어 이를 연결하고 통합하는 능력과 문제해결 역량을 갈고 닦으면 인생을 훨씬 창의적이고 풍요롭게 살 수 있을 것이다.

한편 기업은 π자형 인재들을 뽑는 노력만 할 것이 아니라 그러한 인재들이 같이 협업하는 데 적용할 수 있는 통합적인 문제해결 접근방식을 도입해야 한다. 여기서 AI는 π자형 인재들이 활동하기에 좋은 환경을 제공할 것이다. AI를 활용하면 인문학 전공자가 코딩을 시도할 진입장벽이 훨씬 낮아질 것이고, 한 개인이 처리할 수 있는 업무의 양과 범위도 훨씬 늘어나게 될 것이기 때문이다. 이처럼 변화된 환경에서 문제해결을 제대로 배운 인재들은 훨씬 넓은 운동장에서 놀게 될 것이다.

오픈 마인드

로마 제국이 제국으로 성장한 가장 큰 문화적 토대는 관용과 개방성이었다. 반대로 강력했던 스페인이 쇠락의 길을 겪게 된 배경에는 종교적 배타성과 유대인 추방령 등 차별 정책으로 인한 다양성의 상실이 있었다.

어디 제국의 역사뿐인가? 기업도 외부의 새로운 인력과 문화를 배척하고, 순혈주의를 고집하고, 폐쇄성을 갖는 순간부터 쇠락의 길로 들어서게 된다. 개인도 마찬가지다. 꾸준한 학습을 통해서 새로운 것들을 접하고 수용하지 못하면 그때부터 인생은 내리막을 걷게 된다.

오픈 마인드로 다른 의견을 인정하며, 새로운 지식을 기꺼이 배우고 받아들이려는 자세를 가진 조직과 개인은 성장하게 마련이다. 진리는 이렇게 단순하건만, 개인이건 조직이건 어느 순간 이 진리를 망각하는 순간이 찾아온다. 바로 '내가 지금 제일 잘 나간다고 생각할 때'다. 로마의 쇠락은 극성기에 시작되었다고 하지 않던가? 고수는 성공의 순간에 다시 자신을 객관화시켜 평가하고, 몸을 낮춰 기꺼이 배우려는 사람이다.

비록 데이터 분석에 문외한이더라도 학습을 통해서 배우려는 자세, 데이터 분석을 하지만 결국은 고객 경험이 제일 중요하다고 여기는 태도, 사람은 이성적이지만 동시에 비합리적이기도 하다는 이율배반적인 명제를 받아들이는 인식, 과거의 프레임을 과감히 버리고 새로운 프레임으로 세상을 다시 바라보겠다는 결단, 작은 부분과 큰 그림을 동시에 바라보는 세심함과 통찰의 조화. 객관적인 자기 평가와 투명한 사고의 과정 등이 조직과 개인을 성장하게 하는 오픈 마인드다. 항상 새로운 아이디어와 팩트 및 데이터를 흡수하고, 기존의 지식이나 선입견에 항상 의문을 던질 줄 알아야 관성과 매너리즘에 빠지지 않는 진정한 열린 마음을 가진 사람이 될 수 있다.

학습에 대한 자신감

새로운 문제에 접했을 때 학습을 통해서 충분히 이해하고 해결해나갈 수 있다는 자신감은 오늘날 직장인들이 가져야 할 가장 중요한 품성 중 하나다. '얼마든지 배우고 성장할 수 있다'는 자신감이 있어야 새로운 것을 두려워하지 않고 도전해볼 수 있다. 자기 분야 외에 새로운 전문 분야를 만들어서 π자형 인재가 되려 하는 모든 시도가 바로 학습에 대한 자신감에서 비롯된다. 이는 진정한 문제해결사가 가져야 할 가장 중요한 마인드셋이기도 하다.

예를 들어 컨설턴트가 반드시 가져야 할 품성 중 하나가 학습에 대한 자신감이다. 컨설턴트는 이 회사 저 산업의 다종다양한 프로젝트에 투입되고, 때마다 단기간에 그 회사와 산업을 이해해야 한다. 경험이 쌓인 노련한 컨설턴트는 지금까지 자기가 잘 몰랐던 분야라도 어느 정도 학습하고 나면 그 분야의 사람들과 이야기를 나눌 수 있으며, 심지어 컨설팅까지 해줄 수 있다는 자신감을 가지게 된다. 나 역시 새로운 분야에 도전할 때 이 자신감이 큰 원동력이 되었다.

명심해야 할 것은 계속해서 발생하는 문제들은 그저 고난과 장애물이 아니라 우리의 문제해결 역량을 단련할 기회라는 점이다. 모르는 문제가 생기더라도 회피하지 말고, 배워가면서 충분히 그 문제를 해결할 수 있다고 생각해야 한다. 이것이 바로 학습에 대한 자신감의 요체다.

지금까지 AI 시대에도 살아남는 인재의 특성으로 '통합적 사고', 'π자형 인재', '오픈 마인드와 학습에 대한 자신감'을 살펴보았다. 이외에도 소통 역량, 감수성과 배려, 사회적 지능 등 여러 가지 자질이 있겠지만, 여기서는 문제해결 역량을 중심으로 한 요소를 위주로 제시했다.

다음 장에서부터는 인공지능 시대에 우리가 문제해결에 사용할 수 있는 접근방식인 인간지능 문제해결 프로세스에 관해 본격적으로 살펴보도록 하자. 인공지능에 대비하여 인간지능이란 표현을 쓰기도 했지만, 실제 인간의 지능이 가진 장점들을 극대화하는 접근방식이라는 의미에서 이 용어를 사용했다.

"창의성과 데이터를 동시에 사용하는 기업은 다른 기업들에 비해 2배 이상의 성장률을 기록하고 있다."

_맥킨지 앤드 컴퍼니

"진보는 변화 없이는 불가능하다. 자기 생각을 변화시킬 수 없는 사람은 어느 것도 변화시킬 수 없다."

_조지 버나드 쇼George Bernard Shaw

2장

새로운 문제해결
프레임워크가 필요하다

어느 흔한
회의실 풍경

어느 월요일 아침 8시 반, 제일 꼭대기 층의 넓은 회의실에서 CEO 주재의 임원 회의가 열리고 있다. 회의 자료는 이미 실무진이 각 자리에 배치한 노트북에 올려두었고, CEO 정면에 있는 대형 스크린에도 비치고 있다. 따사로운 아침 햇살이 무심하게 비추지만, 실내에는 팽팽한 긴장감이 흐른다. 오늘의 회의 주제는 해외영업 활성화 전략이다.

> **CEO:** 회의 시작합시다. 오늘 해외영업 쪽에서 발표하는 거죠?
>
> **해외영업담당 임원:** 예, 발표를 시작하겠습니다. 먼저 현황을 말씀드리겠습니다. 미주 쪽 실적 및 전망은…. (약 30분에 걸쳐 시

장별 실적 및 전망에 대한 발표가 이어진다.) 마지막으로 어려움이 예상되나, 올해 목표는 필달하도록 최선을 다하겠습니다. 이상으로 보고를 마치겠습니다.

CEO: (떨떠름한 표정으로) 뭐 새로운 거는 별로 없구먼…. 다른 사람들 얘기 한번 해보세요.

CFO: (자못 심각한 표정으로) 현재까지 해외영업 매출 목표 대비 달성률이 80% 수준이고, 매출 차질로 인해서 영업이익 목표는 60% 정도 달성 예상입니다. 그래서 전사 매출 및 영업이익 달성에도 심각한 영향이 예상됩니다. 매출 목표 달성이 어렵다면 해외영업 예산과 더 나아가 인력 감축을 통해서 비용 절감이라도 추진해야 하는 비상 상황입니다.

해외영업담당 임원: (당황한 기색으로) 해외영업이란 게 초기 투자가 반드시 필요하기 때문에… 지금 상황에서 예산 및 인력 축소는 시기상조라고 생각합니다. 오히려 거래선에서 단가 인하와 프로모션 예산 증액을 요청하는 상황이라….

CMO: (좀 시니컬한 표정으로) 해외영업 쪽도 기존 총판을 활용한 오프라인 위주 영업에서 탈피해서 온라인 채널을 활용한 매출 확대 방안을 고려해봐야 합니다. 아울러 해외시장에서 브랜드 구축을 위해 브랜딩 투자 확대도 필요합니다.

CEO: 그래요? 근데 둘이 그건 관련해서 좀 얘기를 해봤습니까?

CMO: (좀 머뭇거리는 말투로) 아직…, 요청이 오지 않아서….

CEO: (깊은 탄식을 쏟아내며) 해외영업에서는 왜 요청을 안 했습니까?

해외영업담당 임원 : 예, 아직 온라인 채널은 여력이 되지 않아서…. 그리고 온라인 채널 판매 시 기존 거래선에서 반발이 만만치 않을 것이기 때문에 신중하게 접근해야 할 이슈입니다.

CEO: (답답하다는 듯이) 해보지도 않고 안 된다는 얘기부터 먼저 하네.

(회의실 분위기는 이제 싸늘해진다.)

CTO: (느닷없이 끼어들며) 안 그래도 해외 주요 국가별 자사몰 구축을 위해서 Shopify와 Café 24 등을 활용한 자사몰 구축 방안을 검토 중이었습니다.

CEO: 그게 뭐 하는 건가요?

CTO: 아, 예…. 그게…. (주저리주저리)

CEO: (뭔 소리인지 잘 모르겠다는 표정으로) 별도로 보고하세요. 다음 일정 시간이 다 되어서 나가봐야 해요. 추가로 할 얘기들 없어요?

전체 임원 : ….

CEO: (화난 목소리로) 평소에 서로 얘기들 좀 하고 서로 일들에 관심 좀 가지세요. 원팀 아닙니까? 그리고 생산적인 토의가 돼야 의미가 있지, 준비된 거 읽기만 하고 자기 입장만 얘기할 거면 회의를 왜 합니까? 그리고 오늘 얘기를 들어보니 회의 어젠다가 잘못 세팅된 거 같은데, 핵심은 '해외시장 공략을 위해서 온라인 채널을 어떻게 활용할 것인가?' 그리고 '기존 오프라인 채널과 관계 정립은 어떻게 할 것인가?'지요? 누가 정리해서 다시 발표해주세요.

전체 임원: 예, 알겠습니다. (그런데 누가 하지?)

김 대리: (배석해있던 실무진 김 대리가 참다못해 [표 2]를 띄우며) 예, 제가 한 말씀 드리겠습니다. 해외시장 진출 방안별 장단점은…(이렇고 저렇고) 결론적으로 자사도 해외 온라인 시장 공략은 필수적이고, 장기적인 브랜드 구축과 고객 베이스 확보를 위한 허브로서 해외 자체 닷컴을 구축해야 합니다. 더불어 판매 물량 확보를 위해 아마존 등 해외 오픈마켓 직접 입점을 동시에 추진해야 합니다. 아울러 기존 거래선과의 관계 측면에서 초기 프라이싱은 오프라인과 동일하게 가져가야 합니다.

구분		국내 기반	해외 기반
오프라인 기반		국내 활동 해외수입상 대상 판매 – 판매량 제한 – 시장 개척 활동 한계	해외 바이어 발굴 통한 직접 수출 – 장기간 소요(최소 6개월) – 주요 시장 바이어 위축으로 신규 바이어 확보 한계
온라인 기반	직접 판매	1. 자체 역직구 사이트 구축 – 마케팅 및 홍보 한계 – 대금 지불 인프라 구축에 대규모 투자 소요	3.1 해외 자체 닷컴 구축/운영 – 마케팅투자 등 대규모 투자/비용 소요 – 현지 물류 인프라 구축한계 3.2 해외 오픈마켓 직접 입점 – 판매 경험 및 노하우 미흡 – 배송, CS, 반품 등 대응 한계
	대행 판매	2. 국내 통합 역직구 사이트 – 물류 및 홍보 비용 절감 – 사이트 자체 트래픽에 의존하나, 역직구 사이트 자체의 한계	4. 해외 오픈 마켓 전문 셀러 활용 – 전문성 활용한 대규모 판매 가능 – 물류 및 마케팅 투자 최소화 – 수수료 등 추가 비용 부담

[표 2] 해외시장 공략을 위한 온라인 채널 활용 방안

전체 임원: (이해가 안 된다. 온라인은 오프라인보다 싸야 팔리는 거 아닌가?)

CEO: 오오, 김 대리. 훌륭하구먼. 당장 김 대리 의견대로 진행시켜!

여러 회사에서 반복적으로 일어나는 익숙한 광경이다. 손익과 숫자만 밝히는 CFO, 기술에만 관심 있는 CTO, 판매에만 목매는 영업, 브랜딩에만 집착하는 CMO, 의미 있는 질문과 화두보다는 당장의 성과에만 몰입하는 단기 실적 지상주의, 전사全社 최적보다는 자기 입장만 생각하는 닫힌 관점과 부서 이기주의, 시장과 기술의 변화를 따라가지 못하고 과거의 방식만 답습하는 임원들, 무엇보다도 건설적인 토론보다는 윗분 눈치만 살피고 입맛에 맞는 발언만 하려는 회의실 문화…. [그림 3]이 보여주는 촌극은 고구마를 잔뜩 삼킨 듯 답답하기 그지없다. 마지막에 등장한 김 대리가 우리의 답답한 속을 시원하게 뚫어주지만, 현실에서는 이렇게 대리가 임원들을 제치고 나섰다간 뒷감당이 안 되는 것이 우리네 회의실 문화다.

일도 개인의 삶도 끊임없는 문제해결의 과정이다. 여기서 보여준 어느 회의실 풍경은 우리가 직장에서 흔히 접하는 문제해결의 사례다. 그런데 이 방식은 과거나 지금이나 바뀐 것이 별로 없다. 개인이나 조직이나 문제해결의 과정을 통해서 축적되는 내공이 없는 것이다. 그때그때 닥치는 문제들을 각자의 방식대로 허겁지겁 쳐내

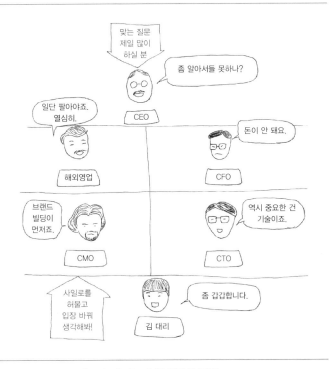

[그림 3] 어느 흔한 회의실 풍경

갈 뿐이다. 그러나 앞으로는 이러한 방식이 통하지 않게 될 것이다. AI가 우리의 일하는 방식, 그리고 문제해결 방식에 많은 변화를 가져오고 있다. 즉 기업 현장에서 지금까지의 문제해결 방식을 점검하고 개선해야 할 때가 찾아온 것이다.

우리가 접해온
문제해결 유형

　　나는 30년 이상의 직장 생활 동안 여러 산업과 기업을 경험했다. 일반 제조업(4년)에서 시작해서 글로벌 전략 컨설팅 회사(4년), 국내 유수의 전자회사(2년), 국내 유수의 카드/캐피탈 회사(7년), 국내 최대의 생명보험회사(4년), 스타트업(3년), 금융지주의 계열사(2년), 외국계 금융사(4년) 등에서 각 조직마다 조금씩 다른 문제해결 방식을 경험할 수 있었다. 논리적 사고에 기반한 컨설팅식 문제해결을 택하는 곳도 있었고, 고객 경험과 크리에이티브를 중시하는 곳도 있었으며, 데이터 분석에 기반해 문제해결을 시도하는 곳도 있었다. 그리고 높은 분들의 의견에 무작정 따르기도 했다. 이때 문제해결 유형은 조직마다 어느 정도 패턴화되어있는 경우가 많았다. 내가 관찰해온 바를 정리하면 [그림 4]와 같다.

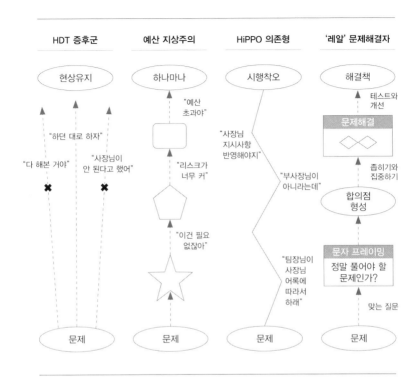

HDT 증후군	예산 지상주의	HiPPO 의존형	'레알' 문제해결자

현상유지   하나마나   시행착오   해결책

"하던 대로 하자"

"예산 초과야"

"사장님 지시사항 반영해야지"

테스트와 개선

문제해결

"다 해본 거야"　"사장님이 안 된다고 했어"

"리스크가 너무 커"

"부사장님이 아니라는데"

좁히기와 집중하기

합의점 형성

"이건 필요 없잖아"

"팀장님이 사장님 어록에 따라서 하래"

문자 프레이밍
정말 풀어야 할 문제인가?

맞는 질문

문제   문제   문제   문제

[그림 4] 우리가 직장에서 접하는 문제해결의 유형

우선 기업 현장에서 가장 많이 접하는 유형은 'HDTHave Done That 증후군'이다. 한마디로 "그거 내가 옛날에 다 해본 거"라는 뜻이다. 이 유형은 고인 물이 많은 오래된 조직에서 흔히 볼 수 있다. 경험상 가장 폐해가 큰 유형인데, 이유는 이들이 문제 제기 자체를 처음부터 봉쇄시키기 때문이다. 새롭게 문제해결을 해보려고 시도하는 사람들을 좌절하게 하고 무기력하게 만든다.

HDT 환자들은 안 되는 이유에 대해 나름의 경험과 논리가 있어서 얘기를 듣다 보면 정말 문제해결이 불가능하다는 느낌을 받게 된다. 조직 내에 바람직한 문제해결 문화를 정착시키기 위해서는 이들을 일소하거나 변화시킬 필요가 있다. 이를테면 그들에게 과거에 문제해결을 시도했던 경과를 아주 상세하게 정리하게 하고, 현재는 과거와 무엇이 다르며 그래서 어떤 대안이 가능한지를 그들이 직접 정리하게 만들면 된다.

다음으로 많이 접하는 유형은 '예산 지상주의자들'이다. CFO나 관리부서의 입김이 강한 조직에서 흔히 발견된다. 이들은 현업 부서에서 아이디어나 해결책이 나오면 예산 부족과 리스크를 이유로 반대하기 시작한다. 다음 순서는 누가 봐도 관리부서를 흠잡을 수 없는 수준(?)까지 예산 깎기다. 그 결과 승인된 해결책은 하나 마나인 경우가 99퍼센트다. 이들은 대체로 트렌드의 후기 수용자Late Follower에 속한 경우가 많고, 따라서 상대적으로 기술 변화와 세상 돌아가는 것에 둔감한 편이다. 리스크 관리에 익숙한 이들이 보기에 '말이 되는' 해결책은 늦어도 한참 늦은 아이디어일 가능성이 크다. 게다가 현업 부서의 예산 절감률을 자기네 부서 핵심 성과 지표Key Performance Indicator, KPI로 정하는 CFO를 본 적도 있다. 처음부터 주지를 말지, 줬다가 빼앗는 것은 무엇 하자는 것인가 싶은 최악의 케이스였다. 반대로 좋은 아이디어이니 오히려 예산을 더 쓰라고 권하는 CFO를 만나면 그렇게 반가울 수가 없다. 아쉽게도 현실에서 아주 드물게 만나는 유형이다.

세 번째 유형은 HiPPOHighly Paid Person's Opinion 의존형이다. 높

은 분들의 눈치와 심기를 살피고 자기 소신이 없는 유형이다. 유일한 판단의 기준은 '그분'이 어떻게 생각하는가다. 논리도 팩트도 필요 없다. 말 없는 윗분들의 속마음을 잘 읽어내면 복심이라 불리우며 브레인이 된다. 안타깝게도 아직 우리나라 직장은 자기 의견을 내기보다는 이렇게 높은 분들의 비위를 잘 맞추는 사람들이 출세할 가능성이 큰 게 현실이다. (자기가 생각하는 걸 시원하게 얘기나 해주면 그래도 나을 텐데, 왜 이렇게 과묵들 하신지…. 솔직한 내 의견은, 이들이 과묵한 이유는 사실 깊은 생각이 있어서라기보다는 아무 생각이 없기 때문일 가능성이 매우 크다.) 어쨌거나 그분의 복심을 윗사람으로 둔 경우 그 밑의 직원들은 보고서를 그분 입맛에 맞게 고쳐 쓰느라 죽어난다. 사무직의 근무 시간 가운데 80퍼센트는 보고서를 쓰는 데 소요된다는 얘기가 괜히 나온 말이 아니다.

마지막으로 바람직한 유형도 있다. 이 책에서 얘기하고자 하는 '레알 문제해결자'다. 올바른 질문에서 시작해서 문제를 구조화하고, 이를 바탕으로 다양한 각도에서 문제를 분석하여 아이디어를 도출한다. 이후에 해결할 핵심 문제에 집중해 해결책을 찾아내고, 실행하고, 계속해서 개선해나간다.

너무 당연해 보이는가? 하지만 이런 당연한 문제해결 프로세스를 제대로 실행하고 있는 기업은 의외로 많지 않다. 문제해결에 관한 조직 내 구성원들의 역량과 기술도 문제지만, 무엇보다도 이를 지원해줄 수 있는 조직문화와 업무 프로세스가 미비하기 때문이다. 오늘도 얼마나 많은 직장인이 HDT 증후군, 예산 지상주의 및

HiPPO의 정글 속에서 수많은 시행착오에 봉착해있는지, 그저 높은 분들의 입맛에 맞추기 위해 쓰지 않아도 되는 보고서를 쓰며 야근을 하는지를 생각하면 안타까울 뿐이다.

조직 전체의 문제해결 방식과 문화에는 의사결정을 내리는 리더가 상당한 영향을 미친다. 리더가 숫자만 따지면 조직의 창의성이 시들고, 뜬구름 잡는 얘기만 하면 꼼꼼함과 실행력이 떨어지기 마련이다. 일하는 방식, 문화, 사람을 그대로 둔 채 허구한 날 변화와 혁신을 주문해봐야 아무런 효과가 없는 것은 너무나도 당연하다. 아무리 외부에서 핵심 인재들을 데려와도 그 위의 보스가 HDT 증후군 환자, 예산지상주의자 혹은 HiPPO 의존형이라면, 이미 부식된 토양에서 아무리 좋은 씨앗인들 잘 자라기 힘들 것이다.

반대로 리더가 다양한 문제해결 접근방식에 익숙하며 오픈 마인드를 갖고 있다면, 그 조직은 문제해결에 있어 훨씬 유연하고 창의적인 모습을 보이게 된다. 문제해결 방식과 일하는 방식에 대해 리더가 큰 틀과 원칙을 제시하고 교육과 코칭을 통해서 구성원들에게 꾸준하게 전파하면 그 조직의 문제해결 방식은 변화한다. 아울러 구성원들이 그 방식을 받아들이고 체득하고 나면 후배들에게 그 방식을 전수하는 선순환이 일어나게 된다.

조직의 구성원에게 일하는 방법 그리고 문제해결을 하는 방법을 공유하고 전수하는 것은 리더의 가장 중요한 역할이다. 하지만 늘 우선순위에서 밀리는 대표적인 일이기도 하다. 요즘 여러 조직에서 MZ세대의 조기 퇴사가 문제인데, 그 저변에는 '이 회사에서 배울 게 없고 성장할 수 없을 것'이라는 인식이 있지 않을까 싶다. 앞으로 조직이 젊은 인재를 모아들이려면 "이곳에서의 일이 나에게 어떤 도움을 주고 내 커리어를 성장시키는 데 어떤 도움이 되는가?"라는 질문에 답할 거리가 있어야 한다.

> "디자이너가 하는 일의 본질은 문제를 정의하고 해결하는 것이다."
>
> _딜런 필드Dylan Field(Figma 창업자)
>
> "문제해결이라는 본질에 집중하면, 나의 일이 확장된다."
>
> _박웅현(TBWA Korea 조직문화연구소 대표)

왜 모든 문제에
식스 시그마를 적용할까

제조 기업에 다니고 있었을 때였다. 당시 모토로라와 GE 등 글로벌 선진기업에서 품질 향상 기법으로 식스 시그마6σ라는 기업 경영 전략을 도입했다. 시그마는 통계학에서 표준편차를 의미하며, 식스 시그마는 정규분포에서 평균을 중심으로 양품良品의 수를 6배의 표준편차 이내에서 생산할 수 있는 공정의 능력을 정량화한 것이다. 제품 100만 개당 2개 이하의 결함을 목표로 하는 것으로, 거의 무결점 수준의 품질을 추구한다.

식스 시그마는 통계적 품질 관리에서 벗어나 경영 전략으로까지 발전했다. 제조 기업마다 식스 시그마 광풍이 불었고, 내가 다닌 회사도 예외가 아니었다. 전 직원이 자격증을 따기 위해 통계학으로 이루어진 별도 시험을 봐야 했다.

학교 다닐 때 통계학을 공부했던 나는 나름 시험에 자신이 있었다. 하지만 첫 번째 시험에서 떨어지고 말았다. 충격적이었던 것은, 회사의 모든 직원이 그 어려운 시험을 통과해 자격증을 딴다는 사실이었다. '와, 여기 사람들 장난 아닌데?' 하는 존경심이 들었다.

그렇지만 두 번째로 시험에 응시하면서 어떻게 모든 직원이 그 어려운 시험을 통과할 수 있었는지 비밀이 풀렸다. 재시험 때는 문제와 답을 미리 알려주었던 것이다. '이런 식으로 자격을 따게 하는 게 무슨 의미가 있지? 제대로 개념도 모르면서 실제 문제해결에 이런 어려운 통계 기법을 과연 몇 사람이나 적용할 수 있을까?' 하는 생각이 들었다.

더욱 이해하기 힘들었던 것은 현장에서 일어나는 모든 문제를 식스 시그마의 틀인 DMAIC, 즉 정의Define, 측정Measure, 분석Analyze, 개선Improve, 관리Control에 맞추어 풀어야 한다는 점이었다. 그러다 보니 그럴 필요가 없거나 맞지 않는 문제들도 틀에 억지로 꿰맞추는 경우가 많이 발생했다. 결국 형식이 내용을 지배하기 시작했고, 통계학을 대충 배운 자칭 블랙벨트 선무당이 설치는 경우도 발생하기 시작했다.

'비즈니스 문제 가운데 생산 현장의 불량률 문제를 제외하면 과연 어떤 것들이 식스 시그마 수준의 정밀도를 요구할까?', '정말 모든 문제가 통계 기법을 사용한 측정과 분석만으로 해결이 가능한 것일까?', '이런 문제는 개선하는 대신 아예 혁신하는 게 더 효과적이지 않을까?' 하는 질문이 꼬리를 물었다. 과연 몇 년이 지나고 나니 식스 시그마 광풍은 사그라들기 시작했다.

특정 경영 기법이 유행하면 기업들은 너도나도 그 기법이 만병통치약인 것처럼 여기저기에 적용하려 시도하는 경우가 많다. 얼른 떠오르는 경영 기법들만 해도 'BCG 매트릭스', '마이클 포터의 5 Forces Ananlysis와 경쟁 우위 전략', 'BPRBusiness Process Reengineering', '가치사슬분석Value Chain Analysis', 'SCMSupply Chain Management과 CRMCustomer Relationship Management', '스타트업을 위한 린 캔버스Lean Canvas', '그로스 해킹Growth Hacking', 그리고 최근의 '빅데이터Big Data와 데이터 과학Data Science' 등 시대에 따라 수많은 문제해결 기법들이 유행처럼 등장했다가 사라져갔다. 새로운 경영 기법이 나타나는 일이야 자연스러운 현상이지만, 문제는 기업들이 그때마다 모든 문제를 특정 방법으로만 해결하려는 경향이 강하다는 것이다. (한국인 특유의 '몰빵' 기질과 새로운 것을 좋아하는 윗분들의 선호를 맞추려는 성향이 결합된 결과일 것이다.)

새로운 것을 배우고 도입하는 것은 바람직한 현상이지만, 특정 방법에 편중되는 것은 많은 부작용을 초래한다. 유행은 언젠가 바뀌기 마련이다. 기껏 한 가지 방법론에 맞추어 조직을 재편했더니, 난데없이 경영 트렌드가 바뀐다면 어떻게 되겠는가? 그때마다 드는 시간과 비용을 생각하면 이만저만한 낭비가 아닐 것이다.

바람직한 방향은 세상을 보는 다양한 관점과 프레임워크를 문제에 맞게 유연하게 적용하는 것이다. 유행에 너무 휘둘리지 말고, 기본기를 다지고 본질적인 것들에 집중하는 것이 새로운 기술의 변화에 대응하는 방법이다. 혹시 다른 기업들보다 뒤처질까 걱정된다면 그러지 않아도 된다고 말하고 싶다. 오히려 먼저 움직인 기업들은 시행착오에 빠져 실패하는 경우가 더 많다. (물론 신기술의 최일선에 서서 경쟁하는 기업들은 예외다.)

최근 불고 있는 AI 열풍도 마찬가지다. 그냥 모델링이나 알고리즘 하나 적용하는 것에 일단 'AI' 용어를 갖다 붙이고, AI를 업무에 적용한다고 여기저기서 난리다. 그런데 정작 일반 직장인들이 체감하는 AI는 보고서 쓸 때 초안을 만들어주고, 자료용 그림 몇 장 그리고, 외국어 문서 번역하고, 날것인 데이터를 보기 쉽게 정리 하는 일 정도인 게 현실이다. (물론 이 정도만 해도 대단한 일이다.)

한 걸음 물러서서 냉정하게 생각해보자. 모든 기업이 자체 대형 언어 모델Large Language Model, LLM을 개발할 수도 없고, 그럴 필요도 없다. 마이크로소프트, 구글이나 네이버 정도의 기업이 LLM을 개발하면 나머지 기업들은 이것을 도구로 가져다 쓰면 된다. 이때 기업들이 가장 먼저 고민해야 할 것은 'AI를 어떤 업무에 어떤 식으로 적용하여 성과를 낼 것인가'다. 굳이 AI가 필요 없는 곳에까지 AI를 도입하려 들면 쓸데없이 자원과 시간을 낭비하게 된다. 업무와 고객이 먼저고, 기술은 그다음이다.

또한 기업은 직원들에게 단순히 AI 사용법만 가르칠 것이 아니라, '고객의 문제와 해결책은 무엇이며 거기에 AI를 어떻게 활용할 것인가'를 고민하게 해야 한다. 물론 그러려면 고객과 업무는 물론 AI에 대한 이해과 고민이 깊어야 한다. 다른 신기술과 마찬가지로

AI에 대한 열광도 최근 정점을 찍고 실망의 시기로 진입하는 분위기다. 그러나 지금이야말로 '별거 없네' 하고 실망할 것이 아니라 차분히 기본을 다지고 AI를 어떻게 전략적으로 활용할 것인지를 고민해야 할 시간이다.

3장

HIPS(인간지능 문제해결) 프로세스

통합적 문제해결
프로세스의 탄생

명품이나 클래식의 가치는 무엇일까? 바로 시대에 구애받지 않는다는 점이다. 기업 현장에서 문제해결을 위한 다양한 접근방식들이 명멸해갔지만, 여전히 유용한 가치를 지닌 세 가지 클래식이 있다. 바로 '전략 컨설팅사의 문제해결 방식', '디자인 씽킹 기반의 문제해결 방식' 그리고 '데이터 분석 기반 문제해결 방식'이다. 이 셋은 당시 시대를 대표하는 문제해결 방법론들이었다. 각각을 연대순으로 정리해 보면 [표 3]과 같다.

세 가지 문제해결 방법론과 특징

90년대는 맥킨지Mckinsey, 베인Bain, BCG로 대표되는 글로벌 전략 컨설팅 회사의 전성기였다. 당시 나도 컨설팅 회사를 다니며 하

	컨설팅 전성 시대	디자인 씽킹 대두	데이터 사이언스 부상	통합 문제해결 시대
시기	• 90년대~2000년대 중반	• 2000년대 중반~2010년대 중반	• 2010년대 중반~2020년대	• 2020년대~
Key Words	• 프레임워크 • 베스트 프랙티스 • 문제결정링 및 독트리	• 인간 중심의 혁신 • U/UX • IDEO/스탠퍼드 디스쿨	• 빅데이터 • 머신러닝 • 알고리즘	• 통합적이고 복합적인 문제 해결 • 양보향 문제 해결 • 창의성과 분석
목적	• 전략적 의사결정 • 비즈니스 포트폴리오 전략 및 경쟁전략 수립 • 보고서 잘 쓰기	• 혁신Innovation • 혁신적 제품 디자인	• 데이터를 활용한 문제 해결 • 데이터 분석 → 소통 + 실행	• 통합적 접근방식을 활용한 실전 비즈니스 문제해결 • 문제해결을 위한 End-to-End 어프로치

← 로직의 시대 — 디자인의 시대 — 데이터의 시대 — 통합의 시대 →

[표 3] 비즈니스 문제해결 접근방식의 변화

루에 열네 시간씩 일했다. (미쳤다.) 이 회사들은 로지컬 씽킹Logical Thinking을 기본으로 프레임워크와 베스트 프랙티스Best Practice로 화려하게 무장하여 글로벌 기업들을 주요 고객사로 삼았고, 손꼽히는 국내 대기업들도 고객으로 모셨다.

1990년대에서 2000년대 중반까지 우리나라에서 글로벌 컨설팅 회사가 성공했던 이유는 이전까지 우리나라 기업들이 팩트 기반의 논리적 분석과 사고에 익숙하지 않았기 때문이었다. 지금은 일반화되었지만, 당시 팩트 기반의 논리적인 보고서와 프레젠테이션은 신선하기 그지없었다. 글로벌 베스트 프랙티스에 대한 기업들의 목마름도 컨설팅 회사의 성공에 한몫했다. 그 결과 컨설팅 회사는 수많은 회장님과 사장님들의 마음을 사로잡았다. 늘 컨설팅 회사를 끼고 사는 분들도 있었다.

그때 내가 컨설팅 회사에 다니며 받았던 문제해결 관련 교육과 프로젝트 경험은 이후 직장 생활에서 문제해결은 물론 커뮤니케이션과 보고서 작성에도 큰 도움이 됐다. 또 여러 업종과 회사를 경험하다 보니 다양한 산업 및 기업을 객관적으로 비교 분석하는 입체적이고 구조적인 사고를 할 수 있었다. 무엇보다 컨설팅사의 핵심 도구인 로직트리와 로지컬 씽킹은 잘 모르는 문제가 생기더라도 체계적으로 문제를 분석하고 해결책을 도출하는 데 자신감을 안겨주었고, 직장 생활의 큰 밑천이 되었다.

2000년대 중반 이후부터는 새롭게 디자인 씽킹 기반의 문제해결 접근방식이 부상하기 시작했다. 기존의 전략 컨설팅식 문제해결 방법론이 일부 한계를 노출함에 따라 새로운 대안이 부각된 것이다. 디자인 씽킹은 인간 중심의 혁신을 목적으로 개발됐다. 즉 컨설팅이 팩트와 숫자에 집중했다면, 디자인 씽킹은 사람에 집중했다고 할 수 있다. 디자인 씽킹은 미국 컨설팅사인 IDEO를 중심으로 확산됐다. 기존 디자인 회사들이 단순히 고객사의 의뢰를 받아 제품 디자인을 만드는 것에 집중했다면, IDEO는 디자인 씽킹이라는 방법론을 고안하고 이를 바탕으로 사업영역을 컨설팅으로 확장했다.

나는 카드사 CMO 시절에 IDEO와 협업할 기회가 있었다. 고객 경험 제고를 위한 프로젝트를 추진했는데, 이들이 일하는 방식은 컨설팅 회사를 다녔던 내가 보기에는 매우 특이했다. 체계 없이 즉흥적으로 놀면서 일하는 느낌이랄까? 프로젝트를 책임지고 있던 임원으로서 나는 자칫하다가는 '폭망'할 수 있겠다는 생각을 했다. 그래서 한국의 카드 비즈니스를 알려주고 서로 토론도 할 겸 잘하고 있나 감시도 시킬 겸, 우리 직원들 몇을 IDEO 본사가 있던 팔로 알토Palo Alto까지 보내기도 했다. 그리고 나중에야 이것이 그들이 일하는 방식임을 깨달았다.

그렇게 진행된 프로젝트의 산출물 중 하나가 직관적으로 단순화된 카드 대금 청구서였다. 당시만 해도 카드 대금 청구서란 카드사가 하고 싶은 말들만 잔뜩 적어놓은, 지극히 생산자 중심의 양식에 따라 작성된 문서였다. 그런데 IDEO팀은 금월 결제할 금액과 포인트 누적 금액만 남기고 자세한 것은 뒷면 혹은 홈페이지로 옮긴, 매우 단순화한 포맷을 제안했다. 이후 이 심플하면서 고객 지향적인 포맷은 모든 카드사를 넘어 통신사 등 그동안 자기들 입맛대로 청구서를 보내던 기업들의 모습이 완전히 뒤바뀌는 계기가 됐다.

IDEO와의 프로젝트를 통해서 알게 된 것은 그들이 무슨 대단한 노하우를 가지고 있다기보다는 철저히 '고객 관점'에서 '감정이입'을 한다는 것이고, 복잡한 솔루션보다는 '단순함Simplicity by Design'을 초지일관 추구한다는 점이었다.

2010년대부터는 빅데이터라는 용어가 확산되기 시작했고, 데이터 과학이라는 개념도 알려졌다. 컨설팅 회사나 시스템 통합 업체들은 빅데이터로 엄청난 일을 해낼 수 있을 거라고 주장했다. 하지만 이제는 잘 알려졌다시피, 빅데이터 시스템이나 인프라에 대한 투자보다는 데이터로 통찰을 만들어내고 이를 실행으로 옮기는 역량이 더욱 중요하다. 명확한 목표도 없이 대용량 데이터 처리 인프라만 덩그러니 마련해봤자 소용이 없다. 그러나 안타깝게도 상당수 우리나라 기업은 아직껏 데이터로 본격적인 부가가치를 창출하지 못하고 있다. 데이터를 분석하는 실무진들 사이에는 다음과 같은 자조 섞인 얘기들이 나돈다.

"사내 전문가는 무시하면서 사외 전문가들만 인정해주고, 정작 중요한 의사결정은 대부분 비전문가들이 합니다."
"새로운 분석을 시도해보려고 하면 이런 거에 왜 쓸데없이 돈 쓰냐고 역정을 내다가, 다른 곳에서 먼저 하면 왜 우린 먼저 못 했냐고 화를 냅니다."

"A/B 테스트 한번 하려고 하면 시간 걸리게 왜 그런 거 하냐며
A가 좋아 보이는데 그냥 그걸로 하자고 결정해버립니다."

우리나라 기업들에서의 데이터 분석은 의사결정자들의 데이터 분석에 대한 무지와 목적의식 부재가 매우 큰 문제가 되고 있다. 이들은 뭐가 뭔지 모르겠지만 남들이 하니 일단 깔아놓고 보자는 식으로 접근하는 경우가 많다. 최근의 AI 열풍에서도 동일한 상황이 재연되지 않을까 심히 우려되는 상황이다.

결국 의사결정자 단계에서부터 문제해결에 데이터를 어떻게 활용할 것인가 하는 전략적 고민이 선행돼야 한다. 또 데이터 분석에 기반하여 토론하고 의사를 결정하는 프로세스를 조직문화로 만들지 않으면 실무 인력들이 아무리 노력해봐야 결과를 만들기 어렵거나 단발성 시도에 그칠 가능성이 커진다. 개인적으로 당장 우리 기업들은 빅데이터보다는 스몰 애널리틱스Small Analytics와 분석적 마인드Analytical Mind를 가진 인력을 육성하는 것이 중요하다고 본다.

기존 문제해결 방법론과 특징

지금까지 이야기한 세 가지 문제해결 방식은 현재도 활용되고 있고 앞으로도 그러할 것이다. 하지만 기업 현장에서는 각자가 가진 한계도 노출되고 있다. 컨설팅에서 글로벌 베스트 프랙티스는 전가의 보도처럼 쓰였지만, 이제는 그 사례가 우리나라 기업들인 경우가 많아서 약발이 먹히지 않는 경우가 많아졌다. 또 컨설팅 회

사는 매번 보고서만 잔뜩 쓰고 실행은 뒷전이라는 비판도 늘어났다. 디자인 씽킹도 스타트업이나 일부 조직을 중심으로 주목받고 있지만, 여기에 데이터 분석이나 큰 그림을 보는 전략적 사고가 뒷받침되지 않으면 단순히 UI/IX 개발이나 신상품 개발 등 한정적인 분야에서 사용될 수밖에 없다. 데이터 분석은 알고리즘이나 기법들은 제법 개발되었지만, 문제를 전략적으로 파악하고 구조화시키는 부분에는 한계가 있어 아직은 기능적인 역할에 머물러있는 경우가 많다([표 4] 참조).

각 방법론이 가진 한계와 더불어, 여러 가지 문제들이 복합적으로 얽혀있는 상황에서 한 가지 방법만 적용하면 문제가 발생한다. 우리나라 기업에서는 각 문제해결 방법에 대한 경험과 지식을 가진 인력들이 있더라도, 이들이 서로 유기적으로 협업을 하지 않는 것이 현실이다. 전략/기획부서는 컨설팅식 보고서 작성에 매진하고 (실제 솔루션이 아닌 보고서), 마케팅부서는 그저 임팩트 있는 한 방을 위해서 신박한 크리에이티브 어디 없나 찾아 헤맨다. 데이터 분석가나 데이터 과학자들은 문제해결을 정의하는 단계에서는 배제된 채 그저 현업에서 던져주는 과제만 수행하는 수동적이고 지엽적인 역할만 수행한다. 데이터 분석을 할 줄 안다고 하는 인력들은 많지만, 문제를 정의하고 현업과 커뮤니케이션하면서 문제를 해결할 줄 아는 종합적인 역량을 가진 인력은 드물다. 결국 좋게 얘기하면 분업이지만, 나쁘게 얘기하면 사일로 현상이고 부분최적화다.

C레벨 임원들마저도 CFO(100% 좌뇌), CMO(90% 우뇌),

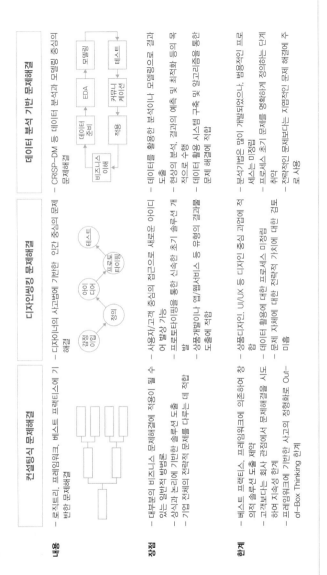

	컨설팅식 문제해결	디자인씽킹 문제해결	데이터 분석 기반 문제해결
내용	– 로직트리, 프레임워크, 베스트 프랙티스에 기반한 문제해결	– 디자이너의 사고방식에 기반한 인간 중심의 문제해결	– CRISP-DM 등 데이터 분석과 모델링 중심의 문제해결
장점	– 대부분의 비즈니스 문제해결에 적용이 될 수 있는 일반적 방법론 – 상식과 논리에 기반한 솔루션 도출 – 기업 전체의 전략적 문제를 다루는 데 적합	– 사용자/고객 중심의 접근으로 새로운 아이디어 발상이 가능 – 프로토타이핑을 통한 신속한 초기 솔루션 개발 – 상품개발이나 앱/웹서비스 등 유형의 결과물 도출에 적합	– 데이터를 활용한 분석이나 모델링으로 결과 도출 – 현상의 분석, 결과의 예측 및 최적화 등의 목적으로 수행 – 데이터 활용 시스템 구축 및 알고리즘을 통한 문제 해결에 적합
한계	– 베스트 프랙티스, 프레임워크에 의존하여 창의적 솔루션 도출 제약 – 고객보다는 회사 관점에서 문제해결을 시도하여 지속성 한계 – 프레임워크에 기반한 사고의 정향화로 Out-of-Box Thinking 한계	– 상품디자인, UI/UX 등 디자인 중심 과업에 적합 – 데이터 활용에 대한 프로세스 미정립 – 문제 자체에 대한 전략적 가치에 대한 검토 미흡	– 분석기법은 많이 개발되었으나, 범용적인 프로세스는 미정립 – 프로세스 초기 문제를 명확하게 정의하는 단계 취약 – 전략적인 문제보다는 지엽적인 문제 해결에 주로 사용

[표 4] 문제해결 방법론별 장단점

COO(90% 좌뇌)로 나뉘어 각자의 영역에서 주장을 펼친다. 서로를 향해 '돈만 쓰는 것들'이라느니 '돈만 따지는 것들'이라고 비난하면서 싸우거나 입을 꾹 닫고 모른 체한다. 결국 CEO가 좌뇌과냐 우뇌과냐에 따라 기업의 전략이나 방향이 달라진다. (물론 우리나라 기업에서는 우뇌과가 월급쟁이 CEO가 되기는 쉽지 않다.)

기업에서 활용하고 있는 컨설팅사나 에이전트들도 좌뇌과와 우뇌과가 확실하게 분리돼있다. BCG, 베인, 맥킨지와 같은 전략 컨설팅사는 좌뇌과, 광고대행사는 우뇌과, 마케팅 대행사는 좌뇌과인 분석 기반의 디지털 마케팅 대행사와 우뇌과인 크리에이티브 기반의 대행사로 양분되어 서비스가 반쪽짜리인 경우가 많았다.

그런데 이제 컨설팅사와 에이전트들이 변화하는 모습을 보여주고 있다. 고객사들은 한 가지 문제해결 방법론에서 한계를 체감하고 반쪽이 아닌 완전한 솔루션을 원하기 시작했다. 그러자 컨설팅사는 이러한 트렌드에 대응하고자 인수 합병과 제휴를 진행했다. 맥킨지는 데이터 분석과 AI 관련 기업들과 디자인 회사를 인수했으며, 반대로 IDEO는 데이터 분석 기업을 인수했다([그림 5] 참조).

이러한 변화는 기업의 모든 영역 및 부서에서 디지털과 데이터 없이는 의사결정과 문제해결을 진행하기 어려우며, 동시에 고객 접점에서의 고객 경험 관리가 차별화의 핵심적인 요소가 되었다는 점에서 기인한다. 이제 과거처럼 좌뇌와 우뇌를 분리한 문제해결 방식은 반쪽짜리가 될 수밖에 없다.

맥킨지와 IDEO가 다른 방법론을 흡수한 것은 비교적 빠른 대

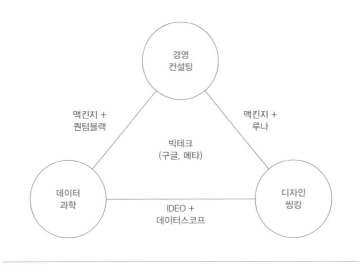

[그림 5] 문제해결 대행사들의 수렴 현상

응이라 할 것이다. 우리나라 기업들도 이제까지 문제해결에서 한 가지 방법론만 적용해왔던 방식이 과연 앞으로도 작동할 것인지를 깊게 고민할 필요가 있다.

많은 조직에서 문제를 해결할 때 처음에 지정한 방법론을 그대로 적용하려는 관성이 강하게 작용하고는 한다. 더욱 나은 솔루션이 있음에도 이미 어떤 프로젝트로 규정되었기 때문에, 또는 이미 누가 맡았기 때문에 그저 정해진 길로 따라가서 반쪽짜리 혹은 부분최적화된 결과를 도출하는 경우를 많이 보았다. 그러나 모든 것이 점점 더 강하게 연결되고 변화가 빠르게 일어나면서, 디지털 전환과 AI 활용이 현실이 되면서 기업은 더 복잡해지는 문제를 더 빠르게 해결해야 하는 상황에 놓이게 됐다. 지금 기업의 리더에게 요구되는 가장 중요한 역량은 특정 분야에 대한 전문지식보다는 복잡한 문제를 해결하는 역량이다.* 그리고 복잡한 문제를 해결하려면 기존의 문제해결 방법론을 통합한 접근방식이 필요하다.

어쩌면 이런 질문이 제기될 수 있겠다. '비즈니스의 문제해결을 위한 프로세스를 정형화하는 것이 과연 가능할까? 사실 문제해결에는 이런 프로세스보다 천재적인 몇몇 기업가의 머릿속에서 섬광처럼 번쩍이는 영감이 더 중요한 것이 아닐까?'

내 30년간의 경험을 통해 답변하자면, 비즈니스에서의 문제해결은 스치는 영감보다는, 질문을 하고 답을 찾고 안 되는 방법을 제거하고 다시 보다 나은 방법을 찾는, 피와 땀과 눈물을 쏟는 과정이다. 만약 누군가 번뜩이는 영감으로 단번에 해결책을 제시했다고 해도 그것은 이미 그 사람의 머릿속에서 이런 반복의 과정을 수십 번 아니 수백 번 되풀이하여 나온 결과다. 우리에게 문제해결 프로세스가 필요한 이유는 바로 이렇게 답을 찾는 과정에서 다음에 무엇을 해야 하는지 안내해줄 지침이 필요하기 때문이다.

이 책에서 제시하는 문제해결을 위한 방법론은 전략 컨설팅사에서 사용하는 '로직트리에 근거한 문제해결 방식', '디자인 씽킹 기반의 문제해결 방식' 그리고 '데이터 분석에 기반한 문제해결 방식' 세 가지를 통합한 것이다. 혁신적인 해결책은 대부분 관점의 전환

---

*World Economic Forum, Future of Jobs Report 2020.

Shift에서 나온다. 따라서 다양한 관점을 가질 필요가 있고, 그것이 이런 세 가지 접근방식을 통합하는 방법론이 필요한 이유다.

세 가지 방법론은 각자 뿌리가 다른 곳에서 시작되었다. 하지만 지금과 같이 AI 혁명와 디지털 전환이라는 거대한 파도가 밀려오고 있는 상황에서, 기업들이 당면한 문제들에 대처하기 위해서는 저 세 가지 방법론을 융합하고 기민하게 사용할 수 있는 통합의 역량이 그 어느 때보다 중요해졌다. 아울러 기존의 문제해결 방법을 아우르고 유연하게 활용할 인력들도 기업에 반드시 필요하다. 바로 이 책을 읽고 있는 독자 여러분 말이다.

왜 인공지능이 아닌
인간지능인가

3장의 제목을 보고 이런 질문이 떠올랐을 것이다. '인공지능 시대가 찾아온다고 하는 시점에 이 책은 왜 인간지능을 이야기하는가?'

문제해결은 인간의 지적 능력을 대표하는 활동이다. 원시시대부터 현대 사회까지 인간의 역사는 크고 작은 문제해결을 위한 도전과 응전의 역사였고, 인간의 지능은 그 과정을 통해서 발달해왔다. 그런데 인간지능은 현재에 이르러 거대한 도전에 직면했다.

인간지능이 인공지능보다 우월한 점이 있을까?

당연히 있다. 그렇지 않다면 이미 직장에서의 많은 역할이 AI로 대체되었을 것이다.

첫째, 인간지능은 질문한다. 반면 AI는 질문을 하지 않는다. 인간이 낸 질문에 답할 뿐이다. 질문은 '현상을 비판적으로 바라보는 문제의식'과 '이를 개선하고자 하는 의지'에서 나온다. AI는 스스로 상황을 문제라고 인식하고 이를 개선하여 목표를 달성하고자 하는 자유의지가 없다.

둘째, 인간지능은 비정형화되고 불확실한 새로운 상황에서 AI보다 문제해결에 우위를 보인다. 이제껏 접하지 못했던 새로운 상황에서 AI는 힘을 쓰지 못한다. AI는 과거 데이터를 통해 학습하는데, 전혀 새로운 상황에서는 데이터가 없기 때문이다. 대표적인 사례가 글로벌 금융위기와 팬데믹 등 미증유의 상황에서 AI 기반 트레이딩 프로그램의 예측력과 성과가 현저히 떨어졌던 경우다. 생각해보면 우리가 실제로 비즈니스에서 접하는 상황은 과거와 똑같이 그대로 반복되는 경우가 없다. 현실 비즈니스 문제해결에서 AI가 할 수 있는 역할이 한정적이라는 의미다. 반면에 인간은 '유추'의 능력을 활용해 유사한 사례를 학습의 데이터로 삼을 수 있고, 한 가지 사례로부터도 다양한 통찰을 뽑아낼 수 있다. 예를 들어 아기에게 공룡 사진을 하나만 보여주어도 다음에 다양한 공룡들을 구분해낼 수 있지만, AI가 이러한 능력을 갖추기 위해서는 엄청난 데이터를 학습해야 한다.

셋째, 인간지능은 상반되는 개념과 방법론을 자유롭게 넘나들며 사고할 수 있다. 분석과 창의, 확산과 수렴, 데이터와 디자인 등 서로 다른 방향을 얼마든지 병행할 수 있다는 의미다. 최근에 등장한 생성형 AI는 분석 외에 크리에이티브 제작 등 창조적인 작업도 가능하다. 그러나 통합적 문제해결을 위해 분석과 창의를 결합하여 유의미한 해결책을 도출하는 활동은 인간의 도움을 받아야 한다. 이러한 통합과 최종 해결책 도출은 인간지능만이 수행할 수 있는 고유한 활동이다.

요약하면, 목적과 비전을 위해 질문을 하고, 복잡하고 비정형화된 현실 문제에 대해 다양한 해결책들을 도출하고, 그 해결책들을 통합하여 최적의 대안을 찾는 활동은 앞으로도 인간지능만의 고유 활동일 것이다. 내 살아생전에 〈스페이스 오딧세이〉에 나오는 HAL 9000, 〈터미네이터〉에 나오는 스카이넷이나 〈아이언맨〉에 나오는 자비스 같은 AGI가 출현해 대규모로 인간을 대체하는 일은 없을 것 같다. 설령 AGI가 그런 수준까지 발전하더라도 인간 사회는 아직 그것을 받아들일 준비가 되지 않았을 가능성이 크기 때문이다. (예를 들어 실업 문제, 빈부격차 문제, 윤리적 문제 등에 대해 AI가 내리는 결정을 사람들이 과연 순순히 받아들일 수 있겠는가?)

프롬프팅이라는 기술이 있다. 대형 언어 모델이 응답을 더 잘 수행할 수 있게 프롬프트를 작성하여 입력하는 것이다. 한마디로 생성형 AI를 더 잘 활용하는 방법이라 할 수 있다. 여기에는 '문제에 대한 맥락 제시, 논리적 사고, 감정이입, 단계적 문제해결' 등이 포함되는데, 재미있는 사실은 그것이 이 책에서 제시할 문제해결 방식과 상당히 유사하다는 점이다. 이는 인간이 중심이 되는 문제해결 과정에 생성형 AI가 적합한 도구가 될 수 있다는 사실, 그리고 AI

활용에 있어서도 일의 기본기를 갖추는 것이 먼저라는 사실을 알려준다.

새로운 기술이나 비즈니스 모델이 출현했을 때, 그것을 흉내내거나 따라가려다가 오히려 자기 정체성과 차별성을 잃고 수렁에 빠지는 기업들이 많다. (쿠팡에 대한 우리나라 유통기업들의 대응을 보라.) 오히려 성공을 이루고 살아남은 기업들은 자신이 잘할 수 있는 것에 더욱 집중하여 스스로를 차별화시키되, 신기술과 신사업 모델은 그것을 강화시키는 수단으로 영리하게 활용한 기업들이었다.

나는 개인이 AI 시대에 대응할 방법도 이와 유사할 것이라고 생각한다. 실제로 AI가 잘할 수 있는 영역을 우리가 따라 하려 했다간 죽도 밥도 되지 못할 것이다. 오히려 인간지능 중심의 문제해결 능력을 강화해야 AI로 대체되지 않을 인력이 될 수 있다. 여기서 한 걸음 더 나아가 문제해결에 AI를 얼마든지 활용할 수 있는 인력이라면 대체 불가능한 인력이 될 것이다.

인간지능 문제해결
프로세스란

　인간지능 문제해결 프로세스Human Intelligence Problem Solving Process, 이하 HIPS 프로세스는 앞서 얘기한 컨설팅사의 문제해결 방식, 디자인 씽킹 기반 문제해결 방식, 데이터 분석 기반 문제해결 방식을 통합한 문제해결 프로세스다. 하늘 아래 완전히 새로운 것은 없듯이 기존 문제해결 방식들의 장점들을 '짬뽕한' 것이다. 당연히 무작정 섞은 것은 아니고, 문제해결 단계별로 적절한 접근방식들을 유기적으로 결합했다. [그림 6]을 보자.

HIPS 프로세스의 단계
　HIPS 프로세스는 첫 번째 단계로 핵심 질문을 던진다. 핵심 질문은 큰 그림을 보는 근본적인 질문이다. "고객에게 가치가 있는

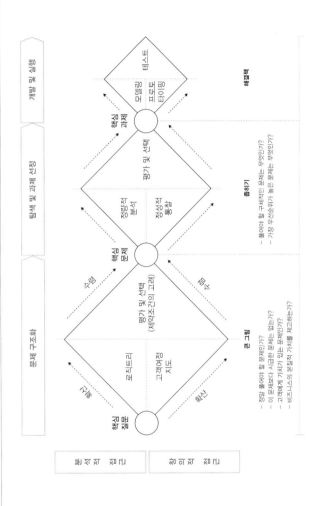

[그림 6] 인간지능 문제해결 프로세스

가?" "비즈니스의 본질적 가치를 제고하는가?" 등의 질문에 'Yes'가 나와야 한다. 거시적으로 문제를 바라보는 전략적인 과정으로, 이 과정의 역할은 해결하려고 하는 문제가 정말 필요한 문제인지, 이보다 더 시급한 다른 문제는 없는지 점검하는 것이다. 핵심 질문에서 출발하여 로직트리와 고객여정지도Customer Journey Map, CJM로 대표되는 문제 구조화 단계를 거쳐 두 번째 단계로 핵심 문제를 선정하게 된다. 이후 정량적 분석과 정성적 통찰이라는 탐색의 과정을 거친다. 마지막으로 세 번째는 집중해야 할 핵심과제를 도출한 후, 해결책을 개발하고 실행하는 단계다.

HIPS 프로세스는 이처럼 세 개의 단계로 구성된다. 문제 정의와 구조화, 탐색 및 과제 선정 그리고 개발 및 실행이다. 세 단계를 구분지을 수 있는 것은 단계마다 시작과 맺음이 있기 때문이다. 각각 핵심 질문, 핵심 문제, 핵심 과제가 된다. 만일 앞 단계의 끝이 명확하게 주어졌다면 이전 단계는 건너뛸 수 있다. (그러나 당연한 전제를 당연하지 않다고 받아들이는 것이 진정한 문제해결사의 자세이므로, 앞 단계도 진행해보는 쪽을 추천한다.)

HIPS 프로세스의 특징과 원칙

이제부터 실제 문제해결 시 염두에 두어야 할 내용을 중심으로 HIPS 프로세스의 특징과 원칙들을 살펴보자.

첫째, HIPS 프로세스는 문제해결의 처음부터 끝까지End-to-End를 다루는 과정이다. 이때 큰 그림을 그리는 단계부터 시작하여 점차 범위를 좁혀나간다. 기존의 문제해결 방법론들은 초기 단계의 큰 그림만 그리고 말거나, 전략적 중요도가 낮고 지엽적인 문제에 집중하는 문제점이 있었다. 이러한 이슈들을 최소화하기 위해 큰 그림에서 실행까지 전 단계를 다룬다. 단지 구상으로 끝나지 않고 실행까지 이어지기 때문에 놓치지 말아야 할 중요한 것에 집중할 수 있다.

둘째, HIPS 프로세스는 해결책을 도출하는 과정에서 확산적 사고Divergent Thinking와 수렴적 사고Convergent Thinking를 반복적으로 수행한다. 확산적 사고는 여러 가지 해결책을 만들어내는 과정이고, 수렴적 사고는 대안 중 적절한 것을 골라내는 과정이다. 문제해결은 이러한 확산과 수렴의 반복적인 과정Iterative Process이다. 해결책이 도출되고 다시 세부적인 문제해결을 위해 확산과 수렴의 과정이 반복된다. 문제해결은 불현듯 뇌리를 스치는 영감보다는 확산과 수렴이라는 지난한 반복의 과정이다. 이 과정에서 각 단계마다 유연하게 관점을 전환시키고 생각의 도구를 바꿔나가야 한다.

셋째, HIPS 프로세스는 로직과 데이터 및 팩트 분석을 활용한 분석 중심 접근방식Analytics- driven Approach과 고객 관점의 창의 중심 접근방식Creative-driven Approach을 통합한 프로세스다. 인간에 대한 통찰과 데이터에 대한 분석을 결합하여 두 가지 접근방식을 보완적으로 사용하거나, 두 접근방식의 융합을 통하여 전혀 다른 방식의 해결책을 도출할 수 있다. 접근방식의 통합은 새로운 발상과 혁신을 유발하는 중요한 방아쇠가 될 수 있다.

넷째, HIPS 프로세스는 문제해결 과정 중 중간 결과에 대한 지속적인 보고와 공유를 통하여 조직 내에 공감대를 형성하고 솔루션에 대한 조직의 지지도와 몰입도를 향상시킨다. 뜬금없이 제시되는 솔루션은 조직의 이해와 공감을 얻기 어렵다. 보고와 공유를 꺼리거나 게을리하는 바람에 좋은 아이디어가 사장되고 시간과 자원이 낭비되는 경우를 많이 보았다. 문제해결 도중이라도 관련 부서와 의사결정자로부터 솔직한 피드백을 구하는 것을 두려워하지 않아야 한다. 단계 하나가 마무리될 때마다 결과를 보고하고 공유하여 매듭을 짓고, 다음 단계로 이행할지 여부를 결정해야 한다.

기존 접근방식과의 비교

[그림 7]은 기존의 세 가지 문제해결 방식이 다루는 영역을 표시한 것이다. 앞서 [그림 6]과 함께 살펴보자. 모든 영역을 포함하는 HIPS 프로세스와 비교하면, 컨설팅식 문제해결은 문제해결의 마무리에 해당하는 개발 및 실행 영역이 비어있다. 반대로 디자인 씽킹과 데이터 분석 기반 문제해결 방식은 초기의 문제 구조화 단계가 생략됐다. 또 컨설팅식 문제해결과 데이터 분석 기반 문제해결 방식은 분석적 접근을 시도하지만 창의적 접근이 배제되어있고, 반대로 디자인 씽킹 문제해결은 창의적 접근을 시도하지만 분석적 접근이 배제되어있다.

앞서 언급한 것처럼 최근 컨설팅사를 포함한 여러 기업들은 지금껏 주로 활용해온 각각의 방법론이 가진 한계점을 인식하고 범

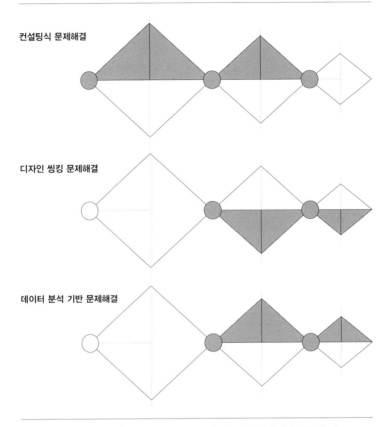

[그림 7] 인간지능 중심 문제해결 프로세스와 다른 문제해결 방법론 비교

위와 프로세스를 보완하거나 수정하는 모습을 보여주고 있다. 매우 바람직한 현상이지만, 기존의 틀을 유지하면서 개선해나가는 것보다는 세 가지 방법론을 유기적으로 통합하는 것이 더 낫다고 본다. 어차피 하나의 접근방식으로 모든 문제를 해결하려는 만병통치약식 시도는 불가능하거나 효율적이지 않기 때문이다.

HIPS 프로세스는 기업에서 직면하는 문제들, 특히 고객 관련 문제를 해결하기 위한 프로세스다. 조직 내에서 프로젝트 수행을 위한 통합 태스크포스팀을 만들거나 애자일 조직의 업무 프로세스를 설계할 때 기본 가이드로도 활용할 수 있다.

그러나 반드시 기업 조직에서만 써먹어야 하는 것은 아니다. HIPS 프로세스는 개인이 얼마든지 활용할 수 있는 씽킹 프로세스이기도 하다. 해결해야 할 문제가 조직 외부의 고객이 아니라 내부 직원이라면 인사 문제해결 프로세스가 되는 것이고, 사안이 가족이나 사적인 일이라면 개인 문제해결 프로세스가 되는 것이다.

즉 HIPS 프로세스에서 '고객'이라 함은 문제와 관련된 이해관계자라고 보면 된다. 이 경우 고객여정지도는 이해관계자의 입장과 관점에서 문제를 바라보기 위한 과정으로 간주할 수 있다.

HIPS 프로세스의 원칙을 그림으로 정리하면 [그림 8]과 같다. HIPS 프로세스는 개인이 문제해결을 할 때, 전략적이고 입체적인 사고를 하거나 다양한 접근방식을 사용할 수 있도록 안내하는 길잡이가 될 수 있다. HIPS 프로세스는 문제해결 프로세스이기도 하지만, 문제해결에 임하는 마인드셋Mind Set과 원칙Principles이기도 하다. 일회성 이벤트가 아니라, 일하면서 꾸준히 단련하고 체화시켜야 하는 지속적이고 반복적인 습관이다.

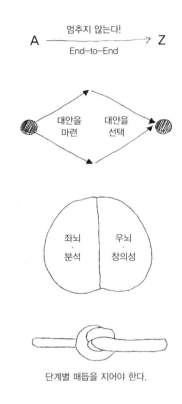

멈추지 않는다!
A ─────→ Z
End-to-End

대안을
마련

대안을
선택

좌뇌
·
분석

우뇌
·
창의성

단계별 매듭을 지어야 한다.

[그림 8] HIPS 프로세스의 네 가지 원칙

"나는 단계를 밟아 거기에 도달했다."

— 알베르트 아인슈타인 Albert Einstein

2부

HIPS 프로세스
톺아보기

4장

1단계.
핵심 질문을 던지고
문제를 구조화하라

핵심 질문
던지기

이제부터 HIPS 프로세스의 각 부분을 하나씩 뜯어보자. 맨 처음은 '핵심 질문 하기' 단계다.

질문이 중요하다고 하니 마치 따발총처럼 질문을 쏟아내는 사람들이 있다. 스스로 자신이 매우 지적이라 생각하겠지만, 듣는 사람에겐 일종의 고문이다. HIPS 프로세스에서 '핵심 질문'은 아무말 대잔치에서 어쩌다 하나 얻어걸리는 것이 아니다. 오랜 기간 발효, 증류, 숙성의 과정을 거쳐 탄생한 위스키 원액과 같이 오랜 경험과 고민의 결과로 나온 엑기스여야 한다. 이런 오랜 숙성의 과정을 통해서 탄생하는 것이 '맞는 질문'이다.

엔비디아의 창업자 젠슨 황Jensen Huang은 최근 인터뷰에서 "답은 적게 얘기하고, 되도록 많은 질문을 한다. 지금은 온종일 질문만 하는 게 가능하다. 이 과정을 통해서 경영진이 미처 깨닫지 못한 생각해봐야 할 아이디어들을 탐색할 수 있도록 한다"라고 밝힌 바 있다. 오늘날의 엔비디아가 만들어진 원동력이 무엇인지 가늠해볼 수 있는 대목이다.

맞는 질문을 던지려면 구체적으로 어떻게 해야 할까?

첫째, 기본적인 팩트를 파악하여 정리한 후, 가설적인 답(정답이 아니다!)을 세워두고 질문을 해야 한다. 그래야 질문이 명확해지고 초점을 갖게 된다. 조직의 리더 중에는 이러한 기본 없이 질문을 하는 이들이 꽤 있다. 자기가 한 질문 때문에 직원들이 태스크포스 팀을 꾸리고 밤을 새우며 열심히 보고서를 만들었더니, '내가 언제 이거 하라고 했냐'며 역정을 내는 경우다. 이런 경우를 방지하기 위해 활용해야 하는 것이 'SCQA'와 '조직 고유의 원칙Guiding Principles'이다.

SCQA는 컨설팅 회사에서 문제 정의를 위해 자주 사용한다. 현재 상황을 정리하고Situation, 변화로 인하여 대응이 필요한 이유Complication를 파악한 후, 질문Key Question을 도출하고 답Answer을 정리하는 방법이다.* 이를 작성하고 나면 무엇을 질문할 것인지가 명확해진다([그림 9] 참조).

그런데 실제로 써보면 이것만으로는 부족한 경우가 있다. 컨설팅 회사는 제3자로서 팩트와 상식 수준에서 필요한 사항을 정리하

---

*단, 여기서 '답'은 최종적인 답이 아니라, 가설적인 혹은 예비적인 자신만의 답이다. 그래서 답 Answer 대신에 가설Hypothesis이라고 하기도 한다.

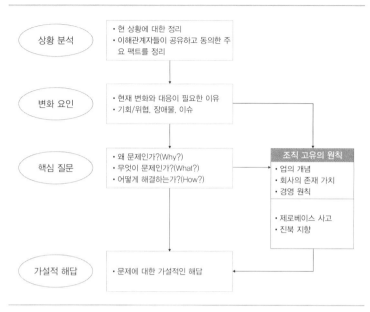

[그림 9] SCQA + 조직 고유의 원칙

지만, 해당 조직은 내부에 나름의 사정과 조건이 있다. 그래서 나는 SCQA에 '조직 고유의 원칙'을 추가했다. 고객의 입장에서 준수해야 할 회사의 경영원칙이나 조직 특유의 철학 및 가치가 그것이다.

[표 5]는 화장품 회사의 미국 시장 공략이라는 상황을 가정하고 SCQA를 작성해본 것이다. 구체적으로는 미국 시장에 전통적인 오프라인 유통 방식으로 진출했다가 어려움을 겪고 있는 상황에서 온라인 쪽으로 방향을 틀 것인지를 고민하는 상황이다. 오프라인과 온라인은 문법도 다르고 필요한 역량과 자원도 다르다. 그런데 전통적인 기업 중에는 어중간하게 두 가지 모두 잘하려고 하다가 돈

상황 분석 (Situations)	• 국내 화장품 회사인 자사는 최근 몇년간 급격한 매출 감소로 새로운 활로 개척이 필요 • 특히, 해외 시장 중 중국 시장에서의 매출 감소로 이를 대체할 해외 신규 시장 개척이 필요 • 해외 시장 중 가장 큰 시장인 미국 시장 진출을 추진 중
변화 요인 (Complications)	• 미국 시장에서 세포라, 얼타 등 화장품 전문 매장 입점과 독자 로드숍 출점 등을 추진했으나, 매출 확대에 어려움 • 기초 화장품 중심의 제품 라인업으로 시장 확대 한계, 브랜드 인지도의 부족 및 대규모 마케팅 투자로 인한 적자 누적 등으로 미국 시장 공략 방법의 변화 필요 • 미국 시장에서 3년내 목표 매출(해외 매출의 20%, BEP 달성 규모)를 달성할 방안이 수립되지 않으면, 미국시장에 대한 추가적인 투자 포기해야 한다는 CFO 문제 제기
핵심 질문 (Key Question)	• 3년내 미국 시장에서의 목표 매출 달성 방안 및 브랜드 인지도 확보 방안은 무엇인가?
가설적 해답 (Answer)	• 대규모 마케팅 투자 없이 단기간에 브랜드 인지도 및 매출 확보가 가능한 Amazon 판매 확대를 위해 미국 시장용 별도 상품 라인업(미국향 기초 + 색조 상품) 출시 • 더불어 장기 고객기반 확보를 위해 D2C 자사몰 구축 병행 • 기존 오프라인 매장 폐점 및 전통적인 매체 광고 중단으로 오프라인 마케팅 비용 절감 병행
추가 고려사항	• 오프라인에서의 브랜드 빌딩이 먼저라는 회장님 포함 경영진의 인식 전환 방안(Quick Hit) • 온라인에서의 매출 확대 및 브랜드 구축이 되더라도 장기적으로 오프라인으로 확산시키는 것이 가능할 것인지에 대한 우려 불식 필요 • 온라인 특성상 가격 통제가 쉽지 않은데, 이것이 향후 자사 포지셔닝 및 브랜드에 미칠 영향 분석과 리스크 통제 방안 강구 필요

[표 5] SCQA + 조직 고유의 원칙 예시

은 돈대로 들고 성과는 나지 않는 경우가 꽤 있었다. 여기서는 가설적인 해답으로 온라인 전환을 설정해보았다. 그러나 SCQA가 아무리 합리적이고 현실적인 질문을 마련하더라도, 오프라인이 먼저라는 주요 의사결정자의 의사를 돌리지 못하면 소용이 없다. 지금까지 고수해온 이 회사의 철학이나 정책, 기존에 형성된 브랜드에 미칠 영향 등에 대한 추가적인 고려가 필요하다. 또 해법을 적용할 조직 내부의 상황까지 파악하여 더욱 깊고 넓게 생각해야 한다.

둘째, 'Why?(혹은 Why not?)'를 잘 활용하는 것이다. 'Why'라는 질문은 초점을 본질에 집중시키고 호기심과 창의성에 불을 붙이는 강력한 힘이 있다. 우리가 아는 성공한 창업자들은 사업을 시작할 때, 'How'나 'What'보다는 'Why'부터 시작한 경우가 많다. 이를테면 이런 질문이다.

"왜 우리 회사나 제품이 존재해야 하는가?"

이 질문에 대한 대답을 공유하는 조직은 비즈니스의 목적과 방향성에 공감대를 형성한다. 이 질문에 대한 대답은 구성원들이 지금 무엇을 해야 하는지 영감을 주고 자발적으로 행동하게 한다.

내가 보기에 우리나라 기업들이 취약한 지점이 이것이다. 'Why?'라는 질문에 유독 약하다. 그동안 패스트 팔로어로서 열심히 쫓아가며 'How'와 'What'에만 집중해왔기 때문일 것이다. 더 이상 패스트 팔로어 전략이 먹히지는 않는 상황이 찾아왔다면, 이제부터는 본질에 천착하게 하는 'Why'의 힘을 잘 활용해야 한다.

앞서 [표 5]의 사례에서도 한 단계 더 본질에 다가서는 핵심 질문은 "왜 미국 시장에 진출하려고 하는가?"다. 이에 대한 답변이 "글로벌 화장품 브랜드가 되기 위해서는 미국 시장에서의 성공이 필요해서" 혹은 "글로벌 색조 화장품 시장에서 교두보를 확보하기 위해서" 등이라고 한다면, 결국 이 질문은 지금 이 기업의 비전과 정체성에 관한 질문이 된다. 이렇듯 'Why?'라는 질문은 깊게 그리고 넓게 생각하게 만드는 힘이 있다.

셋째, 질문은 항상 열린 질문Open Question이 되어야 한다. 예 혹은 아니오라는 답변만을 요구하는 닫힌 질문Closed Question은 매우 제한된 형태의 생각을 하게 만든다. 그러면 기존의 틀을 벗어나 새로운 방식의 해결책이 나올 수 없다. 사실 닫힌 질문은 이미 '답정너'로 결론을 내놓고, 이를 확인하기 위해 질문을 던지는 경우에 해당한다. 닫힌 질문을 던지는 상사 또는 리더가 있는 조직은 딱 그만한 그릇 정도밖에 성장하지 못한다. 법정에서처럼 예나 아니오로만 답변하게 해놓고, 우리 조직은 혁신적인 아이디어가 없다느니 직원들이 수동적이라느니 불평하는 사람은 누워서 침을 뱉는 중인 것이다.

구성원들에게 영감을 주기 위해서는 'Why?'와 더불어 다음과 같은 열린 질문들을 활용할 수 있다. 'What if'는 곧 '만일 이렇게 바꾸면 어떨까요?'라는 질문이다. 기존의 가정을 변경하고 새로운 방향을 제시한다. 'So what?'은 '그래서 이 모든 것들이 의미하는 바가 무엇일까요?'라는 질문이다. 통합을 위한 공감대를 형성해준다. 'What next?'는 '이제 우리가 무엇을 하면 될까요?'라는 질문이다. 팔로업과 실행을 촉구한다. 'Anything else?'는 '혹시 중요한 부분 중 우리가 놓친 것이 있을까요?'라는 질문이다. 재점검을 위해 필요하다. 그리고 무엇보다 '제가 어떻게 도와주면 되나요?'라는 질문으로 훈

훈하게 마무리하자.

넷째, 문제를 바라볼 때 여러 가지 관점을 떠올려보아야 한다. 기업에서 직면하는 문제들은 결코 단선적이거나 간단하지 않다. 표면적인 현상만으로 문제를 진단하는 것은 하수다. 모든 현상에는 숨은 원인과 작용이 있다고 보고, 그 숨겨진 부분까지 찾아 들어가는 것이 고수다. 문제 상황은 이것을 선택하면 저것이 희생되는 트레이드오프가 있거나 다양한 이해관계들이 얽혀있는 경우가 대부분이다. 따라서 질문을 만들 때는 전사 최적화Corporate Optimization vs 부서 최적화Sub-Optimization, 내부자Insider vs 외부자Outsider, 고객 관점 vs 회사 관점, 장기적 관점 vs 단기적 관점 등 다면적이고 입체적으로 여러 가지 입장과 관점을 고려하여 진행하여야 한다.

> "질문에 답하는 것을 보면 얼마나 똑똑한지 알 수 있고, 질문하는 것을 보면 얼마나 현명한지 알 수 있다."
>
> _나기브 마푸즈Naguib Mahfouz(이집트 소설가, 노벨문학상 수상자)

우리 조직 고유의 원칙은
무엇인가

업의 개념이 무엇인가

1993년 무렵, 삼성 임직원들 사이에 '업業의 개념'이 무엇인지 서로 묻고 답하는 모습이 펼쳐졌다. 지금은 고인이 된 이건희 회장이 그들에게 '이 업의 개념이 무엇이냐?' 하는 질문을 던지곤 했기 때문이다.

호텔업의 개념을 묻는 이건희 회장에게 호텔신라의 사장이 '서비스업'이라 답하자, 이 회장은 '호텔업의 본질은 부동산이고 장치산업이 아니냐'고 되물었다. 이 회장은 카드 사업은 부실채권 관리, 보험업은 설계사 모집과 관리, 반도체는 시간(타이밍), 시계는 패션, 증권은 상담을 업의 개념으로 짚었다. 물론 지금은 달라진 점도 있지만, 당시로서는 분명 시대를 저만치 앞선 통찰이었다.

'업의 개념이 무엇인가?'라는 질문은 해당 사업의 본질적이고 핵심적인 가치가 어디에서 비롯되느냐를 묻는다. 이 질문은 보통 고민해서 답할 수 있는 것이 아니다. 심해까지 잠수해 들어가야만 겨우 건져낼 수 있는 그 무엇이다. 이건희 회장의 질문에 여러 임직원이 적잖이 당황하고 힘들었겠지만, 이런 질문에 해답을 모색하는 과정이 있었기에 과거 삼성에서 스스로 생각할 줄 아는 인재들이 많이 배출되었을 것이라 생각한다.

한번 정의된 업의 개념은 경영에서 좋은 나침반이 된다. CEO는 물론 조직 구성원들까지 '뭣이 중헌디?'에 관한 전사적인 공감대가 형성된다. 이렇게 깊은 생각Deep Thinking을 통해서 나온 질문과 답은 회사 의사결정 및 문제해결에 좋은 가이드를 제공한다.

'업의 개념'을 지금 다시 질문해보자.

"우리 회사가 왜 존재해야 하는가?"
"우리 회사의 가장 중요한 가치는 무엇인가?"

매우 근본적인 질문임에도 실제로 이 질문에 제대로 답할 수 있는 리더는 그리 많지 않다. 업의 개념을 깊이 생각해보지 않았기 때문이다. 업의 개념을 건지려면 깊이 들어가야 한다. 기업에서 문제해결을 위한 질문들을 끝까지 파고들다 보면, 맨 밑의 깊은 바닥에서는 항상 회사의 본질적인 것들을 직면하게 된다.

조직 고유의 원칙을 가진 기업들

본질을 정확히 꿰뚫고 있는 기업들은 문제를 다룰 때 가드레일 역할을 하는 간명한 원칙들, 즉 조직 고유의 원칙을 가지고 있다. 조직 고유의 원칙은 기업의 문제해결에 일정 부분 프레임과 베이스, 의사결정의 일관성을 가져다준다. 반대로 고유의 원칙이 없는 기업들은 늘 여러 가지 대안과 가능성을 염두에 두어야 한다. 즉 더 많은 시간과 자원을 들여야 하며 의사결정의 일관성도 떨어지게 된다.

애플은 조직 고유의 원칙이 의사결정과 문제해결에 깊이 녹아 있는 대표적인 기업이다. 애플이 마케팅 의사결정 시 활용하는 원칙은 다음과 같다.*

- 차별화를 통해서 1등을 할 수 있는 시장에만 진출한다.
- 소수의 제품에 집중한다.
- 과거에 성공한 아이디어라도 (다른 기업이 하기 전에) 스스로 세대를 교체시켜라.
- 고객 경험에 대한 전술과정 책무를 만들어라.
- 이익보다는 완벽한 제품에 집중해라.
- FGIFocus Group Interview의 노예가 되지 말고, 고객의 충족되지 않은 니즈Unmet Needs를 읽어라.

---

*Marketing Doctrine: A Principles-Based Approach to Guiding Marketing Decision Making in Firms, Goutam Challagalla, Brian R. Murtha, Bernard Jaworski.

매우 단순하고 직관적인 원칙이다. 하나하나 뜯어보면 애플의 무슨 마케팅이 왜, 어떻게 이루어졌는지를 이해할 수 있다. 이처럼 조직 고유의 원칙을 기업의 모든 직원이 숙지하면 의사결정과 문제 해결에서 시간 낭비나 시행착오를 상당 부분 줄일 수 있게 된다.

아마존은 조직의 리더들이 의사결정과 문제해결 시 따라야 할 원칙을 정리해 리더십 원칙Leadership Principles을 만들었다. 14가지 원칙 중 제1원칙, '고객에 대한 편집증적 집착을 가져라Have a Customer Obsession'는 아마존이라는 조직 곳곳에 가장 강하게 녹아 있다. 실제로 겪어보면 '진짜 미쳤다', '이렇게까지 해야 하는 거냐?'라는 얘기가 나올 만한 수준이다.

예를 들어, 아마존은 고객 경험 가운데 최악의 경험 중 하나로 '품절'을 꼽는다. 그래서 아마존은 미국 내 해당 상품의 재고량을 랭킹 알고리즘의 중요 변수로 포함시켰다. 아무리 인기가 있고 잘 팔리는 상품이라도 미국 내 재고가 부족하면 랭킹이 떨어진다. 랭킹이 높을수록 판매량이 높아지므로, 품절이 뜨지 않게 판매자가 알아서 미국 내 재고량을 조절하게 만드는 것이다. 또 다른 최악의 고객 경험은 '사기', 즉 소비자 리뷰나 순위 조작에 속아서 구매하는 경우다. 그래서 아마존은 프로그램을 써서 조작이 발생하는지 늘 감시한다. 만약 사기나 조작이 의심되면 즉시 해당 판매자 계정을 중지시키고, 판매자가 직접 의혹을 해소하기 전까지 판매를 전면 금지한다. 고객과 고객 경험에 대한 회사의 이러한 편집증적인 집착이 소비자가 아마존을 믿고 사용할 수 있는 원동력이 된다. 아마존의 조직 고유의 원칙은 액자 속에 고이 모셔져있는 게 아니라 알고리즘과 업무 프로세스에 생생하게 살아 숨쉬고 있다.

다른 예를 보자. 사모펀드Private Equity, PE 운용사는 그 존재 목적이 뚜렷한 만큼 선명한 조직 고유의 원칙을 가지고 있다. 어느 글로벌 PE사의 사례를 보자.

- 투자의 주제Investment Thesis를 명확하게 정의하라.
  - 3~5년간의 계획
  - 2~3개의 핵심적인 요인을 강조
  - 비용 절감이 아니라 성장에 초점

- 너무 많은 관리지표를 가져가지 마라.
  - 핵심적인 지표에 집중
  - 회계상의 지표가 아니라 현금과 가치에 집중
  - 조직의 성과와 보상을 연계

- 대차대조표에 집중하라.
  - 불필요한 고정자산 및 유동자산을 제거하거나 다른 곳에 투자
  - 자기 자본 관리
  - 레버리지를 위해 부채를 활용하지만 리스크와 수익을 조율

● Corporate Center(PE사 운용조직)를 주주처럼 만들어라.

　• 각각의 비즈니스를 최적화하는 데 집중

　• 가격이 맞으면 과감하게 매각

　• 감상적이지 않은 오너처럼 행동

　• 포트폴리오 기업의 인사 문제에 개입

　• Corporate Center와 포트폴리오 회사 간 커뮤니케이션을
　　위해 노련한 경영자를 고용

　PE사의 목적은 단기간에 회사의 가치를 끌어올려 이익을 남기고 되파는 것이다. 저 원칙들은 PE사의 목적을 잘 반영한다. PE의 영역을 넘어 기획부서나 지주사에서도 참고할 만하다.

　"우리 회사는 고유의 경영원칙이 있는가?"라는 질문에 자신 있게 '예'라고 대답할 수 있는 기업은 그리 많지 않다. 이런 원칙들은 대개 창업자나 영향력 큰 CEO가 오랜 기간 기업 경영을 하며 구축해나가야 구체화된다. 하지만 이건희 회장이나 스티브 잡스와 같은 개성 강한 선견자Visionary나 딥 씽커Deep Thinker는 흔하지 않다.

　물론 각각의 기업마다 매년 엄청난 시간과 노력을 들여서 경영원칙을 세우고 계획을 짜지만, 보고와 발표가 끝나면 그뿐이고 정작 구성원의 일상과 의사결정에 아무런 영향을 주지 못하는 경우가 많다. '무슨 무슨 웨이'라고 액자 속에 써놓은 기업들은 많지만, 그것이 진정으로 조직에 스며든 경우는 별로 보지 못했다.

　회사의 정체성을 대표하고 문제해결의 나침반 역할을 해줄 조

직 고유의 경영원칙을 만드는 것도 중요하지만, 그것이 실제로 생명력을 얻기 위해서는 리더들이 솔선수범하여 원칙을 타협 없이 초지일관 지켜나가야 한다. 진정한 전략은 화려하고 거창한 경영계획이 아니라, 단순하지만 강력한 원칙에 깃들어있다는 것이 나의 경험으로부터 얻은 믿음이다.

전제와 전례를 의심하라

조직의 내부 구성원들이 조직 고유의 원칙을 문제해결에 적용할 때 염두에 두어야 할 두 가지 사고법이 있다. 바로 '제로베이스 사고Zero-Based Thinking'와 '진북True North 지향'이다.

비즈니스 의사결정이나 문제해결에서 가장 경계할 태도는 기존 습관이나 경험의 틀을 벗어나지 못하고 그 틀 안에서 해결책을 찾는 것이다. 그러면 [그림 10]처럼 코앞에 지갑을 두고도 불빛 아래만 찾다가 끝날 수 있다.

기존 틀 안에서 찾아낸 솔루션은 상황을 일부 개선하는 개선책이거나, 더 나쁘게는 상황이 바뀐 것을 알아채지 못하고 과거의 성공 방정식을 그대로 좇다가 실패하는 경우가 많다. 그래서 비즈니스 의사결정을 하거나 문제해결을 할 때는 항상 선입견과 고정 관념이 없는 '제로베이스'에서 시작하는 것이 매우 중요하다.

제로베이스 사고는 '다시 바닥부터'. 즉 기존의 전제와 결정을 객관적인 관점에서 다시 평가해보고 처음부터 다시 최적의 해결책을 찾는 과정이다. 인간은 익숙한 것에서 편안함을 느끼고 그걸 유

[그림 10] 전봇대 불빛 아래서

지하려는 성향이 강하다. 개인과 마찬가지로 조직도 많은 의사결정
과 문제해결을 관성적으로 해나가려는 경향이 있다. 매년 예산 수
립 시 작년 대비 5%씩 증액해서 요구하는 것이 대표적인 경우다.
미래가 과거와 물가상승률 외에는 달라질 게 별로 없다는 전제가
반영된 결과다. '과거의 성공이 실패의 씨앗'이라는 말이 있다. 실제
로 기업이 실패하는 사례들을 보면 세상이 변했음에도 과거의 전제
와 결정을 불변의 진리인 것처럼 그대로 적용했다가 낭패를 본 경
우가 많다. 그래서 기업은 기존의 전제들과 결정들의 리스트를 정
기적으로 점검할 필요가 있다.

제로베이스 사고의 효능을 아는 의사결정자들은 공통점이 있
다. 종종 마치 신입사원처럼 질문을 던진다는 것이다. 그들이 그런

질문을 던지는 이유는 정말 몰라서가 아니라, 과거의 전제와 결정이 여전히 유효한지 다시 한번 생각해보기 위해서다.

혹시 진북True North과 자북Magnetic North이라는 개념을 아는가? 우리는 흔히 나침반을 들고 N 방향을 따라가면 지구의 북쪽에 다다를 수 있다고 믿는다. 그런데 나침반이 가리키는 자북은 지구의 자기장이 변하면서 이동한다. 그러다 보면 북극성의 위치로 결정되는 진북과 차이를 보이게 된다. 나침반만 믿고 따라가다가는 전혀 엉뚱한 곳에 다다를 수 있다는 의미다([그림 11] 참조).

조직 고유의 원칙은 환경이 바뀌고 시대가 바뀌더라도 조직이

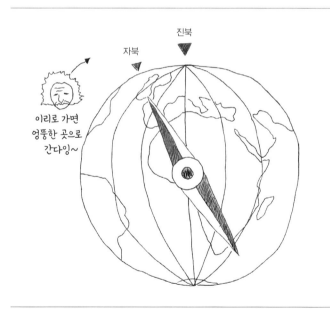

[그림 11] 진북과 자북

존속하는 한 흔들림 없이 지켜내야 하는 가치와 원칙이다. 불변의 진북이라 할 수 있다. 하지만 조직 내에서 이루어지는 많은 의사결정과 문제해결은 나침반처럼 여러 가지 요인에 의해 흔들리거나 왜곡되기도 한다. 경영진의 도덕적 해이, 단기 실적 지상주의, 학연이나 지연, 의미 없는 시장점유율 경쟁, 조직 내 사일로 등 여러 이해관계자들과 그들의 입장이 작용할 수 있다. 그러다 보면 처음에 그리고자 했던 별은 온데간데 없고 둥글둥글한 동그라미만 남는 사태가 벌어지는 것이다.

문제해결은 항상 본질에 맞닿아 타협하지 않는 자세가 필요하다. 그래서 기억해야 할 것이 바로 '진북 지향'이다. 목적지를 왜곡하는 자기장들을 피해 북극성을 향해 나아갈 수 있으려면 "우리 조직의 진북은 무엇인가?"라는 질문을 잊어서는 안 된다.

> "업의 개념은 입체적인 사고를 통해 자기 자신을 이해하고, 기업이 영위하는 사업의 본질과 특성을 이해해 직급에 따른 직무를 수행하는 것이다."
>
> _이건희(전 삼성그룹 회장)

문제를 구조화하는 방법:
로직트리

핵심 질문이 도출되었다면, 다음으로 HIPS 프로세스의 첫 번째 단계인 문제 구조화 단계를 뜯어보자. 문제 구조화 단계는 분석 중심 접근방식을 대표하는 로직트리와 창의 중심 접근방식을 대표하는 고객여정지도 두 가지로 구성된다. 먼저 살펴볼 것은 로직트리와 로지컬 씽킹이다. 로직트리를 이야기하기 전에, 먼저 일 잘하는 직원의 공통점이 무엇인지 뽑아보려 한다. 로직트리의 속성과 밀접하게 연관되므로 한번 개괄적으로 살펴보자.

일 잘하는 직원의 공통점
지금까지 30여 년간 다양한 산업에서 일해오며, 주니어 시절부터 '스마트하고 똘똘하다'는 소리를 듣는 직원들을 여럿 보아왔다.

이들은 다음과 같은 공통점이 있었다.

▶ 때로는 깊이 생각하기Stop & Think

일 잘하는 직원의 첫 번째 공통점은 때로 깊이 생각할 줄 안다는 점이다. 『생각에 관한 생각』(2018)의 저자 대니얼 카너먼Daniel Kahneman은 인간에게는 두 가지 사고방식이 있다고 설명했다. 하나는 직감적이고 빠른 사고에 해당하는 시스템 1, 나머지 하나는 논리적이고 느린 사고에 해당하는 시스템 2다. 시스템 1은 휴리스틱Heuristics 또는 오토파일럿 모드Autopilot Mode라고도 부른다. 즉각적인 반응이 필요하거나 관성적으로 일을 처리할 때 쓰인다. 반대로 시스템 2는 잠시 멈추고 생각을 시작하는 것이다. 일을 다룰 구조와 틀을 먼저 짜본 다음에 업무에 들어간다. 시스템 1은 성급하고 시스템 2가 신중하다는 이야기하려는 것은 아니다. 업무 가운데는 즉시 처리해야만 하는 것도 있고, 매사 깊이 고민하고 생각하다가는 때를 놓치거나 빨리 지쳐버릴 수도 있다. 다만 미리 큰 그림을 그리고 구조와 틀을 짜야 하는 업무의 경우 시스템 2의 사고를 충실히 해낼 수 있어야 한다는 얘기다.

▶ 쪼개서 보기Break down

두 번째 공통점은 쪼개어 볼 줄 안다는 점이다. '쪼개서 보기'는 앞으로 이야기할 로지컬 씽킹과 로직트리의 핵심이다. 아무리 커 보이는 문제도 결국 작은 문제들의 합이다. 차분하게 요소와 사안을 쪼개어 보기 시작하면 실마리가 드러난다. 그런데 문제를 쪼개어 분석하기보다는 통으로 한 방에 모든 것을 해결하려는 사람들이 꽤 있다. 그러다가 탈이 나는 모습을 가장 잘 볼 수 있는 곳이 바로 우리나라 부동산 시장이다. 강남의 아파트와 서민용 주거 아파트는 물론 크게 보면 아파트라는 범주에 속하지만, 쪼개서 보면 시장 참여자도 거래 유형도 서로 다른 형태를 보인다. 그런데도 부동산 대책을 주관하는 이들은 평균 아파트값 상승률을 가지고 정책을 내놓는다. 시장을 쪼개서 맞춤형 대책을 수립하면 좋으련만, 전체에 적용되는 온갖 규제, 세금, 공급 대책을 내놓으니 뒤탈이 반복된다.

▶ 결론은 신중하게Don't Jump to Conclusion

세 번째 공통점은 결론을 성급하게 내리지 않는다는 점이다. 시간이 없다는 핑계로 데이터 없이 직감으로, 로직 적용 없이 곧바로 결론으로 치닫는 사람들이 있다. 결론을 당장 내려야 한다는 강박관념으로 성급하게 움직이다 실수하는 경우다. 대책이 명확히 보이지 않을 때는 기다리는 것도 방법이다. 때로는 답이 없는 상태에서 생각을 숙성시키고 새로운 생각이 움트게 하는 멈춤의 시간이 필요하다. 남들이 보기에 질질 끈다고 불평이 나오기 시작할 때 결론을 내는 것이 오히려 최적의 타이밍인 경우가 많다.

▶ 단순화하기Simplify

마지막 네 번째 공통점은 요점을 단순하게 정리할 줄 안다는 점이다. 깊이 생각하고 쪼개서 볼 줄만 알고 단순하게 만들지 못하면 쓸데없이 일을 복잡하게 만드는 사람으로 취급받는다. 사안을 쪼개서 본 다음에는 중요하지 않은 것은 버리거나 숨기고 중요한 것만 남겨서 집중시킬 필요가 있다. 컨설턴트들이 근거나 방법을 이야기할 때 세 가지 이내로 정리하는 이유가 이것이다. 제일 어려운 기술이지만, 꼭 필요하다.

로직트리란 무엇인가

내가 컨설팅 회사에 다닐 때 선배들에게 들었던 말이 있다.

> "컨설턴트는 자기가 아는 분야면 온종일이라도 그 주제로 대화를 주도적으로 이끌 수 있고, 자기가 모르는 분야라도 두세 시간 정도 대화에 참여할 수 있다."

로직트리를 활용하는 사고에 익숙한 컨설턴트라면 특정 분야에 전문지식이 없더라도 전체를 부감하고 조감하여 파악해낼 수 있다는 뜻이다. 로직트리를 몰라도 회사 생활에 지장은 없지만, 알고 있으면 누구나 어딜 가서든 평타는 치는 직장인이 될 수 있다. 당시 나는 직장인이라면 당연히 로직트리를 알고 활용하고 있겠거니 여겼는데, 이후 여러 직장을 겪어보니 그런 직장인은 생각보다 흔치 않았다.

로직트리는 HIPS 프로세스의 첫 번째 단계인 문제 구조화 단계에서 분석적 접근방식의 방법론이다. 문제의 원인 분석, 보고서 작성, 프레젠테이션, 의사결정, 문제해결 등 회사 업무의 모든 분야에서 우선 로직트리를 그려보고 시작하면 중간에 헤매거나 꼬이는 경우를 최대한 방지할 수 있다.

비즈니스 문제해결을 위해서는 항상 문제를 해결할 대안이 존재한다는 전제하에 가능한 모든 해결책을 찾아보아야 한다. 로직트리는 바로 이것을 가능하게 해준다. 컨설팅 회사가 보유한 수많은 프레임워크나 보고서는 모두 로지컬 씽킹과 로직트리를 근간으로 한다. 컨설팅 회사 입사를 위한 인터뷰 시 케이스 인터뷰나 질문 등도 대부분 로직트리에 근간한 로지컬 씽킹 능력을 테스트하는 것이고, 첫 번째 트레이닝을 받으러 가서 가장 먼저 가르치는 것도 바로 로직트리다.

컨설팅 회사를 다녔던 사람들은 보고서나 자료를 만들 때 으레 첫 순서로 로직트리를 만든다. 그것도 손으로 백지 위에 직접 그린다. 시작 전에 밑그림을 그려보는 작업이다. 로직트리를 그리고 나면 이를 항상 옆에 놓고 작업을 진행한다. 중간에 길을 잃거나 논리적 오류가 생기거나 순서가 뒤바뀌는 일을 방지하기 위함이다. 이후 자료조사나 인터뷰를 통해 처음에 만든 로직트리가 틀렸다는 게 밝혀지면 수정하거나 새로 만든다.

이렇게만 얘기하면 로직트리가 매우 쉬워 보인다. 그러나 로직트리는 따로 트레이닝을 해야 할 만큼 쉽지 않은 작업이다. 가설 단계에서 로직트리를 만드는 방법은 무한히 많다. 그런데 실제 그중에서 의미가 있고 적합한 로직트리를 만들려면 업에 대한 사전 지식과 경험 등 상당한 내공이 요구된다. 틀린 로직트리는 분석이 엉뚱한 방향으로 흐르게 만든다. 그래서 컨설팅 회사조차 자신들이 잘 모르는 업종의 프로젝트를 진행할 때는 팀에 해당 산업의 전문가를 섭외하거나 클라이언트 사내 인터뷰를 초기에 진행하여 혹시모를 불상사를 방지한다.

개인이 로직트리를 활용할 때도 컨설팅 회사처럼 자료조사, 전문가 및 현업 담당자 인터뷰, 과거 보고서 리뷰, 브레인스토밍 등을 사전에 진행해야 한다. 이후 작성한 로직트리에 대해 업계 전문가가 "이렇게 분석해보면 의미가 있겠네"라고 평가하면 그것이 바로 제대로 된 로직트리일 가능성이 크다. 그다음부터 이 로직트리는 어떤 데이터를 수집하고 어떤 분석을 실행해야 하는지 지침을 줄 수 있게 된다. 평가가 주관적이라고 지적할 수 있겠지만, 그만큼 로직트리 작성에 해당 업계의 누적된 경험과 인사이트가 필요한 작업이라는 의미로 이해해주길 바란다.

문제해결 역량은 세상을 바라보는 프레임워크와 렌즈를 다양하게 가지고 있다가 적시적소에 유연하게 써먹을 수 있는 능력이다. 그리고 이 역량은 평소 로직트리를 가지고 꾸준하게 수련을 한 결과로 얻을 수 있다. 또한 이렇게 문제 구조화 단계에서 의미 있는 가설, 이슈, 질문의 로직트리를 만들어야 이후 분석 작업이 의미가 있게 된다.

빠짐없고 중복 없이, MECE

앞서 일 잘하는 직원의 공통점을 이야기하며 '쪼개서 보기'가 로지컬 씽킹과 로직트리의 핵심이라고 언급했다. 로직트리 작성 시 가장 중요한 개념이 바로 MECEMutually Exclusive Collectively Exhaustive 라는 개념이다. MECE는 각 구성 요소가 중복이 없으면서, 빠짐이 없이 모여 전체를 구성하는 것을 의미한다. 컨설턴트들은 수시로 "이거 MECE하지 않은데…"라는 표현을 쓸 정도로 친숙한 개념이다. 아마 독자들 중 상당수는 이 개념을 이미 알고 있거나, 모르더라도 논리적인 사람이라면 무의식중에 업무에 적용하고 있을 것이다. [그림 12]를 보자. 행정구역상 수도권은 서울특별시, 인천광역시, 경기도로 구성돼있다. 여기서 '수도권은 서울특별시와 경기도로 구성된다'고 얘기하면 인천광역시가 빠졌으므로 '빠짐이 있음NOT Collectively Exhaustive'에 해당한다. 다시 '수도권은 서울특별시, 인천광역시, 수원시, 경기도로 구성된다'고 하면 경기도에 해당하는 수원시가 중복되므로 '중복이 있음NOT Mutually Exclusive'에 해당한다. 둘 모두 어기면 그야말로 답이 없다. '빠짐없고 중복 없이 MECE하게' 쪼개야 비로소 로직트리가 완성된다고 말할 수 있다.

로직트리는 문제의 원인과 해결책을 빠짐이나 중복 없이 보여주기 때문에 문제해결을 위한 좋은 출발점을 제공한다. 다음에서 실제 비즈니스에서 접하는 로직트리의 여러 가지 예시를 살펴보자.

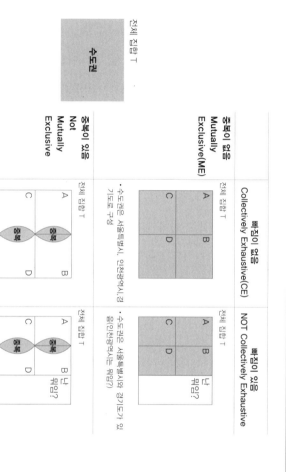

전체 집합 T

수도권

	빠짐이 없음 Collectively Exhaustive(CE)	빠짐이 있음 NOT Collectively Exhaustive
중복이 없음 Mutually Exclusive(ME)	• 수도권을 서울특별시, 인천광역시, 경기도로 구성 전체 집합 T A / B / C / D	• 수도권을 서울특별시만으로 구성(인천광역시는 뭐임?) 전체 집합 T A / B 너 뭐임? / C / D
중복이 있음 Not Mutually Exclusive	• 수도권을 서울특별시와 경기도가 있음(인천광역시와는 뭐임?) 전체 집합 T A 중복 / B C 중복 / D	• 수도권은 강남구, 강북, 경기도, 수원시가 있음(많이 빠해짐) 전체 집합 T A 누락 / B 뭐임? C 누락 / D

[그림 12] MECE의 개념

비즈니스에 쓰이는
네 가지 로직트리 유형

다음은 B2B 부품 공급업체의 CEO가 영업담당 임원인 변 상무에게 매출 극대화를 위한 방안과 이를 관리하기 위한 KPI를 설정하도록 지시하고 있는 상황이다.

CEO: 지금처럼 전체 매출액과 거래선별 매출만 집계하는 것만 가지고는 제대로 관리가 안 되고, 특히 우리가 어느 거래선을 공략해야 하는지도 불명확합니다. 맨날 같은 데이터 보고만 올라오는데, 뭐 좀 새로운 방법 없나요?

변 상무: (잘못 대답했다간 엄청 깨질 거 같은 느낌이어서 바로 꼬리를 내리고) 죄송합니다. 바로 검토해서 보고드리겠습니다.

CEO: 이런 걸 사장이 꼭 얘길 해야 개선이 되나요? 평소에 이런 고민을 좀 스스로 알아서 하라고 임원들이 있는 거 아니에요?

변 상무: (자기는 임원 아닌가 하고 생각하다가 얼른 대답한다.) 예, 예, 맞습니다.

사장실 문을 나서면서 변 상무는 고민이 깊어졌다. 그러다 변 상무는 좋은 생각이 났다. 그는 에이스로 소문난 홍 팀장을 불러서 CEO의 지시사항을 전달하고 방법을 강구할 것을 지시했다. 홍 팀장은 마침 최근 로지컬 씽킹을 교육받았다. 그는 매출을 어떻게 분석하는 게 좋을지 고민하기 시작했다. "매출 = 가격×판매량으로 하는 건 너무 뻔할 듯하고…." 홍 팀장은 이리저리 종이 위에 매출을 쪼개보다가 뭔가 생각난 듯 [표 6]과 같은 트리를 그리기 시작했다.

그는 매출을 '거래선의 수×거래선당 매출액'으로 분해해서 결국 커버리지Coverage와 SOWShare of Wallet, 매출 점유율라는 꽤 의미 있어 보이는 KPI를 도출할 수 있었다. 우리의 에이스 홍 과장은 여기서 멈추지 않고 가로축에 거래선의 전체 부품 매입금액, 세로축에 SOW를 표시하고 현재 거래선들을 그 좌표 위에 찍어보기 시작했다. 이렇게 매핑을 하고 나니 각 거래선마다 어떻게 관리해야 할지 방향성이 보였다. 홍 과장이 이렇게 정리한 자료를 변 상무에게 보고하자 변 상무의 얼굴에 안도와 만족의 미소가 번졌다. "음, 나쁘지 않은데…. 수고했어."

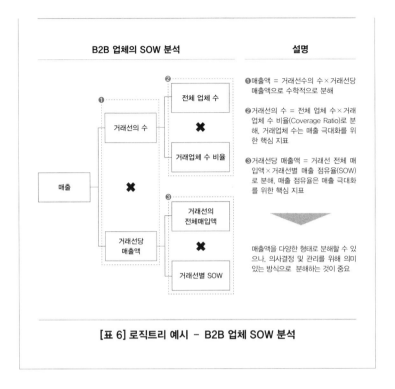

[표 6] 로직트리 예시 – B2B 업체 SOW 분석

위 사례에서 보듯이 로직트리를 어떻게 구성하는가에 따라 최종 결과물은 매우 다른 형태로 나타난다. 어떤 것은 의미가 있는 것이 되고, 어떤 것은 의미가 없는 것이 되기도 한다. 특히 여기서 주의할 점은 가장 중요한 항목이 가장 상위에 위치하도록 만들어야한다는 점이다. 첫 단추를 어떻게 끼우느냐에 따라 이후의 모든 것이 결정되기 때문이다.

이처럼 로직트리 작성을 꾸준하게 수련하면 문제를 구조화하고 명확히 파악하는 능력을 기르게 된다. 그러면 어떤 생소한 분야의 어떤 문제가 주어져도 신속하게 문제의 전모와 원인을 파악할 수 있게 되고, 해결책을 도출하는 자기만의 프레임을 능수능란하게 사용할 수 있게 된다.

비즈니스 문제에서 로직트리를 작성하는 방법은 매우 다양한데, 여기서는 대표적인 방법들만 소개해보기로 한다. [표 7]을 보자.

실전에서 사용되는 로직트리는 크게 구분하면 '원인 분석'과 '해결 방안'으로 나뉜다. 그리고 이 둘을 통합한 로직트리도 가능하다. 회사에서 사용되는 일반적인 보고서가 바로 이러한 통합형 구조를 가진다. (원인 분석만 하고 대책이 없으면 깨지기 십상이다.)

형태별로는 [표 8]처럼 수학적/요인별 로직트리, 가설 기반 로직트리, 흐름도/판단 트리형 로직트리, 2×2 매트릭스형 로직트리 등 네 가지로 분류할 수 있다.

실제 로직트리 사례를 한번 살펴보기로 하자. 지금까지 로지컬 씽킹을 다룬 책들은 한 가지 사례로만 설명하는 경우가 많았다. 그러나 여기서는 내가 실제 컨설팅을 했거나 문제해결을 하면서 사용했던 로직트리들을 보여주고자 한다. (저작권 같은 거 없으니 안심하고 그대로 가져다 써도 된다.)

[표 9]는 호텔의 매출을 수학적 로직트리로 분석한 것이다. 이를 보면 호텔과 같은 숙박업은 매출을 결정하는 요소가 객실 단가 Room Rate와 객실 점유율Occupancy 그리고 이를 곱한 개념인 객실당 점유율RevPAR이 중요하다는 것을 금세 파악할 수 있다. 이는 실제로 호텔의 성과지표로 많이 사용된다.

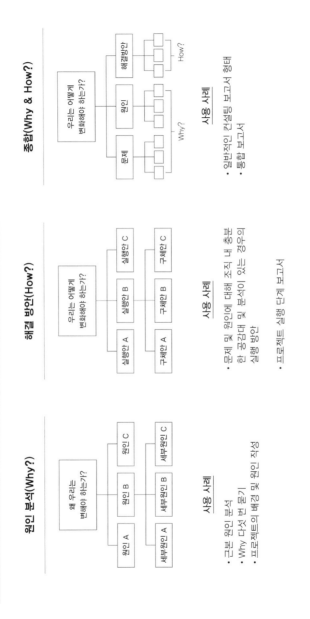

[표 7] 실전에서 사용되는 논리 구조별 로직트리 분류

1. 수학적/요인별 로직트리

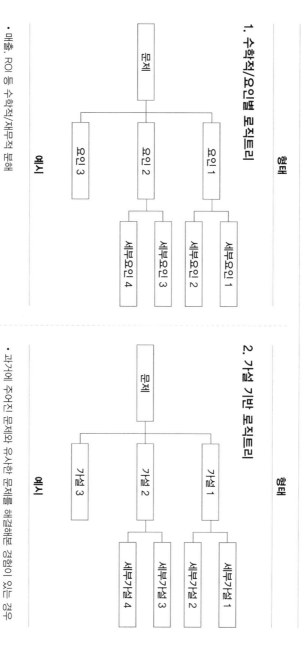

예시

- 매출, ROI 등 수학적/재무적 문제
- 문제에 대해 정보나 경험이 많지 않은 경우, 문제해결 초기 단계에서 많이 사용

2. 가설 기반 로직트리

형태

예시

- 과거에 주어진 문제와 유사한 문제를 해결해본 경험이 있는 경우
- 문제에 대해 어느 정도 파악이 되어 문제해결을 위한 가설적인 해결책을 수립할 수 있는 경우

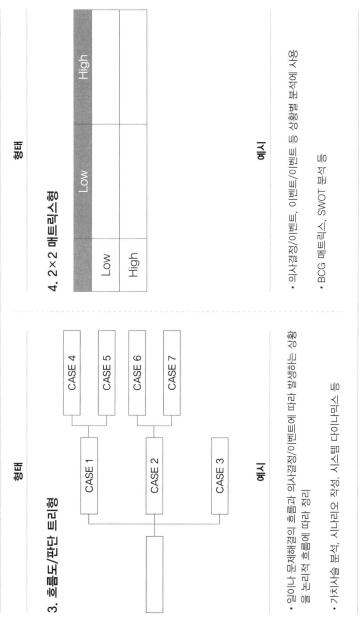

형태

3. 흐름도/판단 트리형

CASE 1 → CASE 4, CASE 5
CASE 2 → CASE 6, CASE 7
CASE 3

4. 2×2 매트릭스형

	Low	High
Low		
High		

예시

- 일이나 문제해결의 흐름과 의사결정/이벤트에 따라 발생하는 상황을 논리적 흐름에 따라 정리
- 가치사슬 분석, 시나리오 작성, 시스템 다이내믹스 등

예시

- 의사결정/이벤트, 이벤트/이벤트 등 상황별 분석에 사용
- BCG 매트릭스, SWOT 분석 등

[표 8] 형태별 로직트리 논리 구조

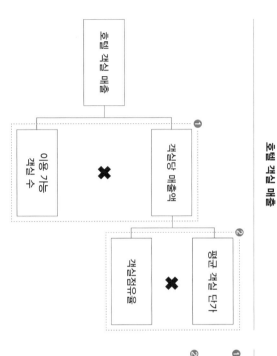

호텔 객실 매출	설명

① 매출액 = 객실당 매출액×이용 가능 객실 수 객실당 매출액은 호텔의 핵심 지표 중 하나.

② RevPAR = 평균 객실 단가×객실점유율로 분해, 객실점유율은 호텔의 핵심 지표 중 하나.

[표 9] 로직트리 예시: 수학적/요인별 로직트리

[표 10]은 앞으로 이 책에서 사례로 많이 인용될 마이데이터 MyData 사업* 진입 전략에 관한 로직트리다. 앞서 언급한 것처럼 로직트리의 첫 번째 항목에는 가장 중요하고 의미 있는 것을 넣어야 한다. 무엇이 가장 중요하고 의미가 있는지는 당연히 회사마다, 시기마다 달라질 수 있다. 예를 들어 위 사례에서 진출을 당장 해야 한다고 이미 결정했다면, 첫 번째 단계는 목표 고객이나 차별화 방안 등이 될 것이다.

전략에 관한 로직트리를 만들 때 사실 가장 어려운 부분이 첫 번째 항목을 정하는 것이다. 여기서 막힌다면 앞서 얘기한 'Why'라는 질문으로 돌아가서 '왜 이 사업/일을 추진해야 하는가?'를 다시 짚어보는 로직트리를 만들어보는 것이 좋다. 'Why'에 대한 답이 나오면 'How'나 'What'도 자연스럽게 도출되기 때문이다.

[표 11]은 흐름도를 활용하여 카드사의 고객관리 프로그램을 구상한 로직트리다. 고객을 신규회원, 기존회원 및 향후 가입 가능성이 있는 가망고객으로 구분하여 고객별로 관리 프로그램을 만들었다. 여기서 기존회원은 다시 하위 세그먼트별로 구분했다.

여기서 한번 짚어보아야 할 지점은 '기존회원을 이처럼 구분하는 것이 과연 MECE한가?'라는 부분이다. '체리피커와 보조카드로 이용하는 고객은 중복되지 않는가?', '주요 카드로 이용하는 고

＊정보 주체인 개인이 본인의 정보를 적극적으로 관리, 통제하고, 이를 신용관리, 자산관리, 나아가 건강관리까지 개인 생활에 능동적으로 활용하는 일련의 과정을 '마이데이터'라고 하며, 이를 활용해 개인의 효율적인 본인 정보 관리와 활용을 전문적으로 지원하는 산업을 마이데이터 산업이라고 한다.

마이데이터 사업 진입 전략

설명

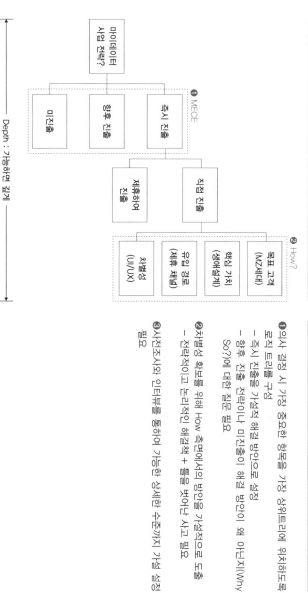

❶ MECE

❷ How?

① 의사 결정 시 가장 중요한 항목을 가장 상위트리에 위치하도록 로직 트리를 구성
  - 즉시 진출을 가설적 해결 방안으로 설정
  - 향후 진출 전략이나 미진출이 해결 방안이 왜 아닌지(Why So?)에 대한 질문 필요

② 차별성 확보를 위해 How 측면에서의 방안을 가설적으로 도출
  - 전략적이고 논리적인 해결책 + 틀을 벗어난 사고 필요

③ 사전조사와 인터뷰를 통하여 가능한 상세한 수준까지 가설 설정 필요

마이데이터
사업 전략?

즉시 진출

향후 진출

미진출

직접 진출

제휴하여
진출

목표 고객
(MZ세대)

핵심 가치
(상에설계)

유입 경로
(제휴 채널)

차별성
(UI/UX)

Depth : 가능하면 깊게

[표 10] 로직트리 예시 – 가설 기반 로직트리

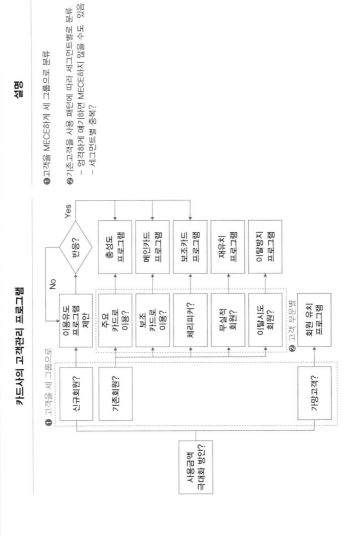

설명

카드사의 고객관리 프로그램

❶ 고객을 MECE하게 세 그룹으로 분류

❷ 기존고객을 사용 패턴에 따라 세그먼트별로 분류
 – 엄격하게 얘기하면 MECE하지 않을 수도 있음
 – 세그먼트별 중복?

사용금액 극대화 방안?

❶ 고객을 세 그룹으로
 - 신규회원?
 - 기존회원?
 - 가망고객?

이용유도 프로그램 제안 — No / 반응? — Yes

❷ 고객 부문별
 - 주요 카드로 이용? → 충성도 프로그램
 - 보조 카드로 이용? → 메인카드 프로그램
 - 체리피커? → 보조카드 프로그램
 - 무실적 회원? → 재유치 프로그램
 - 이탈시도 회원? → 이탈방지 프로그램

회원 유치 프로그램

[표 11] 로직트리 예시 – 흐름도/판단 트리

객 중에서도 이탈을 시도하는 회원들이 있지 않을까?' 이런 지점들이 엄밀하게 정의되고 구분되지 않으면 실제 업무에 적용할 때 많은 혼란과 중복을 일으킨다. 그러면 결국 고객관리에 일관성이 없는 회사로 낙인찍힐 수 있다. 로지컬 씽킹과 MECE는 단지 논리적이기 위해 적용하는 것이 아니라 실제 효과 측면에서 반드시 필요한 작업인 것이다.

마지막으로 [표 12]의 매트릭스 형태 로직트리를 살펴보자. 2×2 형태를 가진 이 사분면은 아이젠하워 매트릭스라고도 불린다. 미국 대통령이었던 드와이트 아이젠하워Dwight David Eisenhower가 1954년에 했던 연설에서 일의 우선순위를 정할 때는 '중요한 것'과 '긴급한 것' 두 가지 기준을 가지고 판단해야 한다고 언급한 것에서 유래했다고 한다.

사람은 대체로 긴급하지 않은 일은 차일피일 미룬다. 그러다 보면 '중요하고 긴급한 일'은 후순위가 되고 '중요하지 않지만 긴급한 일'에 더 많은 시간과 노력을 쏟는 우를 범하기 쉬워진다. 어쩌면 인생의 아이러니가 여기에서 발생하는지도 모른다.

아이젠하워 매트릭스

설명

① 이 부분이 중요하지만, 인간은 심리적으로 이 일들을 자주 미루려 한다. 그래서 계획이 필요하다.

② 이 부분은 중요하지 않지만, 인간은 심리적으로 이 일들을 자주 신경쓴다. 자동화시키는 편이 좋다.

	긴급한 일	긴급하지 않은 일
중요한 일	**당장 하세요!** 데드라인이 명확하고 하지 않으면 큰일 나는 일 – 고객 요청 대응 – 기사 초고 작성 – 상사 질문 메일 답하기 – 아픈 아이 병원 데려가기	**계획하세요!** ① 데드라인이 없지만 목표에 근접하게 하는 일 마무리 수동 – 노후 설계 – 중장기 사업 계획 – 커리어 플랜 – 주요 인맥 개발 – 규칙적인 운동
중요하지 않은 일	**(자동화)시키세요!** ② 해야 하지만 특별한 능력이 요구되지 않는 일 – 카톡 문자/이메일 확인 – 온라인 쿠폰 챙기기 – 안 가도 되는 미팅 – 매시간 투자 주식 확인하기(저 다보고 있다고 안 올라감)	**하지 마세요!** 하고 나면 기분이 나빠지는 일 – SNS 수시 확인 – TV 시청(?) – 정크 푸드 섭취

[표 12] 로직트리 예시 – 2×2 매트릭스

로직트리의
한계와 과제

로직트리만 잘 그리면 문제가 그냥 술술 풀릴까? 당연히 아니다. 애초에 로직트리를 잘 그려내는 것조차 쉬운 일이 아니다. 앞서 [표 10]에서 소개한 가설 기반 로직트리는 문제해결 초기에 가설 단계에서 작성하는 형식이다. 이는 상식선에서 작성하는 것이 아니라 자료조사, 전문가 및 현업 담당자 인터뷰, 과거 보고서 리뷰, 브레인스토밍 등을 진행해 작성하여야 한다. 생소한 분야에 대해 로직트리를 그리는 것은 그야말로 소설이나 '뇌피셜'이 될 가능성이 크다. 경험과 지식이 있더라도 자료조사, 지난 보고서 리뷰, 데이터 분석, 이해관계자 및 전문가 인터뷰 등을 초기에 실시해서 로직트리의 유효성과 적절성을 검증해야 한다.

검증으로 끝이 나는 것 또한 아니다. 가설 단계에서 해답이 너무 뻔해 보여서 고민하게 되는 경우가 있다. 물론 뻔한 것이 정답인 경우도 있지만, 이렇게 뻔한 해답이라면 이제까지 왜 해결되지 않았을까 하는 의혹을 갖게 되는 것이다. 이런 경우에는 틀 밖에서 생각하기Out-of-Box Thinking를 통해서 다른 관점을 도입하고 창의적인 가설을 만들어보아야 한다. (그래서 이후 설명할 고객여정지도를 그려보는 것이다.) 이렇게 고생하여 세운 가설이라도, 반증이나 오류가 발견되면 즉각 인정하고 수정하는 겸허함이 있어야 한다. 가설은 어디까지나 가설일 뿐이다.

인지적 편향

[표 13]은 로직트리를 만들면서 흔히 범하게 되는, 인지적 편향에 의한 오류를 정리한 것이다. 이러한 오류에 빠지면 당신이 만든 것은 로직트리가 아니라 선입견 트리가 될 수 있다.

여기에 덧붙여서 자신이 똑똑하다고 여기는 사람들이 빠지기 쉬운 편향으로 '난 아니거든I'm not baised'이라는 것도 있다. 이러한 오류들은 기존에 알고 있던 것에서 헤어 나오지 못하고 새롭게 발견한 사실을 받아들이지 못해서 발생하는 현상들이다. 이러한 오류들을 피하기 위해서는 팀 구성원의 다양성 확보, 로직트리와 가설에 대한 비판적인 관점, 팀 브레인스토밍, 극단적인 상황에서의 스트레스 테스트 등이 필요하다. 가장 중요한 것은 열린 마음으로 자신이 인지적 편향을 가질 수 있다는 것을 인정하는 것이다.

인간의 인지적 편향은 원시시대부터 생존을 위해 전해 내려온

오류	내용	원인	방지 방안
- HDT(Have Done That), HBT(Have Been There) 증후군	- 과거에 시도했었다가 실패한 것들을 솔루션에서 배제	- 변화에 대한 거부감 - 과거 실패에 대한 방어 논리 작용	- 솔루션에 과거 시도를 포함시키고 과거 실패원인을 파악하고 대안을 도출
- 가용 지식 편향	- 아는 지식과 경험 내에서만 가설을 설정하고 솔루션 도출	- 새롭게 변화한 상황보다는 기존 알고 있는 지식과 경험 의존	- 새로운 지식 및 솔루션의 중요성 강조 - 추가적인 정보가 있을 때까지 기다릴 줄 아는 인내심
- 기준점 편향 (Anchoring Bias)	- 초기에 접하는 데이터나 정보에 의존하여 가설을 설정하고 솔루션 도출	- 선입견과 고정관념의 작동 - 연관과 유사	- 현재 가설 및 솔루션과 반대되는 것을 수립해 보는 시도 - 시나리오 작성을 위해 다양한 데이터 수집
- 확증 편향 (Confirmation Bias)	- 기존 작성한 가설이나 솔루션을 강화시켜주는 데이터나 정보만 선택적으로 수용	- 새롭게 일을 다시 시작해야 한다는 것에 대한 두려움 또는 기 보고 내용과 배치 되는 내용에 대한 거부감	- 솔루션에 과거 시도를 포함시키고 과거 실패원인을 파악하고 대안을 도출

[표 13] 로직트리 작성 시 흔히 범하는 오류들

인간 본성에서 기인한다. 인간이 진화하면서 생존을 위해 유리하다고 판단하여 자연스럽게 습득이 된 본성이므로, 아무리 지혜로운 사람이나 위대한 경영자라도 여기에서 자유로울 수 없다. 의식적으로 노력하지 않으면 자연스럽게 인지적 편향이 발현한다. 데이터가 넘쳐나고 AI가 활용되는 시대임에도, 요즘 들어 확증 편향 등 인간의 인지적 편향에 대한 얘기들이 점점 더 많이 들리는 것을 보면 인간은 역시 쉽게 변하지 않는 존재라는 생각이 든다.

개인뿐 아니라 조직도 편향에 빠질 수 있다. 집단에 순응하고 거기에 따르려고 하는 인지적 편향성인 '집단사고Groupthink'가 대표적이다. 뉴스를 보다 보면 '저렇게 똑똑하고 잘 배운 사람들이 모인 조직인데, 왜 저렇게 어리석고 고집스러운 모습을 보일까?' 싶은 경우를 자주 접한다. 바로 집단사고가 작용한 경우다. 아이러니하게도 집단사고는 똑똑한 사람들만 많이 모인 조직에서 엘리트 의식과 교묘하게 결합하여 더욱 강화되는 모습을 보인다. 그리고 조직 전체가 새로운 정보를 탐색하거나 해결책을 모색해야 함에도 기존의 전제나 믿음을 지지하는 쪽을 선택하게 만든다. 집단사고와 확증 편향이 결합되면 가장 위험하다. 선민의식에 빠진 이들이 잘못된 신념과 결합해 나치즘과 홀로코스트, 팔레스타인 분쟁까지 인류의 역사적 비극을 빚어내고 있음을 우리는 잘 알고 있다.

다시 돌아와서, 기업이 쇠락해가는 과정을 들여다보면 그 근저에 확증편향과 집단사고가 똬리를 틀고 있는 모습을 자주 볼 수 있다. 따라서 조직의 리더라면 '지금 생각하는 해결책은 기존의 잘못된 전제로부터 출발하는 것이 아닐까?', '위로부터의 지시 혹은 조직의 관성으로 해결책을 도출한 것은 아닐까?' 하는 질문을 끊임없이 던져야 한다.

개선이 필요한 프레임워크

컨설팅 회사나 기존의 경영학이 직면하고 있는 위기는 빠르게 변화하는 세상에서 베스트 프랙티스와 프레임워크의 유효성이 한계를 보인다는 점이다. 검증된 로직트리를 일반화시킨 것이 컨설팅 사의 프레임워크인데, 이제 과거의 프레임워크로 분석하는 것이 유효하지 않은 경우가 늘어나기 시작했다. [표 14]부터 [표 16]까지는 지금까지의 프레임워크가 변화 혹은 수정되어야 할 점들을 정리한 것이다.

"컨설팅 회사는 프레임워크와 네트워크, 두 가지 워크Work로 먹고 산다"라는 말이 있다. 컨설팅 회사는 기업이 처한 문제에 해결책을 제시하는 것이 본분이므로, 문제를 구조화시킬 수 있는 자신들만의 프레임워크와 더불어 글로벌 베스트 프랙티스 기업들을 연결할 수 있는 네트워킹 역량이 가장 근본임을 강조한 말이다.

기업에서 여러 가지 의사결정이나 문제해결을 하다 보면, 컨설팅 회사나 유명한 경영학 교수가 만든 프레임워크들을 자주 이용하게 된다. 그렇지만 프레임워크는 MECE하게 문제를 파악하고 구조화할 수 있는 좋은 툴 정도라고 생각하면 된다. 그 이상도 이하도 아니다. 프레임워크를 활용한다고 해서 문제가 저절로 해결되는 것은

기존 프레임워크

- 3C 분석

회사(Company)	고객(Customer)	경쟁자(Competitor)

- 본원적 경쟁전략

차비용	차별화	틈새 시장

- 린 캔버스: 스타트업에서 사용하는 새로운 비즈니스 모델 구축 방법

1.문제 (Problem)	4.해결책 (Solution)	3.가치 제안 (Unique Value Proposition)	5.경쟁우위 (Unfair Advantage)	1.고객 세그먼트 (Customer Segments)
	8.주요 지표 (Key Metrics)		9.채널 (Channels)	
7.비용 구조 (Cost Structure)		6.수익 흐름 (Revenue Stream)		

변화 필요 요소

- 경로(Channel)가 추가되어 4C
- 고객 분석을 회사 입장이 아니라 고객 입장에서 해야 하지 않을까?

- 투 트랙 혹은 멀티 트랙 전략 추가 필요
- 트래픽 우선 전략 추가 필요

- 대기업에서도 적극적으로 적용 필요
- 기존 사업도 비즈니스 사이클이 짧아지고 새로운 시도를 많이 해야 하는 상황에서 신규사업뿐 아니라 기존 사업에도 적용 필요

[표 14] 프레임워크의 재발견(1)

기존 프레임워크	변화 필수 요소

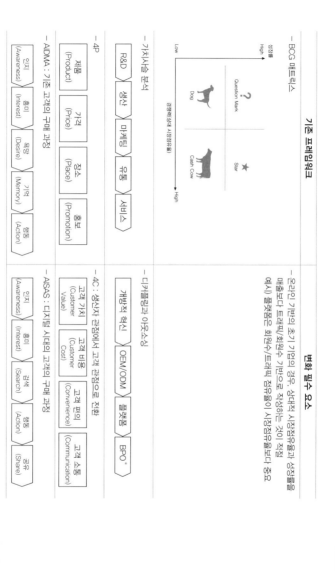

기존 프레임워크

ー BCG 매트릭스

성장률 High

Low

Question Mark — Dog

Cash Cow — Star ★

경쟁력(상대 시장점유율) High

ー 가치사슬 분석

R&D ▷ 생산 ▷ 마케팅 ▷ 유통 ▷ 서비스

ー 4P

제품(Product) ▷ 가격(Price) ▷ 장소(Place) ▷ 홍보(Promotion)

ー AIDMA : 기존 고객의 구매 과정

인지(Awareness) ▷ 흥미(Interest) ▷ 욕망(Desire) ▷ 기억(Memory) ▷ 행동(Action)

변화 필수 요소

ー 온라인 기반의 초기 기업의 경우, 상대적 시장점유율과 성장률을 매출보다 트래픽/회원수 기반으로 작성하는 것이 적절
(예시) 플랫폼은 회원수/트래픽 점유율이 시장점유율보다 중요

ー 디지털화와 아웃소싱

개방적 혁신 ▷ OEM/ODM ▷ 플랫폼 ▷ BPO*

ー 4C : 생산자 관점에서 고객 관점으로 전환

고객 가치(Customer Value) ▷ 고객 비용(Customer Cost) ▷ 고객 편의(Convenience) ▷ 고객 소통(Communication)

ー AISAS : 디지털 시대의 고객의 구매 과정

인지(Awareness) ▷ 흥미(Interest) ▷ 검색(Search) ▷ 행동(Action) ▷ 공유(Share)

[표 15] 프레임워크의 재발견(2)

※ Business Process Outsourcing. 업무 외주.

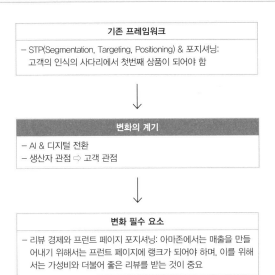

기존 프레임워크

– STP(Segmentation, Targeting, Positioning) & 포지셔닝:
고객의 인식의 사다리에서 첫번째 상품이 되어야 함

변화의 계기

– AI & 디지털 전환
– 생산자 관점 ⇨ 고객 관점

변화 필수 요소

– 리뷰 경제와 프런트 페이지 포지셔닝: 아마존에서는 매출을 만들
어내기 위해서는 프런트 페이지에 랭크가 되어야 하며, 이를 위해
서는 가성비와 더불어 좋은 리뷰를 받는 것이 중요

[표 16] 프레임워크의 재발견(3)

아니며. 그저 문제해결을 어디서 해야 할지 모를 때, 좋은 출발점을
제공해줄 뿐이다.

또한 과거의 프레임워크들은 디지털 시대에 맞게 수정되어야
한다. 기존 프레임워크들이 대부분 고객 관점이 아니라 생산자 관
점에서 만들어진 것들이 많고, 오프라인 유통만을 가정해서 만들어
진 것들이 대부분이어서 온라인 중심의 유통의 변화를 반영하지 못
하고 있다. 따라서 기존의 오래된 프레임워크를 그대로 쓸 것이 아
니라 자신만의 관점을 반영하여 수정해서 써야 한다.

아직 이런 논의가 본격적으로 나오지 않는 이유는 지금이 과도 기이기 때문이다. 기업들이나 컨설팅 회사들도 AI와 디지털 전환이라는 거대한 변화의 흐름 앞에서 여러 가지 것들을 시도해보는 단계라 기존 프레임워크를 어떻게 수정해야 할지 아직 정리되지 않은 것이다.

기억해야 할 것은 과거에 당연하다고 받아들였던 것들도 시간이 지나면 더 이상 유효하지 않게 되므로 꾸준히 업그레이드하고 수정해야 한다는 점이다. 자기 나름의 관점을 가지고 과거의 전제와 가설에 도전하는 것이 진정한 문제해결사들이 갖추어야 할 가장 중요한 덕목이다.

> "21세기의 문맹은 읽거나 쓰지 못하는 이들이 아니라, 배우지 못하고 배운 것을 잊지 못하며 새로이 배우지 못하는 이들일 것이다."
>
> _앨빈 토플러Alvin Toffler (미래학자)

고객 관점에서 바라보기:
고객여정지도

그럴듯한 쓰레기가 만들어지는 과정

　로직트리로 초기 가설을 수립하면 본격적으로 분석에 들어간다. 여기서 사람들이 빠지는 함정 중 하나가 논리적 완결성에 집착하는 것이다. 이는 조직 내부의 설득 또는 보고를 위한 분석인 경우가 많다. 즉 내부 통과를 위해 상부 조직의 반응을 신경쓰다 보니 정작 중요한 사용자와 고객이 실종되는 것이다. 그 결과는 정작 고객은 원한 적도 없고 불편하기 짝이 없지만 논리적으로는 그럴듯한 제품과 서비스 개발이라는 희극으로 귀결된다.

　그럴듯한 쓰레기를 만들지 않으려면 최초에 정의한 문제가 정말 고객 입장에서 필요하고 유용한 것인지, 우리가 개발한 해결책이 정말 그 고객의 문제에 관한 해결책인지 재점검해보아야 한다.

과거의 전제와 경험을 반복하려는 경향으로부터 벗어나지 않으면 로직트리는 단순한 상황정리나 뻔한 결론을 합리화시키는 도구가 될 수 있다. 창의적 가설을 위해서는 사고의 한계가 분석의 한계임을 인지해야 한다.

그렇다면 사고를 확장하기 위해서는 어떻게 해야 할까? 비즈니스의 배경지식을 쌓고 인간에 대한 이해를 넓혀서 맥락적 사고력을 키워야 한다. 아울러 내 관점이나 회사 관점이 아닌 상대방의 관점, 즉 고객의 관점으로 이동과 전환이 필요하다. 이제부터 설명할 고객여정지도를 만들어봐야 하는 이유다.

다음 대화는 어떤 금융기획사의 기획팀에 특별 지시사항이 떨어진 상황을 가정한 것이다.

기획팀 이 팀장은 얼마 전 임원 회의에서 결정된 사항을 최 전무로부터 전달받았다.

"빅테크와 경쟁할 수 있는 플랫폼을 만들어라."

최 전무는 조만간 태스크포스를 구성할 것이며 이 팀장이 거기에 합류해야 한다고 덧붙였다. 이 팀장은 황당함을 금할 길이 없었다.

이 팀장: 저… 그런데 그걸 하는 목적이 뭔가요?

최 전무: 쟤들이 우리 밥그릇을 빼앗으려 하니까, 우리도 쟤들의 본진을 공격해서 맞불을 놓자는 목적이야. 대담한 작전이지.

이 팀장: (미친 거 아니야 하는 말이 나오려는 걸 가까스로 참으며) 쉽지 않을 거 같은데요. 쟤들은 밥 먹고 하는 게 플랫폼과 앱 만드는 거고, 우리는 있는 앱도 제대로 운영하고 있지 못한 상태인데….

최 전무: 앱이야 외주 개발사하고 SI 업체 써서 대충 만들면 되는 것이고 중요한 건 아이디어야. 어떤 아이템으로 트래픽을 만들고 고객으로 만들 것인가 하는 아이디어! 태스크포스팀에서 그 아이템하고 비즈니스 모델 개발을 해야 할 거야.

이 팀장: '느닷없이 플랫폼을 만들라니…. 우리가 그걸 할 수 있을까? 에이, 이러다 안 되면 말겠지 뭐. 한두 번 해보는 장사도 아니고 적당히 보고서나 만들어놓고 하는 시늉만 하면 되겠지.'

그로부터 6개월 동안 이 팀장은 태스크포스팀에 참여해서 온갖 아이템을 모조리 리뷰한 후 모바일 메신저, 배달 앱, 중고차 앱, 헬스케어 앱, 오픈마켓 등 다섯 가지를 선정하여 보고하였다. 그런데 놀랍게도 임원 회의에서 빅테크의 본진을 공격하려면 모바일 메신저를 만들어야 한다는 의사결정이 내려졌다.

최 전무: 이거 좀 의외인데, 일이 많이 커졌네.

이 팀장: 모바일 메신저 사업을 외주 개발사 끼고 한다는 건 처음부터 말이 안 되는데요.

최 전무: 그러게 왜 보고에 모바일 메신저 아이템을 집어넣어서 이 사태를 만들어? 임원들하고 CEO가 보고한 앱 중 써본 게 메신저밖에 없으니까, 그래도 아는 거 하자고 이걸로 결정해버린 거 아냐.

이 팀장: (헐… 참으로 간단한 의사결정 기준이다.) 뭐, 만들라고 하면 만들어야죠. (어차피 내 돈 드는 것도 아니니까.)

그로부터 6개월 후 출시한 메신저 앱은 엄청난 광고에도 불구하고 뒤떨어진 UI/UX와 잦은 버퍼링 때문에 거의 사용자를 확보하지 못했다. 당연히도 빅테크의 본진을 노린다는 야심 찬 계획은 물거품이 되고 말았다. 황당한 것은 그 임원 회의에 참석했던 임원 가운데 누구도 새로 만든 메신저 앱을 써본 적이 없다는 것이었다.

가상의 스토리지만, 과거 어느 회사에서 일어났었을 법도 한 사례다. 아직도 국내 전통 기업의 의사결정자들은 자신들이 잘하는 일과 잘하지 못하는 일을 구분할 현실 감각이 떨어지는 사람들이 많다. 빅테크/스타트업과 비교해 전통 기업이 가진 한계로는 정부의 규제, 빅테크가 가진 고객 베이스, 개발 인력 등 여러 가지가 있겠지만, 가장 문제가 되는 부분은 고객의 관점에서 자신들의 상품과 서비스를 개발하고 제공하는 능력이다. 애플, 아마존, 알파벳, 마이크로소프트 등 혁신적인 글로벌 기업들을 보면 경영진이 직접 고객의 니즈를 파악하고 집요하게 파고드는 모습이 발견된다. 마치 고객 편집증 환자처럼 보일 정도다. 물론 국내의 많은 기업도 고객 경험, 고객 만족, UI/UX를 강조하고 조직이나 인력들도 많이 배치하고 있다. 안타까운 점은 조직 내에서 그런 어젠다들이 의사결정자들의 당면과제가 되지 못하고 실무진 수준에 머물고 있다는 점이다. 이게 차이다. 그것도 아주 큰 차이!

매일 자기 회사의 웹 사이트나 앱을 직접 들어가서 사용해보고, 고객 입장에서 문제점을 심각하게 고민해보는 CEO나 임원들이 몇이나 있을까? 임원 회의 어젠다로 고객 경험이나 UI/UX가 올라와서 참석자들 간에 치열하게 논의가 이루어지는 기업들이 얼마나 될까? 대기업 CEO나 임원들의 첫 번째 관심은 고객보다는 경쟁사나 단기 실적이다. 자사 상품이나 서비스에 대해서 고객 경험을 주기적으로 체크하고 문제점과 개선점을 도출해보는 대기업 CEO나 임원은, 여러 대기업을 다녀본 내 경험상 많지 않았다. 임원들은 그냥 실무진이나 대행사들이 만들어 온 결과물을 프레젠테이션 한 번 참석해서 보고받는, 의례적인 절차 정도를 진행하는 경우가 많았다. "그런 실무적인 일들까지 내가 직접 챙겨야 하는 거야?"라고 오히려 반문하는 이들이 더 많을 것이다. **우리나라 대기업에서는 '20대 고객이 사용하는 앱을 30대 실무자가 계획하고 40대 팀장이 검토하고 50**

대 임원은 형식적인 보고만 받는 모습'을 볼 수 있다.

자신들이 제공하는 상품이나 서비스를 고객 입장에서 경험하고, 문제점을 도출하고 개선 또는 혁신해나가는 작업은 경영 활동의 중요한 축이다. 그럼에도 이를 꾸준히 직접 하는 리더들은 많지 않다. 그저 연례행사로 고객 만족도 조사 결과가 나오면 한번씩 개선책을 지시하는 정도일까. 고객 만족, 고객 중심이라고 백날 외쳐봐야 의사결정자들은 사무실에서 엉덩이를 떼지 않는다. 맛집 프로그램에 나오는 성공한 음식점 사장부터 글로벌 빅테크의 CEO들이 일상적으로 고객 접점에서 교감하는 모습을 보더라도 '뭘 저렇게까지 해? 밑에 맡기면 되지'라고 생각한다. 그들의 일과 중 대부분은 보고받고 회의에 참석하는 것이다. 그러고는 오늘 하루도 열심히 했다고 자위하며 지친 몸을 이끌고 퇴근한다. 이렇게 보고서와 회의에 파묻혀 살다 보면 고객은 뒷전이고 보고를 예술적으로 더 잘하고 받는 게 중요하다는 집단 환각에 빠지게 된다.

고객여정지도

이런 환각을 깨고 고객의 관점을 가질 수 있게 도와주는 것이 고객여정지도다. 로직트리가 핵심 질문에 관하여 회사의 입장에서 가설을 정리한 것이라면, 고객여정지도는 핵심 질문에 관한 총체적인 고객 경험을 정리한 것이다. 여기에는 상품, 서비스, 브랜드에 대해 고객 접점Touchpoint에서 발생하는, 처음부터 끝까지의 고객 경험이 모두 포함된다. ([표 17] 참조)

	주의/관심	검색	등록/활성화	제방문/구매	추천/공유
목적	• 고객에게 유용한 금융 상품/정보 탐색	• 마이데이터 사업자 서비스 혜택 파악	• 마이데이터 사업자 선택	• 업데이트된 정보 확인 • 추천상품 탐색	• 만족한 서비스에 대한 소개
행동	• 마이데이터 서비스 이해 • 기존 서비스 대비 추가적 혜택 파악	• 마이데이터 사업자 제공 서비스의 탐색 • 사업자간 서비스 비교	• 회원 가입 • 정보제공에 대한 동의	• 추천상품 가입/구매	• SNS 통한 공유 • 긍정적 후기 및 댓글 • 고객 소개
채널	• 검색 포털 • 뉴스 및 기사 • SNS 및 지인 추천	• 기존 이용 금융사 웹/앱 • 빅테크, 핀테크사 웹/앱	• 해당 MyData사업자 Web/App	• 해당 마이데이터 사업자 Web/App	• 해당 마이데이터 사업자 웹/앱 • SNS
고객 경험	• 금융기관의 자사 이익 우선 상품 판매 • 복잡하고 이해하기 어려운 상품 설명 • 고객 니즈나 상황과 무관한 천편일률적 상품 추천	• 마이데이터 사업자 간 유사 서비스 제공으로 인한 선택의 어려움	• Open API 활용 가입상품 취합 및 현황 제공 • 추천 상품에 대한 이유 및 맥락의 부재 • 고객 정보 누출에 대한 불안감	• 추천상품 구매에 대한 명확한 이유와 맥락 중요 • 해당 사업자 통한 구매시 혜택 여부 관심	• 고객 니즈 기반 솔루션 제공 경험의 공유
고충점/요구사항	• 투명하고 신뢰할 금융 상품 및 정보 제공	• 차별화된 서비스 및 컨텐츠	• 고객에게 명확한 추천 이유 설명 • 정보 제공 동의에 대한 리워드 및 혜택 • 정보 보안에 대한 신뢰	• 맥락과 스토리텔링 제공 • 고객 니즈 및 목적기반 상품 추천 • 상품보다는 솔루션	• 추천에 대한 합리적인 이유 제공

[표 17] 마이데이터 고객여정지도

흔히 고객의 니즈를 정확하고 구체적으로 파악해야 한다고들 하지만, 실상은 매우 추상적이거나 현실과 동떨어진 경우가 많다. 고객 서베이Customer Survey를 돌리는 것은 비용이 많이 들고, 무엇보다 실시간 데이터가 아니라 과거의 데이터를 보는 것이다. 이보다는 고객 접점에서 어떤 현상이 일어나고 있는지를 실시간으로 관찰하고 직접 경험하는 편이 고객 니즈를 훨씬 정확하게 파악할 수 있다. 이렇게 파악한 내용을 시각화하여 고객의 생각, 느낌, 행동에 관한 통찰을 정리한 것이 바로 고객여정지도다. 고객여정지도를 그려보면 제품과 서비스를 어떻게 바꾸어야 하는지가 명확해지고, 조직이 공동의 목표를 위해 협업을 유도하는 효과를 노릴 수 있다. 그러려면 고객여정지도가 고객 접점을 담당하는 일개 부서에 머무르지 않고 연관된 부서 모두에 공유되어야 한다.

고객여정지도를 작성할 때 중요한 포인트는 단순히 고객을 관찰하는 것을 넘어 고객이 지금 어떤 것을 생각하고 느끼는지 감정이입을 해야 한다는 점이다. [그림 13]은 마이데이터 사업에 관한 고객여정지도를 예로 든 것이다. 고객여정지도에는 고객 접점별 목적, 행동, 채널, 고객 경험, 고충Pain Point/요구사항Wish List 등을 요약한다. 여기에 각 고객 접점에서 댓글 등 고객의 반응이나 감정 등에 대해서도 묘사하면 더욱 실감이 난다.

고객여정지도를 좀 더 생동감 있게 만들기 위해서는 목표 고객을 대표할 만한 페르소나Persona를 설정하여 고객여정지도를 작성하는 것이 좋다. [그림 14]는 예시로 나의 페르소나를 만들어본 것

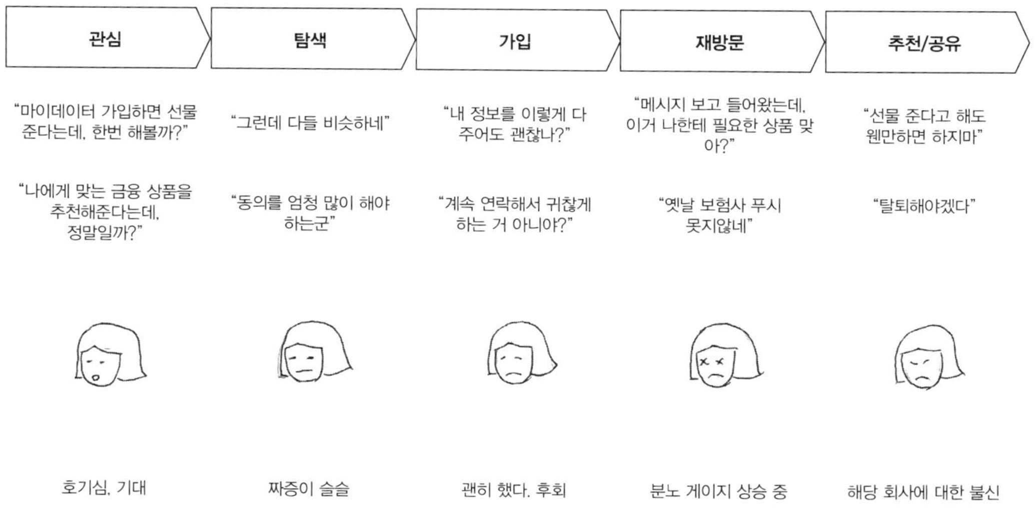

관심	탐색	가입	재방문	추천/공유

"마이데이터 가입하면 선물 준다는데, 한번 해볼까?"

"나에게 맞는 금융 상품을 추천해준다는데, 정말일까?"

호기심, 기대

"그런데 다들 비슷하네"

"동의를 엄청 많이 해야 하는군"

짜증이 슬슬

"내 정보를 이렇게 다 주어도 괜찮나?"

"계속 연락해서 귀찮게 하는 거 아니야?"

괜히 했나, 후회

"메시지 보고 들어왔는데, 이거 나한테 필요한 상품 맞아!?"

"햇살 보험사 푸시 맞지않네"

분노 게이지 상승 중

"선물 준다고 해도 웬만하면 하지마"

"탈퇴해야겠다"

해당 회사에 대한 불신

[그림 13] 마이데이터 고객 접점별 고객 반응

이다. 이렇게 하면 일반적인 고객 세그먼트를 가지고 작성하는 것보다 훨씬 상세하고 깊게 들어갈 수 있다. 드라마 각본을 쓸 때 등장인물에 캐릭터를 부여하는 것과 유사한 작업이다. 특정 고객 페르소나를 활용해야 고객의 행동 이면에 숨어 있는 배경과 맥락에 대한 이해가 가능해진다. 꼭 실제 인물일 필요는 없으나, 가능하면 '서울시 강동구 천호동 ○○아파트 12층에 아내와 함께 살며 금융 기업에 다니고 주식 투자를 하고 있으며 출근 시간마다 지하철에서 유튜브를 보는 것이 낙인 36세 박○○ 씨'처럼 페르소나를 아주 구체적으로 설정하는 것이 고객의 숨은 니즈를 파악하고 통찰을 얻는 데 도움이 된다. 특정 세그먼트를 대표하는 복수의 페르소나를 활용하면 훨씬 풍부하고 입체적인 통찰을 얻을 수 있다.

최근에는 생성형 AI나 특화된 플러그인을 써서 고객 페르소나를 만들기도 한다. 실제 인물을 대상으로 하거나 마케터가 혼자 상상해보는 방식과 다르게 AI에게 고객의 역할을 수행해보게 하는 것이다. 예를 들어 생성형 AI에게 "마이데이터 사업이 고객여정지도를 바탕으로 생각할 수 있는 대표적인 고객 페르소나 다섯 개를 만들어 줘"라고 프롬프팅하면 그럴듯한 페르소나들이 생성된다. 그런 다음 "각 페르소나별로 고충점과 요구사항 리스트를 작성해줘"라고 하면 내역이 작성된다. 물론 여기서 나온 결과를 그대로 믿을지는 각자의 판단에 달렸다. 그렇지만 내가 실제로 해보니 시간과 비용을 절약하며 인사이트를 얻는 데 도움이 됐다.

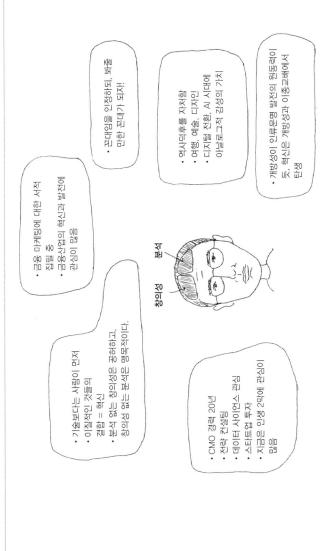

[그림 14] 나의 페르소나

우리는 왜
고객 중심적이지 못할까

로직트리가 조직 내에서부터 문제의 해결책을 도출해가는 인사이드아웃Inside Out 접근방식에 해당한다면, 고객여정지도는 외부에 있는 고객의 관점에서 문제의 해결책을 도출해가는 아웃사이드인Outside In 접근방식에 해당한다.

"고객들은 직접 보여주기 전까지는 자신들이 뭘 원하는지 모른다."

아이폰을 만든 스티브 잡스는 고객을 자신의 니즈가 무엇인지 모르는 존재로 규정했다. 그런데 스티브 잡스는 정말 고객을 무시하고 그냥 자기가 만들고 싶은 제품과 서비스를 만든 것일까? 아니다. 스티브 잡스는 혁신적인 제품을 개발하기 위해서는 전통적인 고객 조사, 예를 들어 설문조사와 같은 방법으로는 한계가 있다는 것을 깨닫고 통찰을 얻기 위한 새로운 방법론을 도입한 것이라고 보는 게 맞다. 설문보다는 관찰을, 기술보다는 고객 경험을 우선으로 생각하는 접근방식을 적용한 것이다. 스티브 잡스는 제품을 구상할 때 '내가 만약 사용자라면 무엇을 기대할까'를 끊임없이 자문했다. 그렇다면 애플은 인사이드아웃 접근방식의 대표 기업이라기보다는, 일반적인 방법과는 다른 방법으로 아웃사이드인 접근방식을 사용한 기업이라 볼 수 있다.

애플이 다른 기업들만큼 고객 서베이와 만족도 조사를 열성적으로 실시하지 않는 것은 사실이다. 그런데도 연례행사처럼 고객 만족과 고객 중심을 회사의 주요 경영 방침이라 표방하는 여러 기업보다 고객의 더 큰 사랑을 받고 있다. 그저 '애플이니까' 구매하는 고객들이 수두룩한 것을 보면 애플은 고객의 신념과 가치체계에 강력한 브랜드로 깊숙이 자리한 것으로 보인다. 그 이유가 무엇일까?

그들은 브랜딩 측면에서 'How'나 'What'보다 'Why'가 중요하다는 걸 깨달았기 때문이다. 고객은 소비를 통해 자신을 표현한다. 자신의 가치관이나 정체성과 깊이 맞닿아있는 브랜드에 끌리는 것이고, 그렇지 않은 브랜드는 관심이 없는 것이다.

그렇다면 여기서 다시 질문. 고객들이 끌리는 브랜드들이 가지는 공통점은 무엇일까? 나는 고객에게 사랑받는 브랜드의 필요조건으로 '고객 관점의 논리적 사고와 단순함'을 들고 싶다. 필요조건이라고 얘기하는 것은 이것이 전부가 아니라는 의미와 동시에, 이것이 없으면 아무리 브랜딩에 투자해도 밑 빠진 독에 물 붓기라는 의미를 동시에 포함한다.

'고객 관점'은 의사결정자부터 실무자까지 모두가 고객의 입장에 빙의하고 감정이입까지 하는 것이다. 고객 경험을 최적화하기 위해서는 조직간 사일로를 넘어 철저히 고객 관점을 우선하고 고객을 편집증적으로 파고들어야 한다. 말로만 고객 중심이라고 얘기하면서 약관을 깨알같이 적어놓거나 읽기 싫은 두꺼운 설명서를 떠안기는 기업들이 많다. 돈 들여 거창하게 앱을 만들어놓고 정작 자신은 한 번도 사용해보지 않은 관리자들이 많다. 혼자 몰래 가서 현장 점검하면 될 것을 의전 준비하라고 미리 전달한 다음 현장에 다녀오는 임원들도 많다.

고객 관점을 가지려면 매일 고객 조사하는 셈 치고 현장도 방문하고 제품과 서비스도 사용해보고 피드백을 주면 된다. 읽지도 않을 수백 페이지짜리 고객 조사 보고서 만들게 하지 말고 고객들이 뭘 하는지 고객 접점에서 관찰하는 게 훨씬 효과적이다. 물론 문제 의식을 품고 비판적으로 보지 않으면 그냥 형식이고 자기만족을 위한 절차가 될 가능성이 크다. 평소에 보는 눈을 갈고 닦고 늘 의식을 깨워두어야 하는 이유다.

다음은 로직트리에서 강조하는 '논리적 사고'에 입각한 커뮤니케이션이다. MECE에 입각한 로지컬 커뮤니케이션은 듣는 이의 입장에서 가장 이해하기 쉽고 편안한 커뮤니케이션이다. MECE에 대해 배우거나 들은 적이 없는 사람도 MECE하지 않은 커뮤니케이션은 본능적으로 뭔가 잘못됐고 불편하다고 느낀다. 항목과 순서가 뒤죽박죽인 홈페이지나 앱에 들어갔다가 골탕먹은 적이 있는가? ARS 고객 응대 전화에서 아무리 번호를 눌러봐도 내가 원하는 내용이 나오지 않아서 열 받은 적이 있는가? 설명서를 읽는데 뭘 해야 하는지 바로바로 알려주지Answer First 않고 한참 뒤에 실어둬서 집어 던진 적이 있는가?

거창하게 로지컬 씽킹이라고 부르지만 사실 이것은 지극히 일반적인 사람들의 상식에 기초한 커뮤니케이션이다. 사람들은 논리적이지 않은 것을 본능적으로 싫어하고 그런 회사 역시 '구리다'고 생각한다. 고객을 상대할 때는 초등학생도 바로 알아들을 만큼 논리적이고 상식적이어야 한다. 논리적이지 않은 상태에서 덧칠된 감성은 짜증 유발 요소일 뿐이다.

마지막은 '단순함'이다. 시간과 집중력이 제한된 현대인을 위해서는 간단하게 만들 필요가 있다. 간단하다고 하니 쉬운 일로 생각될 테지만, 실은 이것이야말로 가장 어렵고 다다르기 어려운 경지다. 본질만 남기고 나머지를 덜어내기 위해서는 전체와 부분을 모두 장악하고 핵심을 일목요연하게 꿰어 알기 쉽게 가공하는 노력이 필요하다. 논리적인 것을 직관적인 것으로 만들어주는 게 바로 단순함이다.

[표 18]은 '단순함'에 대한 대가들의 언급이다. 건축가 미스 반데어 로에Mies van der Rohe, 문학가 마크 트웨인Mark Twain과 생텍쥐베

리Saint Exupery, 과학자 알베르트 아인슈타인Albert Einstein, 다재다능한 만능인 레오나르드 다 빈치Leonardo da Vinci 등 일세를 풍미한 대가들이 일생을 바쳐 추구했던 것은 바로 단순함이었다. 인류의 지성들이 공통적으로 단순함에 관한 이야기를 남겼다는 것은 그것이 그만큼 도달하기 힘든 궁극의 상태라는 것을 나타내는 증거이기도

Less is More.

미스 반 데어 로에

편지를 짧게 쓸 시간이 없어 길게 쓰겠습니다.

마크 트웨인

완벽함은 더할 나위 없을 때가 아니라,
더 뺄 것이 없을 때 완성된다.

생텍쥐베리

어떤 바보라도 단순한 것을 복잡하게 만들 수 있다.
천재성이 요구되는 것은 복잡한 것을 단순하게 보이게
하는 것이다.

알베르트 아인슈타인

단순함은 궁극의 정교함이다.

레오나르드 다 빈치

[표 18] 단순함에 대하여

하다. 우리가 고객과의 소통에서 끊임없이 시간을 투자하고 엄청난 고민을 쏟아 부어야 하는 이유다.

'고객 중심'은 무슨 모임이나 협회에서 발표하는 추상적인 구호가 아니다. 고객 관점에서 논리적 사고를 하고 단순함을 일상 업무에서 꾸준하게 적용해나가는 실제적 활동이다. 어느 기업이 진정으로 고객 중심인가를 알고자 한다면, 그 기업 직원들에게 그들의 성과평가지표가 무엇인지, 그리고 거기서 고객의 가치 증대가 차지하는 비중과 산출 방법이 무엇인지 물어보면 된다. 그 어떤 CEO 메시지나 홍보자료보다 훨씬 더 정확하게, 고객이 그 기업 내부에서 어떻게 대우받고 있는지 알 수 있다.

고객 관점의 논리적 사고와 단순함이 장착되었다면, 거기에 고객의 인식에 꽂힐 강력하고 설득력 있는 차별화 포인트가 있으면 된다. 제품과 서비스에 고유의 색깔과 '갬성'이 입혀질 때, 우리나라에도 진정한 고객 중심 기업과 브랜드가 탄생할 수 있다. 뉴진스나 블랙핑크, BTS를 광고 모델로 쓴다고 MZ 세대가 공감하는 쿨한 브랜드가 되는 것이 아니다. 그렇게 돈 써봐야 정작 고객 접점에서 비논리적이고 복잡한 커뮤니케이션이 난무하면 '구린' 브랜드인 것이다.

백지에
손으로 그려라

문제 구조화 단계에서는 혼자 조용히 앉아서 펜을 들고 백지에 로직트리와 고객여정지도를 직접 그려보는 과정이 필요하다. 큰 그림을 보면서 생각을 가다듬는 과정이다. PC나 노트북으로 하기보다는 직접 손으로 작성해보기를 권한다. 컴퓨터를 이용하면 우리의 사고는 어느새 파워포인트나 워드의 틀 안에 갇힌다. 어느새 그림을 예쁘게 그리고 포맷을 그럴듯하게 잡는 데 집중하고, 그만큼 사고에 제약이 따르게 된다.

비즈니스상의 위대한 그림은 냅킨에 그린 스케치에서 시작된 경우가 많다. 냅킨에 그렸다는 것은 순간적으로 떠오르는 영감을 카페나 식당에서 순식간에 쓱쓱 그렸다는 것이다. [그림 15]는 경영 구루들이 그린 냅킨 스케치다. 첫 번째는 제프 베이조스의 아마

존 플라이휠Flywheel이다. 성장을 위해서는 가격경쟁력을 바탕으로
한 고객 경험의 휠을 돌리는 게 핵심이라는 비전이 잘 표현되어있
다. 두 번째는 사우스웨스트 항공의 허브 켈러허Herb Kelleher 회장이
그린 항공 노선도다. 아주 단순한 그림이지만 지역의 세 도시를 연
결하는 사우스웨스트 항공의 초기 비즈니스 모델이 명확하게 표현
돼있다.

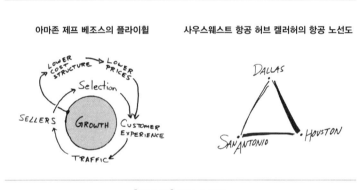

아마존 제프 베조스의 플라이휠 **사우스웨스트 항공 허브 켈러허의 항공 노선도**

[그림 15] 냅킨 스케치

이 그림들은 비즈니스의 본질과 핵심만 요약한 통찰을 보여준
다. 작성은 순식간이었겠지만, 그렇게 정리되기까지 내면에서 오랫
동안 숙성의 시간을 가졌을 것이다. 늦은 평일 저녁 혹은 주말 오후,
집 근처 카페에 앉아 커피 한 잔을 시켜놓고 생각에 잠겨있다가 어
느 순간 특정한 계기나 발상에서 생각이 구체화되고, 펜 하나와 냅
킨 하나만으로 머릿속의 생각을 순식간에 그려낸다. 어쩌면 위대한

생각 대부분이 파워포인트나 워드가 아니라 이렇게 메모지나 노트 또는 냅킨에서 탄생했는지도 모른다. 그러니 카페나 식당에 갈 때는 꼭 펜을 지참했다가 로직트리나 고객여정지도를 그려보라. 그리고 그걸 사진으로 찍어두라. 나중에 유명해졌을 때 필요해질지 모르니까.

2단계를 위한
평가 및 선택

▶

HIPS 프로세스의 첫 단계는 핵심 질문에서 시작해 로직트리와 고객여정지도를 작성하는 것이었다. 지금까지 가설과 관점을 확장하고 확산해왔다면, 이를 매듭짓기 위해 수렴하는 단계가 필요하다. 그럼으로써 두 번째 단계의 화두가 될 '핵심 문제'를 선정하는 것이다.

앞서 로직트리가 제로베이스 사고에서 객관적으로 잘 작성되었고, 고객여정지도가 고객의 경험상의 문제들을 잘 묘사했다면, 아마도 우리가 놓친 부분은 거의 없을 것이다. 이는 마치 전장에서의 교차사격Crossfire과 같은 효과를 발휘한다.

우리는 로직트리를 통하여, 즉 회사의 관점에서 논리적이고 전략적인 사고와 인사이드아웃 접근방식을 통해 가설적인 해결책/이슈를 도출할 수 있다. 또 고객여정지도를 통하여, 즉 고객 관점에서 인간중심의 감성적 접근방법과 아웃사이드인 접근방식을 통해서 해결책/이슈를 도출할 수 있다. [그림 16]을 보자. 이렇듯 양쪽의 진지에서 교차사격을 하면 우리가 놓치는 부분은 없을 것이다. 이때 주목할 것은 두 가지가 교차하는 부분Overlap Zone이다. 그 부분이 핵심 문제가 될 가능성이 크기 때문이다. (핵심 문제는 한 가지일 수도 있지만, 여러 가지일 수도 있다.)

이제 우리는 핵심 질문에 대해 하이레벨의 해결책/이슈 후보들

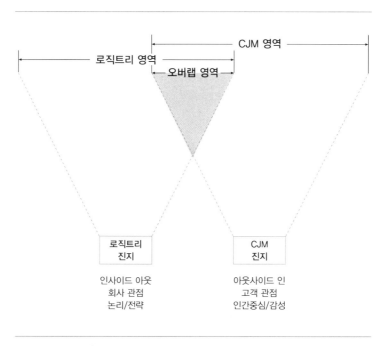

[그림 16] 로직트리와 고객여정지도의 교차 효과

을 도출하게 되었다. 이 중 어느 것에 선택하여 집중할 것인지를 결정하여야 한다. [표 19]는 핵심 문제를 선정하는 과정을 도식으로 표현한 것이다.

가운데 부분을 보면 '우선순위화 매트릭스'라는 것이 포함되어 있다. 이는 가로축에 '실행 가능성', 세로축에 '예상 효과'를 표시한 것으로, 1사분면에 위치할수록 실행 가능성과 예상 효과가 커져 우선순위가 높아진다.

우선순위를 정할 때는 몇 가지 고려해야 할 사항이 있다. 실행 가능성과 예상 효과가 큰 사안이 가장 중요하고 우선순위가 높다는 것이 기본 전제다. 하지만 때로는 문제해결에 대한 동력을 확보하는 차원에서 중요도가 낮지만 쉽게 실행하여 신속하게 성공 사례를 만들 수 있는 퀵 윈Quick Win 항목을 우선순위로 정할 수 있다. 다음으로 중요한데 긴급하지 않은 항목은 반드시 계획을 작성하고 그에 맞추어 실행해나가야 한다. 실력은 바로 이런 문제를 어떻게 다루느냐에 따라 판가름이 난다. 마지막은 우선순위화 작업을 조직 내에 공유해야 한다는 점이다. 욕먹을 일이 두려워 이 작업을 꺼리고 최종 결과물만 보고하겠다고 하다가 프로젝트가 좌초되거나, 위에서 지시한 사항이 사후에 말이 바뀌는 경우가 비일비재하다. 따라서 우선순위화 작업은 개인이나 팀 내부에서 정하지 말고 조직 내에 공유하여 공감대를 형성하고 못을 박을 필요가 있다. 내 경험에 따르면 오히려 이를 통해 사내 여론이 우호적으로 형성되는 경우가 많았다. 날카로운 피드백도 덤으로 얻을 수 있다.

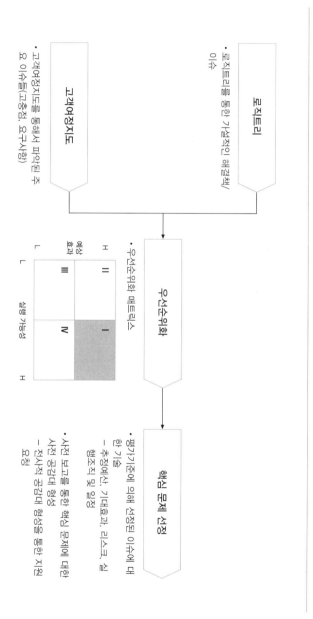

[표 19] 핵심 문제를 선정하는 과정

[표 20]은 마이데이터 케이스에서 로직트리와 고객여정지도로 부터 도출된 해결책/이슈들을 통합하여 정리해본 것이다.

상단에서 로직트리를 통하여 '차별화를 위해 고객의 라이프사 이클에 기반한 서비스를 제공'이라는 해결책을 도출했고, 하단에서 고객여정지도로 도출된 위시리스트에서 '고객들의 니즈 및 목적에 기반한 상품 추천', 그리고 '상품보다는 솔루션을 제공'이라는 항목 을 가져왔다. 그 결과 중단에서 MZ 세대 생애 재무 설계 기반 재무 솔루션이라는 핵심 문제를 도출해냈다. 경쟁사들이 현재의 소득과 소비에 중점을 맞추고 있을 때 '생애 설계'라는 콘셉트를 도입하면 차별화가 가능하고 장기적으로 고객을 락인Lock-In하는 효과도 거둘 수 있을 것으로 기대된다. 이렇듯 HIPS 프로세스의 첫 단계를 매듭 지으려면 로직트리와 고객여정지도를 통합하는 과정이 필요하다.

항목을 보면 '고객에게 명확한 추천 이유를 제공한다'는 것이 있다. 실제로 마이데이터 사업자들이 자신들의 서비스를 홍보할 때 아무런 사전 설명이나 추천하는 이유를 밝히지 않고 "이건 당신에 게 좋은 상품입니다"라고 불쑥 던지는 경우가 있다. 그러면 고객은 '내가 아니라 너희 회사에 좋은 상품이겠지. 수수료가 비쌀 테니까' 라고 생각할 것이다. 기업이 선의와 상생을 위해 만든 제품과 서비 스도 고객의 마음에서 바라보면 얼마든지 합리적 의심의 대상이 될 수 있다. 억울해할 필요 없이, 고객이 납득할 만한 추천 논리와 근거 를 제공하면 된다. 게다가 위 예시의 경우 단순히 상품을 추천하는 게 아니라 생애 재무 설계라는 맥락Context을 가지고 필요한 솔루션

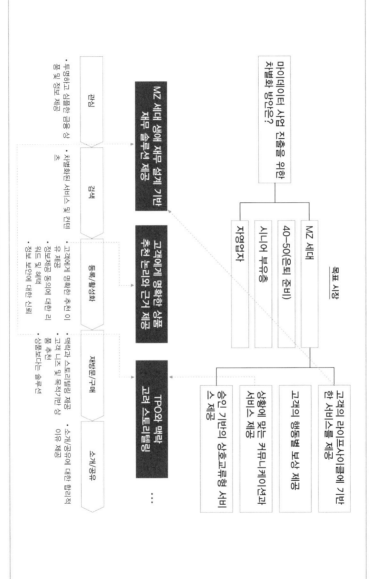

[표 20] 마이데이터 사업 케이스

목표 시장

마이데이터 사업 진출을 위한 차별화 방안은?

- MZ 세대
- 40~50(은퇴 준비)
- 시니어 부유층
- 자영업자

- 고객의 라이프스타일에 기반한 서비스를 제공
- 고객의 행동별 보상 제공
- 상황에 맞는 커뮤니케이션과 서비스 제공
- 승인 기반의 상호교류형 서비스 제공

MZ 세대 생애 재무 설계 기반 재무 솔루션 제공	고객에게 명확한 상품 추천 논리와 근거 제공	TPO와 맥락 고려 스토리텔링

- 맥락과 스토리텔링 제공
- 고객 니즈 및 복잡기반 상품 추천
- 소개/공유에 대한 합리적 이유 제공

관심	검색	등록/활성화	제방문/구매	소개/공유

- 투명하고 신뢰할 금융 상품 및 정보 제공
- 차별화된 서비스 및 컨텐츠 제공
- 고객에게 명확한 추천 이유 제공
- 정보제공 동의에 대한 리워드 및 혜택
- 정보 보안에 대한 신뢰
- 상품보다는 솔루션

...

을 제공하는 것이기에 고객들의 거부감도 적을 것으로 보인다.

로직트리와 고객여정지도가 공통으로 교차사격한 과제가 'TPO_{Time, Place, Occasion}와 맥락을 고려한 스토리텔링'이다. 고객들이 가장 싫어하는 커뮤니케이션 방식 중 하나는 아무런 맥락 없이 회사가 하고 싶은 얘기만 하는 것이다. 이렇듯 두 가지 접근방식에서 공통으로 제기되는 이슈가 있다면, 이런 과제들은 다음 단계에서 반드시 풀어야 할 일이 될 가능성이 크다.

이상으로 문제 구조화 단계를 살펴보았다. 다음은 핵심 문제 선정으로 넘어가보자.

5장

2단계.
핵심 문제를 분석하고
탐색하라

핵심 문제
정의하기

핵심 문제 선정에서 가장 먼저 해야 할 일은 문제 정의Problem Definition다. 내 경험상 우리나라 기업 조직은 문제 정의에 서툰 경우가 많다. 상사가 "이런 거 해봐" 하고 던지면 밑에서는 알아서 해야 할 일을 정한다. 의도와 방향을 파악하기 위해 꼬치꼬치 캐물으면 무능하거나 능장을 부리는 것으로 오해받을 수 있다는 두려움이 있어서 일 처리도 신속하다. (그래서 우리나라 기업은 위로 올라가면 아주 편해진다.) 그러나 빨리 답을 내기 위해 문제 정의를 서두르다 보면 초기에 제기된 핵심 질문의 의도와 어긋나기 쉽다. 그러면 시간과 자원을 낭비하고 기회를 잃게 된다. 최악의 경우는 그래도 밀고 나가다가 엉뚱한 문제를 풀거나 틀린 답을 내는 것이다. 그래서 문제를 정의할 때는 충분한 시간을 두고 살필 필요가 있다.

로직트리와 고객여정지도를 통해 핵심 문제를 파악한 후, 핵심 문제를 더 구체화하고 명확하게 만드는 단계가 문제 정의다. 그렇다면 문제 정의 단계에는 어떤 내용이 담겨야 할까? [그림 17]을 보자.

첫째, 문제해결의 목적을 명시해야 한다. 문제란 '현상As-Is과 목표로 하는 상태To-Be 사이의 간극'을 의미한다. 따라서 문제를 정의할 때는 현상을 어떤 상태로 바꾸자는 것인지 명확하게 표시해야 한다. 여기서 목적은 해결책 자체가 아니라, 해결책이 실행된 이후 도달하고자 하는 상태라는 점에 주의하자.

둘째, 잠재적인 해결 방향을 명시해야 한다. 아직 구체적인 내용을 언급할 단계는 아니지만, 로직트리와 고객여정지도를 통해 도출한 핵심 문제와 그 방향성에 관한 기술이 필요하다. 이는 앞으로 문제해결에 관여할 팀이나 개인이 충분히 이해할 수 있도록 명확하

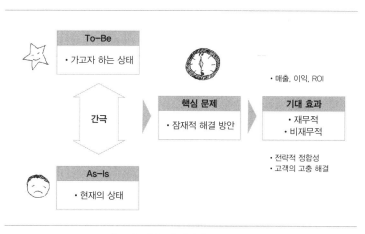

[그림 17] 문제 정의의 구성 요소

게 작성해야 한다.

셋째, 문제해결의 기대 효과와 범위를 명시해야 한다. 기대 효과는 재무적인 부분과 비재무적인 부분이 모두 포함된다. 문제해결의 효과가 조직 내에 공유됨으로써 해결의 필요성에 공감대를 형성하게 되고, 자원을 지원받을 근거가 마련된다.

회사 관점의 문제 정의는 일의 목적과 범위를 승인받고 책임 소재를 명확히 하는 차원에서 작성된다. 문제 정의는 고객 관점에서도 다시 작성해볼 필요가 있다. 여기에는 고객여정지도 작성 과정에서 파악된 고객들의 고충을 기술하고, 고객의 관점에서 바람직한 상태에 관한 내용이 담긴다.

둘 중 무엇이 더 중요할까? 둘 다 긴요하고 중요하다. 아무리 고객 중심의 훌륭한 솔루션을 만들어내도 내부의 의사결정이라는 허들을 넘지 못하면 실현될 수 없다. 거꾸로 회사 관점의 문제 정의는 고객을 전제하지 않으면 손익 및 투자수익률이라는 숫자놀음에 빠지고, 나중에는 이걸 왜 해야 하는지 목적이 실종될 수 있다. 월급쟁이가 빠지기 쉬운 함정이 후자다. 당장에 닥친 업무를 처리하고 KPI를 달성하고 역할과 책임을 따지다 보면 고객 관점은 흔적도 보이지 않기 쉽다. 당 태종이 쓴소리하는 위징魏徵을 옆에 두었듯이, 제프 베이조스가 회의실에 늘 고객의 자리를 마련해놓듯이 우리는 늘 고객을 염두에 두고 생각하는 것을 습관화해야 한다. HIPS 프로세스에서 로직트리와 고객여정지도를 동시에 작성하는 이유도 바로 고객 관점을 염두에 두기 위해서다 ([표 21] 참조).

고객 관점 문제 정의	회사 관점 문제 정의
– 고객에 대한 기술 　(나는 이러이러한 사람이다.) – 고객이 원하는 솔루션 또는 아웃풋 　(나는 이러이러한 것을 하고 싶다.) – 문제 또는 장애물 　(그러나, 이러이러한 문제가 있다.) – 문제의 근본 원인 　(문제의 원인은 이러이러하기 때문이다.) – 문제에 대한 정서적/감정적 상태 　(나는 이러이러한 것을 하고 싶다.)	– SCQA에 의한 전반적인 기술과 가설적 　답변 – 보고 대상자와 의사결정자 – 문제해결의 성공 여부에 대한 평가의 기준 　과 지표 – 의사결정과 관련된 의사결정자의 이슈와 고 　려 사항 – 의사결정을 위한 타임라인 – 문제해결의 기대효과와 범위 – 소요 예산 및 투자
철저하게 고객 관점의 문제와 솔루션에 집중	의사결정자 혹은 상사에 집중

고객 중심의 솔루션이 실행이 되기 위해서는
반드시 의사결정자 입장에서 문제 정의도 필요

[표 21] 문제 정의 비교

"만약 나에게 문제를 해결하기 위해 한 시간이 주어진다면, 문제를 정의하는 데 55분을 쓰고, 나머지 5분을 해법을 찾는 데 쓰겠다."

_알베르트 아인슈타인

분석적 접근방식과
창의적 접근방식을 병행하라

핵심 문제가 정의되었다면 다음은 '탐색 및 과제'다. 앞 단계를 통해 집중해야 할 영역이 축소되고 명확해졌다. 이번에는 문제해결을 위한 구체적인 해결책을 찾아 다시 사고를 확장하는 단계다.

들어가기 전에, 여기서 HIPS 프로세스의 남은 두 단계를 개괄해보자. 사실 이제부터의 두 단계는 2004년 영국 디자인 카운실Design Council에서 디자인 개발을 위해 제시한 더블 다이아몬드Double Diamond라는 프로세스를 수정한 것이다. 이 프레임워크는 디자인 씽킹 등 혁신과 창의성을 위한 다른 프로세스들에 큰 영향을 주었고, 디자인뿐 아니라 다른 분야들에서도 광범위하게 이용되고 있다. 여기에 나는 '분석적 접근방식'을 붙였고, 각 단계 사이에 '핵심 문제'와 '핵심 과제'라는 마디를 추가하여 개선했다([표 22] 참조).

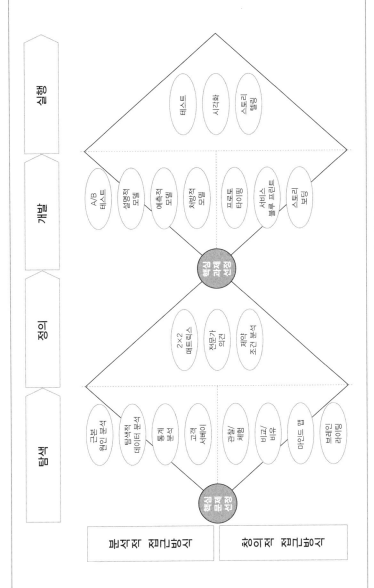

탐색   정의   개발   실행

논리적 문제탐색

- 근본 원인 분석
- 탐색적 데이터 분석
- 통계 분석
- 고객 서베이
- 관찰/체험
- 비교/비유
- 마인드 맵
- 브레인 라이팅

해결 문제 선정

- 2×2 매트릭스
- 전문가 의견
- 제약 조건 분석

해결 과제 선정

- A/B 테스트
- 설명적 모델
- 예측적 모델
- 처방적 모델
- 프로토 타이핑
- 서비스 블루 프린트
- 스토리 보드

- 테스트
- 시각화
- 스토리 텔링

창의적 문제발굴   연역적 문제발굴

[표 22] 인간지능 문제해결 프로세스의 2단계와 3단계

앞서 설명한 HIPS 프로젝트는 모두 3단계 아니었냐고 묻는다면, 맞다. HIPS 프로세스의 1단계, 즉 맞는 질문을 찾고 핵심 문제를 선정하기까지의 과정이 내가 제시하는 HIPS 프로세스의 가장 중요한 첫 단추다. 만일 핵심 질문과 핵심 문제가 늘 처음부터 명확하게 주어지는 것이라면 따로 HIPS 프로세스라는 것을 고안할 필요도 없었을 것이다. 맞는 질문을 탐색하고 핵심 문제를 선정하는 과정을 통해 우리는 왜 이 문제를 해결해야 하는지 점검할 수 있고, 조직 내 이해관계자들과 공감대를 만들어갈 수 있다. 따라서 핵심 질문과 핵심 문제가 이미 주어졌더라도 첫 번째 단계를 한번 수행해보기를 권한다.

HIPS 프로세스의 두 번째 단계인 탐색 및 과제 선정 단계에서는 1단계 때와 마찬가지로 분석적 접근방식과 창의적 접근방식을 병행한다. 전자는 정량적 분석이고 후자는 정성적 통찰이다. 두 가지를 병행함으로써 핵심 과제를 도출한다.

분석적 접근방식의 대표적인 툴은 근본 원인 분석Root Cause Analysis, RCA, 탐색적 데이터 분석Exploratory Data Analysis, EDA, 고객 서베이, 그리고 우리가 통계학에서 배운 여러 가지 통계 분석 등이 있다. 창의적 접근방식의 대표적인 툴로는 관찰/체험, 연관 업종과의 비교/비유를 통한 유추, 인터뷰, 브레인스토밍/브레인라이팅 등이 있다.

갑자기 여러 가지 방법론들을 죽 나열해서 머리가 복잡해졌는가? 거창하게 이름을 붙였지만, 사실 여기 언급한 방법론들은 우리가 이미 문제해결을 할 때 은연중에 사용하고 있는 방법들이다. 다만 체계적으로 구분하거나 학습한 적이 없었기 때문에 상황과 문제에 맞게 유연하고 통합적으로 사용하지 못하고 있을 뿐이다. 그 원인은 처음부터 접근방식을 규정짓고 시작하는 선입견과 타성의 문제이기도 하고, 다른 방법에 관한 무지와 무관심 때문이기도 하다. "문제해결은 뭐니 뭐니 해도 분석이지"라며 주야장천 숫자 분석만 하거나, "영감과 인사이트가 있어야지"라며 인터뷰 횟수만 늘리는 모습이 그에 해당한다. 근본적으로 세상을 하나의 렌즈를 통해서만 바라보는 아집과 무사안일이 원인이라 할 수 있다.

선진기업들 가운데는 이러한 틀을 깨고자 하는 모습이 보인다. 데이터 분석가들은 내·외부 고객들에게 자신들이 한 일을 이해시키는 활동의 중요성을 인지하기 시작했다. 그래서 스토리텔링과 디자인 씽킹 접근방식을 적용하려는 시도들이 늘어나고 있다. IDEO 등 디자인 씽킹 기반의 컨설팅 회사에서도 프로젝트팀에 데이터 과학자를 포함시키는 경우가 늘고 있다고 한다. 마케팅에서 데이터 신봉자들과 크리에이티브 지상주의자들은 과거에 불편한 동거 관계였지만, 이제는 둘이 배타적 관계라는 인식은 구시대의 유물이 되고 있다. 단지 크리에이티브와 데이터가 결합해야 한다는 당위성을 넘어 마케팅 프로세스상 모든 단계, 즉 브랜드 전략, 고객 및 시장 조사, 고객 경험, 제품 개발, 프라이싱, 컨텐츠 및 크리에이티브 개발, 미디어 믹스 마케팅 효과 측정 등에서 크리에이티브와 데이터를 결합하려는 시도가 나타나고 있다. 고객에 관한 정보가 데이터 인력의 분석 자료로만 고립적으로 활용되는 것이 아니라, 콘텐츠 마케터나 고객 경험 디자이너 등 크리에이티브 인력들에게까지 공유되고 실제 업무에서 솔루션 개발에 적용되고 있는 것이다.

하지만 아직 우리나라에서는 이런 모습이 대세가 아니다. 아직도 많은 기업과 기관에서 "너는 네 할 일 하고, 나는 내 할 일" 혹은 "그건 네 방식이고 나는 내 방식대로"라는 식의 양자택일 관점을 가진 분리주의자들이 많다. (특히 의사결정자 중에 많다.) 이런 현상이 줄어들려면 하루빨리 이 책이 많이 팔려야 한다. (농담 같은 진담이다.)

앞서 HIPS 프로세스의 1단계 예시로 마이데이터 사업을 언급했다. 이때 핵심 문제로 '고객의 라이프사이클'과 '고객의 니즈 및 목적'에 기반하여 '상품보다는 솔루션을 제공'한다는 항목을 도출했다. [표 23]은 이를 HIPS 프로세스의 2단계와 3단계에 적용한 것이다.

잠깐 봐도 보통 어려운 작업이 아닐 것 같다. 기업이 원할 때 상품을 홍보하는 것이 아니라 고객이 필요할 때 그 정보와 솔루션을 재미있게 제공하려면 얼마나 많은 고민과 노력이 필요하겠는가? 이를 구현하려면 깊은 지점에서의 분석과 고객에 대한 통찰이 반드시 이루어져야 한다.

아직도 핀테크 업체는 예쁜 UI/UX만을, 전통적 금융 기업은 흔한 금융 가계부만을 앞세우고 있으니, 분석과 크리에이티브를 동시에 적용하는 통합적 접근방식을 취하는 곳은 언제쯤 나타날지 요원해 보인다. 그만큼 종합적인 능력과 통찰이 요구되는 작업이라는 의미일 것이다.

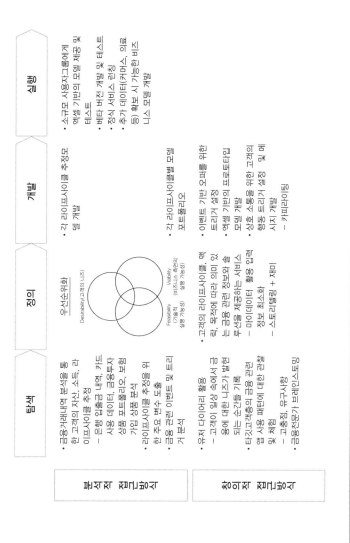

탐색	정의	개발	실행

분석적 접근영역

탐색:
- 금융거래내역 분석을 통한 고객의 자산, 소득, 라이프사이클 추정
  - 은행 입출금 내역, 카드 사용 데이터, 금융투자 상품 포트폴리오, 보험 가입 상품 분석
- 라이프사이클 추정을 위한 주요 변수 도출
  - 금융 관련 이벤트 및 트리거 분석

정의:
- 고객의 라이프사이클, 맥락, 목적에 따라 의미 있는 금융 관련 정보와 솔루션을 제공하는 서비스
  - 마이데이터 활용으로 정보 최소화
  - 스토리텔링 + 재미

개발:
- 각 라이프사이클 추정모델 개발

실행:
- 소규모 사용자그룹들에게 엑셀 기반의 모델 제공 및 테스트
- 베타 버전 개발 및 테스트
- 정식 서비스 런칭
- 추가 데이터(커머스, 의료 등) 확보 시 가능한 비즈니스 모델 개발

창의적 접근영역

탐색:
- 유저 다이어리 활용
  - 고객의 일상 속에서 금융에 대한 니즈가 발현되는 순간들을 기록
- 타깃고객층의 금융 관련 행위 패턴에 대한 관찰 및 체험
  - 고충점, 유구사항
  - 금융전문가 브레인스토밍

정의:

개발:
- 각 라이프사이클별 모델 포트폴리오
- 이벤트 기반 오퍼를 위한 트리거 설정
- 엑셀 기반의 프로토타입 모델 개발
- 상호 소통을 위한 고객의 행동 트리거 설정 및 메시지 개발
  - 카피라이팅

정의(벤 다이어그램):
우선순위화
Desirability(고객의 니즈)
Viability (비즈니스 측면의 실행 가능성)
Feasibility (기술적 실행 가능성)

[표 23] 마이데이터 사업에서의 인간지능 문제해결 프로세스(2단계 및 3단계)

분석적 접근방식과
데이터

여기서는 분석적 접근방식에서 자주 사용되는 기법과 개념을 뜯어보자. 우리가 데이터 과학자가 될 것은 아니기에 그들과 대화가 통할 만한 기본적인 개념들만 추려 정리했다. 그렇지만 알아두면 분석적 마인드를 강화하는, 쓸 데 있는 정보가 될 것이다.

데이터 분석 방법론: CRISP-DM

데이터 분석 방법론 중 가장 널리 사용되는 것은 CRISP-DM Cross Industry Standard Process for Data Mining 사이클이다. 이는 업종과 무관하게 활용할 수 있는, 데이터 분석을 위한 표준적인 프로세스다. 데이터 전문가가 아닌 이상, 자세한 내용을 알기보다는 전반적으로 데이터 분석이 실무 전문가 수준에서 어떻게 이루어지고 있는지 감을 잡는 차원에서 알고 있으면 된다.

알아둘 것이 두 가지 있다. 하나는 이 프로세스가 절대적인 것이 아니라 얼마든지 상황에 맞게 변형될 수 있다는 점이다. 다른 하나는 이것이 단선적인 프로세스가 아니라 반복적이고 순환적인 과정이라는 점이다. 앞 단계에서 진행했던 작업을 다시 거슬러 올라갈 수도 있고, 특정 단계를 과감히 건너뛰고 갈 수도 있다.

[표 24]는 CRISP-DM을 간단하게 정리한 것이다. 이해를 넓히기 위해 각 단계에서 수행하는 활동과 중요 포인트를 살펴보자.

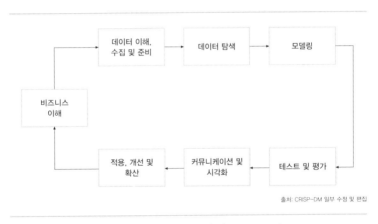

출처: CRISP-DM 일부 수정 및 편집

[표 24] 데이터 분석 프로세스(CRISP-DM)

▶ 비즈니스 이해: 프로세스 초기에 비즈니스 전반을 이해하고, 데이터 분석을 통해 얻고자 하는 것이 무엇인지 파악하는 단계다. 앞으로 수행할 일의 전략적인 의미나 비즈니스 맥락을 탐색하고 공

유하게 된다. HIPS 프로세스의 문제 정의와 유사하다. 이 과정이 제대로 되지 않으면 자칫 목적과 범위 및 결과물의 반복적인 수정으로 끝없는 야근 지옥에 빠질 수 있다.

▶ 데이터에 대한 이해: 분석에 사용되는 데이터를 살펴보고, 데이터 소스 및 확보 방안을 고민하는 단계다.

▶ 데이터 준비: 데이터 분석 중 가장 중요하고 시간이 많이 소요되는 단계다. 전체 프로젝트에서 적게는 60퍼센트, 많게는 80퍼센트의 시간과 비중을 차지한다. 이 단계는 지저분한 데이터를 깨끗하게 정리하는 데이터 클렌징이 핵심이다. 데이터 분석을 하는 사람들은 "빅데이터보다 깨끗한 데이터를 확보하는 것이 중요하다"고 말한다. 아무리 좋은 알고리즘과 AI를 도입한다 한들 인풋 데이터가 엉망이면 소용이 없다. 자칫 쓰레기를 넣어 쓰레기가 나오는 자동화와 대량생산의 참사가 발생할 수 있다. AI 시대에는 데이터 준비의 중요성이 더욱 커질 것이다.

▶ 모델링: 데이터를 머신러닝, 알고리즘 등에 적용하여 의미 있는 결론을 찾아내는 단계다. 이제 노력이 결실을 맺기 시작하는 시점이다. 준비한 데이터는 분석 툴에 의해 모델링에 활용되고, 비즈니스 이해 과정에서 제시된 문제에 관한 설명이 시작된다. 모델링은 여러 번 반복적으로 수행한다. 최근에는 자동으로 적합한 모

델을 만들어주는 AutoMLMachine Learning 프로그램이 여럿 등장했다. 이를 사용하면 과거에 몇 달에 걸쳐서 만들었던 모델링이 순식간에 튀어나온다. 이러한 툴이 더 많아지고 활용될수록 모델을 만드는 일보다는 데이터를 확보하는 일과 큰 그림을 그려서 문제해결을 하는 능력이 점점 더 중요해질 것이다.

▶ 모델 평가: 최종 모델에 통계적 정확성과 실전 사용 가능성을 고려해서 평가하는 단계다. 아무리 정확한 모델이라도 한 번 돌리는 데 몇 개월이 걸리거나, 데이터 수집에 엄청난 노동이 필요하거나, 예측 모델인데 결과가 사후적으로 나오면 아무 의미가 없다.

▶ 실행: 실제 적용하는 단계다. 내부 커뮤니케이션, 리포팅, 실행에 대한 의사결정, 실행 후 갭 분석 등을 포함한다.

데이터 분석에서 주의할 점

분석적 접근방식에서 데이터를 다룰 때 주의해야 할 점이 있다.

첫 번째는 기업의 목적은 예측 모델을 만드는 것이 아니라는 점이다. 기업은 돈을 더 벌거나 고객을 더 만들어내거나 상품을 더 판매하거나 비용을 더 줄이기 위해 일한다. 안타깝게도 예측 모델 자체로는 이 가운데 어느 것도 하지 못한다. 데이터 과학자는 데이터로부터 일정한 패턴에 기반한 모델을 만들어 예측을 수행한다. 이 예측치 자체가 비즈니스 문제를 해결하는 것은 아니다. 다만 조직이 올바른 의사결정을 하기 위한 인사이트를 제공할 뿐이다. 그러므로 데이터 분석에서 초기에 가장 중요한 작업은 조직이 해결하고자 하는 비즈니스 문제를 이해하는 것이고, 이에 기반해서 어떤 인사이트를 제공할 것인지 목적을 명확히 하는 것이다. 실패한 많은 프로젝트가 이 비즈니스 문제를 명확히 정리하고 상호 합의하지 않아서 발생한다. 따라서 데이터 과학자나 분석가들은 자신들이 일하고 있는 조직의 기본적인 상황에 대한 이해가 있어야 한다. 해당 분야의 중요한 용어나 콘셉트를 알아야 하고, 업무 프로세스를 파악해야 하고, 현업의 담당자들과 일정 수준 이상의 대화가 가능해야 한다.

두 번째는 가설에 입각해 분석을 수행해야 한다는 점이다. 가설 없이 진행하는 데이터 분석은 넓은 바다에서 목표도 없이 떠도는 난파선과 같다. 주변에 일단 데이터 마이닝을 해보면 뭔가 그럴듯한 게 튀어나올 것처럼 얘기하는 사람이 있다면 거르는 것이 좋다. 가설이 없으면 의미 있는 인사이트를 도출하기 어렵다. 무엇보다 가설에 입각하지 않은 분석은 현장을 설득할 수 없다. 논지를 설명할 수 없는데 그 분석을 쉽게 받아들이겠는가? 자기만의 관점에 따라 가설을 수립하는 것이 먼저이고, 데이터는 가설을 검증하는 도구이자 재료가 되어야 한다.

세 번째는 데이터를 얻기란 쉬운 일이 아니라는 점이다. 데이터 과학자가 조직에서 실제 업무를 수행하면서 겪는 가장 어려운 문제가 데이터 확보다. 물론 조직이 데이터 과학자를 채용하는 이유는 알고리즘을 개발하고 머신러닝 모델을 구축하는 데 있다. 또한 데이터 과학자도 자신의 업무에서 대체로 이 부분을 가장 즐긴다. 그러나 이들이 실제 데이터 분석에 보내는 시간은 전체 업무 시간에서 큰 비중을 차지하지 못한다. 가장 많은 시간이 소요되는 것은 데이터를 얻는 과정이다. 필요한 데이터를 구하기 위해 여러 부서에 연락해야 하고, 그 데이터를 받기까지 한참을 기다려야 한다. 또 막상 받아보니 필요한 정보가 없거나 심각한 품질 문제가 있는 경우도 많다. 이럴 때 데이터 과학자들은 A/B 테스트, 고객 서베이, 다른 유사 사례로부터 직접 데이터를 만들어야 한다. 이 과정은 한 번으로는 충분치 않고 꾸준하게 반복적으로 수행해야 한다. 이것이 테스트 앤드 런Test & Learn이 업무 프로세스의 일환으로 자리 잡아야 하는 이유이며, 조직의 리더나 의사결정자들이 데이터 과학자들을 충분히 이해하고 배려해주어야 하는 이유다.

마지막 네 번째는 경제적이어야 한다는 점이다. 넷플릭스는 영화 추천 알고리즘을 써서 구독자들에게 영화를 추천한다. 그런데 2006년에 넷플릭스가 100만 달러의 상금을 걸고 '넷플릭스 프라이즈'라는 알고리즘 경쟁 대회를 연 적이 있다. 그때까지 자신들이 사용해온 알고리즘보다 정확도가 높은 알고리즘을 만든 사람에게 상금을 주겠다는 것이었다. 당시 전 세계의 내로라하는 데이터 분석 전문가들이 참여했고, 실제 우승팀이 개발한 알고리즘은 더 높은 정확도를 자랑했다. 그러면 이후 넷플릭스는 그 알고리즘을 활용했을까? 그렇지 않다. 해당 알고리즘을 활용하려면 엄청난 컴퓨팅 파위가 필요했다. 게다가 새로운 알고리즘을 활용했을 때 높아지는 정확도는 그만한 채산성을 확보해주지 않았다. 넷플릭스의 선택은 기존의 알고리즘을 그대로 사용하는 것이었다.

거칠고 단순한 모형을 만들면 목표의 90퍼센트를 달성할 수 있고, 비록 몇 달이 걸리지만 복잡한 모형을 만들면 목표의 95퍼센트를 달성할 수 있다고 하자. 그렇다면 합리적인 선택은 정확도가 다소 낮더라도 단순한 것으로 시작하는 것이다. 단순한 모형은 해석하고 이해하기 쉽다. 처음부터 복잡한 모델을 만들어봐야 감당이 되지 않는다. 실행과 확산, 유지보수의 용이성 등을 고려하면 단순한 모델로 시작해 정교한 모델로 단계적으로 개선해나가는 것이 옳다.

알아두면 쓸 데 있는
분석적 접근방식의 기술들

앞에서 기본적인 데이터 분석 프로세스인 CRISP-DM을 살펴보았으니, 이제는 다른 분석 기법들에 대해 살펴보자.

근본 원인 분석

근본 원인 분석Root Cause Analysis, 이하 RCA은 품질 향상 기법에서 유래된 방법론이다. 대표적인 기법으로는 우선 'Why 다섯 번 묻기 Ask Why 5 Times'가 있다. 'Why'를 다섯 번이나 물어보는 이유는 표면적인 현상이나 증상이 아닌 근본 원인을 파악하기 위해서다. 그 외에 카오루 이시카와Kaoru Ishikawa가 고안한 피시본 다이어그램 Fishbone Diagram도 있다. 이는 본래 공장에서의 품질 관리를 위해 개발된 것으로, 지금은 다양한 분야에서 문제의 근본 원인을 파악하는 방식으로 쓰인다.

[그림 18]은 골프에서 흔히 일어나는 실수인 쓰리퍼트Three-putt*의 원인을 피시본 다이어그램을 활용하여 파악한 것이다. 보기 플레이Bogey Play**를 하는 수준인 나의 지극히 개인적인 의견이기에 형식만 참고하면 될 듯하다.

[그림 18] 피시본 다이어그램: 왜 쓰리퍼트를 하는가?

---

*골프에서 공을 홀에 넣기 위해 퍼터로 3회 치는 것. 각 홀에서의 기준 타수Par는 2회에 공을 넣는 것을 기본으로 한다.

**골프에서, 한 홀에서 규정 타수보다 한 타를 더 많이 치며 경기를 하는 일.

퍼팅 하나도 근본 원인을 분석하면 이렇듯 수많은 요인이 자리하고 있다. 그러니 현실 문제의 원인을 분석하는 작업은 얼마나 복잡할 것이며, 그중에서 가장 문제가 되는 원인을 파악하는 일도 얼마나 어려울지 짐작할 수 있다.

다음은 'Why 다섯 번 묻기'의 유명한 사례 중 하나다. 미국 워싱턴 D.C.에 있는 기념관에서 일어난 문제해결 사례다.

● 문제 : 링컨, 제퍼슨 기념관 등이 부식으로 훼손되고 있다.

Why #1 : 왜 부식되고 있나? → 기념관 청소를 위해 화학약품을 자주 사용한다.

Why #2 : 왜 화학약품을 사용하나? → 기념관을 뒤덮은 새똥 청소에 쓴다.

Why #3 : 왜 기념관에 새똥이 많나? → 기념관 내·외부에 새가 먹을 거미가 많다.

Why #4 : 왜 기념관에 거미가 많나? → 해 질 녘이 되면 거미가 먹을 날벌레가 기념관에 꼬인다.

Why #5 : 왜 날벌레가 꼬이나? → 해 질 녘에 켜는 기념관의 조명 밝기가 날벌레가 좋아하는 특정 조도에 해당한다.

● 해결책 : 조명을 켜는 시간을 늦추어 날벌레가 꼬이는 조도를 피한다.

간단하게 저비용으로 문제를 해결한 단순명쾌한 사례다. 세상일 모두가 이렇게 간단하고 명쾌하면 얼마나 좋을까? 사실 이런 식의 스토리 대부분은 복잡하게 뒤얽힌 현실 세계를 지나치게 단순화시키고 있다. 실제로 기념관 부식의 원인은 새똥과 화학약품 사용 외에도 더 큰 다른 여러 가지 원인이 있었으며, 해결책 중 하나로 제시된 조명 시간 조정도 해 질 녘에 기념관을 배경으로 사진을 찍고 싶어 하는 관광객들의 불만으로 시행에 어려움을 겪었다. 그렇다. 이게 현실이다.

아무튼 현실에서 문제의 원인과 해결책이 이렇게 한 가지로 딱 깔끔하게 정리가 되는 경우는 거의 없다고 보면, 'Why 다섯 번 묻기'의 실제 모습은 가지가 무성한 나무가 되는 게 일반적이다. 그러므로 이 방식은 일부 특정한 문제에만 적용하고 모든 일을 반복해 캐묻지는 말아야 한다. 상대하기 피곤한 사람이 될 수 있다.

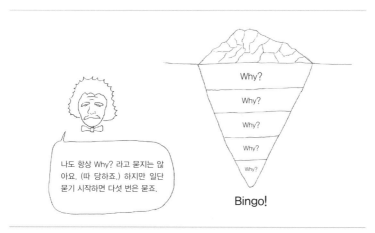

[그림 19] Why 다섯 번 묻기

우리 일상에서 'Why 다섯 번 묻기' 기법을 적용한 예는 다음과 같다.

● 문제 : 요즘 건강이 걱정이다.

Why #1 : 왜 건강이 걱정되나? → 체중이 많이 늘었다.

Why #2 : 왜 체중이 늘었나? → 정크 푸드를 자주 먹었다.

Why #3 : 왜 정크 푸드를 먹었나? → 배달 메뉴에 정크 푸드가 많다.

Why #4 : 왜 배달을 시켰나? → 요리하기가 어렵고 귀찮다.

Why #5 : 왜 요리가 어렵고 귀찮나? → 일일이 재료를 사서 손질해야 한다.

● 해결책 : 재료가 모두 손질되어있고 간편하게 조리할 수 있는 건강식 밀키트를 주문한다.

일상에서도 이렇게 곰곰이 생각하는 습관을 들이면 변화의 트리거를 만들어낼 수 있다.

탐색적 데이터 분석

탐색적 데이터 분석EDA은 데이터 분석 초기에 통계적 분석이나 시각화 도구를 활용해서 데이터로부터 의미 있는 패턴, 가설, 인사이트를 발견하는 과정이다. 회사에서 엑셀로 하는 작업도 기본적인 데이터 분석에 해당한다. 물론 각종 통계값의 계산, 데이터 시각화,

상관 분석 및 피처 엔지니어링Feature Engineering* 등을 수행하는 복잡한 분석인 경우 R**이나 파이썬Python 같은 프로그램을 이용하기도 한다.

EDA에서는 그래프를 자주 그린다. 데이터를 이해하고 인사이트를 얻을 때 인간이 가진 패턴 인지 능력을 활용할 수 있기 때문이다. [그림 20]은 유명하고 고전적인 그래프 사례들이다.

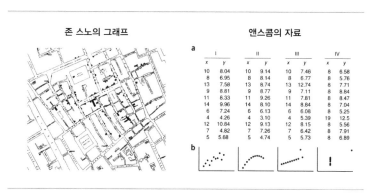

[그림 20] 그래프 사례

존 스노John Snow(1813~1858)는 영국 빅토리아 시대에 활동한 의사다. 전염병을 막은 역학의 선구자로 널리 알려져있다. 19세기 당시 런던의 상하수도 체제는 대단히 열악하여 콜레라 등 각종 수인성 전염병이 창궐했다. 1854년 무렵 런던 소호의 브로드가를 중심으로 다시 콜레라가 번졌는데, 이때 존 스노는 콜레라의 전염 양

＊변수들을 여러 가지로 조합해보는 활동.
＊＊통계처리를 위한 공개 소프트웨어 패키지. 다양한 통계 기법과 시각화 도구를 제공한다.

상을 관찰한 다음 발병자와 사망자가 나온 집을 지도 위에 표시했다. [그림 20]에서 왼쪽 평면도의 거리마다 겹게 보이는 막대그래프가 그것이다. 그랬더니 특정한 펌프를 중심으로 콜레라가 돌고 있다는 규칙성이 발견됐다. 이를 바탕으로 존 스노는 콜레라가 물을 통해 전염된다는 가설을 수립했다.

하지만 당시만 해도 콜레라가 수인성 질환이라는 걸 아는 사람들이 거의 없었고 당시 조악한 현미경으로는 콜레라균을 볼 수도 없었다. 존 스노는 자신의 가설로 사람들을 설득하는 데 어려움을 겪었다. 하지만 그는 굴하지 않고 가설을 뒷받침할 만한 사례와 근거를 수집해나갔다. 예를 들어 오염된 펌프를 사용하지 않았음에도 콜레라가 발병한 사례가 있었는데, 조사해보니 브로드가의 물을 길어다 먹은 경우였다. 그는 이런 사실들을 기반으로 사람들을 설득했다. 결국 오염된 펌프들을 폐쇄할 수 있었고, 그러자 콜레라는 바로 잦아들기 시작했다.

문제해결을 위한 존 스노의 과학적 접근방식과 증거 수집을 위한 집요함이 수많은 이들의 목숨을 구했다. 그리고 콜레라의 원인 파악과 해결책을 도출하는 데 가장 큰 영감을 준 것은 사망자 수와 펌프의 위치를 연결지은 한 장의 그래프였다.

[그림 20] 오른쪽에 있는 테이블과 차트는 통계학자인 프랭크 앤스콤Frank Anscombe이 1973년에 논문*으로 발표한 자료다. a에서

---

*Graphs in Statistical Analysis, 1973.

네 개의 x, y 데이터 세트는 각각의 평균, 표준편차 그리고 x, y간 상관계수와 회귀모형까지 모두 같다. 이 정도면 같은 모집단에서 뽑은 같은 성격, 특징, 형태를 보이는 네 개의 표본이라고 판단하기 쉽다. 그런데 b의 그래프를 보면 통계치와는 달리 넷이 모두 다른 속성을 가진 데이터임을 볼 수 있다. 이는 데이터를 정리할 때 평균이나 표준편차와 같은 요약된 통계량만 표시할 것이 아니라 그래프 분석도 병행해야 하는 이유를 보여준다. 통계치 정도만 확인하고 넘어가면 상당히 잘못된 판단으로 이어질 수 있다는 것이다. 무작정 요약하고 추상화시키면 중요하지 않은 것뿐 아니라 중요한 것도 없어질 수 있다. 이는 마치 현장을 확인하지 않고 '보고서만 보고서' 의사결정을 하는 것과 같다. 그래서 데이터를 분석할 때 꼭 해야 하는 것이 데이터가 어떻게 분포되어있는지 보여주는 그래프를 그리는 작업이다.

어떤 이들은 데이터 과학이 고급통계와 머신러닝 등 고차원적인 활동에만 의존한다고 생각한다. 하지만 일반적인 분석에서는 대체로 위의 사례처럼 EDA만으로도 충분히 인사이트를 도출할 수 있다. 그리고 실제 이 단계를 성공적으로 수행하기 위해서는 기초적인 분석이나 시각화를 넘어서 해당 분야에 관한 업무 지식Domain Knowledge과 창의성이 필요하다. 아무 연관성도 없는 변수들로 그래프를 만들어봐야 의미가 없기 때문이다. 아는 만큼 보이는 법이다. 마음속에 어느 정도 가설을 가지고 그것을 확인하는 차원에서 그래프를 그려봐야 한다.

EDA에서 하는 작업 중 피처 엔지니어링이라는 것이 있다. (통계학에서 변수Variable라고 표현하는 것을 머신러닝에서는 좀 있어 보이게 군이 피처라고 표현하니 참고 바란다.) 데이터를 실제 모델링에 적용하기 위해 데이터를 어떤 형태로 나타낼 것인가를 결정하는 프로세스다. 모델링은 전문가의 영역이지만 군이 얘기하는 이유는 이 부분이야말로 업무 지식과 통찰이 가장 많이 활용될 수 있는 분야이기 때문이다. 즉 통계적 지식보다는 경험과 직관이 더욱 중요한 역할을 한다.

예를 들어 영업사원 수와 판매실적의 관계를 분석하는 모델을 만든다고 하자. 영업을 해본 실무자라면 누구라도 '재적 영업사원 수'만으로는 유효한 피처가 될 수 없다는 것을 알고 있을 것이다. 즉 '재적 영업사원 수'가 아니라 '가동 영업사원 수(재적 영업사원 수×가동률)'를 써야 판매실적과 밀접하게 관련된다는 사실을 경험적으로 알고 있다. 그런데 이걸 모르는 사람들은 겉으로 보이는 재적 영업사원 수와 판매실적만 가지고 분석을 수행하다가, 영업사원 수와 판매실적은 무관하다는 섣부른 결론을 내릴 수 있게 된다.

야구를 통계학적으로 분석하는 세이버메트릭스Sabermetrics라는 방법론이 있다. 기존에도 타율, 장타율 등 단일 지표는 있었다. 하지만 세이버메트릭스는 OPSOn-base percentage Plus Slugging처럼 단일 지표가 알려주지 않는, 여러 가지 피처가 결합된 스탯을 알려준다. 세이버메트릭스는 빌 제임스Bill James가 『야구개요Baseball Abstract』(1985)라는 책을 출판하면서 알려지기 시작했고, 이제는 야구 경기를 이해하고 해석하는 고급 분석 방식으로 널리 자리 잡았다. 그렇다면 빌 제임스는 대단한 통계학자였을까? 아니었다. 그는 대학 졸업 후 공장에서 야간경비원 일을 했다. 다만 그는 누구보다도 야구 경기를 좋아하고 오래 관찰하고 분석한 사람이었다.

이 얘기를 꺼낸 이유는 데이터 분석이나 데이터 과학을 제대로 하기 위해서 반드시 통계 지식이 중요한 것이 아니라는 점을 말하기 위해서다. 즉 통계 지식은 부족하더라도 업무 지식이 있는 직원이 데이터 분석에서 훨씬 더 좋은 통찰을 이끌어낼 수 있다고 말하고 싶은 것이다. 업무 지식이 없는 사람들이 현장에서는 전혀 이해할 수 없거나 사용할 수 없는 모델을 만들거나, 현업 담당자와의 커뮤니케이션이 곤란해서 실제 업무에 모델을 적용하는 데 큰 어려움을 겪는 경우를 많이 보았다. 그러니 의사결정자들은 데이터 분석을 강화한다면서 현업을 모르는 통계학 박사 출신을 뽑기보다는, 똑똑한 현업 직원들을 데이터 분석가나 데이터 과학자로 육성하는게 훨씬 현명한 방법일 것이다. 최소한 데이터 분석 업무에 현업 출신을 일정 정도 배치하는 것도 방법일 것이다.

또 챗GPT가 등장하면서 EDA는 그리 어려운 일이 아니게 됐다. 엑셀의 세부 기능을 잘 모르는 사람도 데이터 파일을 업로드하고 "데이터 클린징과 EDA를 실행해줘"라고 입력하면 생성형 AI가 알아서 기본적인 처리와 분석을 해준다. 프로그래밍 지식도 더 이상 분석의 장애물이 되지 못하는 시대가 됐다.

AI 시대에 문제해결사가
지녀야 할 자질과 지식

우리는 통계를 볼 때 흔히 평균이 얼마인가를 먼저 확인하곤 한다. 예를 들어 뉴스에서 국내 가구들의 평균 순자산이 2억 원이라고 하면, 마침 순자산이 2억 원 정도인 사람의 머릿속에는 종鐘 모양의 정규분포가 그려지면서 '그러면 우리 집은 중간쯤 있겠구나' 하고 생각하게 된다. 그러나 소득분포에 관한 통계적 법칙을 연구한 파레토Vilfredo Pareto에 따르면, 전체 순자산의 80퍼센트는 상위 20퍼센트가 소유하고 있다. 말하자면 조 단위 자산을 가진 재벌들이 포함된 상위 20퍼센트가 평균을 높임으로써 대한민국 전체의 평균 순자산이 부풀어 보이는 것이다. 따라서 내가 정말로 어디에 위치하는지 가늠하려면 중위값Median이라는 통계치를 적용해야 한다. 중위값은 표본 간의 격차가 상당할 때 사용하는 지표로, 모든 표본을 각각 크기 순서대로 정렬했을 때 가운데 위치한 값이다. 국내 가구 순자산의 중위값은 2억보다 아래일 가능성이 크다. (그런데도 뉴스와 신문에서는 여전히 평균값을 더 많이 언급한다.)

정규분포가 좌우 대칭인 모습을 보인다면 평균을 대표적인 통계치로 사용해도 무리가 없다. 하지만 자료값이 치우쳐있거나 아웃라이어Outlier가 많은 상황이라면 중위값이나 최빈값 등 다른 통계치를 살펴보아야 한다. 또한 우리는 두 집단 간의 평균값이 같으면 두 집단이 유사할 것이라 여기기 쉽다. 하지만 평균이 같더라도 표준편차가 다르면 사뭇 다른 양상을 띠게 된다.

통계학 지식이 많거나 적음에 관계없이, 현실을 제대로 파악하려면 항상 입체적이고 다면적 관점과 비판적인 시각으로 몇 단계 아래에 숨어있는 진실을 보기 위해 노력해야 한다. 통계 수치는 진실을 알아보기 쉽게 도와주는 숫자들이지만 한계는 있다. 그러니 기본적인 통계 분석의 의미와 한계에 대해서는 알아두는 게 좋다. 분석을 직접 하지는 않더라도 현업 담당자 혹은 리더로서 데이터 분석의 필요성을 제기하고, 전문가에 의해 분석된 결과를 해석하여 실제 비즈니스에 적용할 만한 역량을 갖추어야 AI와 빅데이터의 시대를 헤쳐나갈 수 있다.

'통계와 통계 기법에 관한 기본 지식 + 분석적 마인드 + 업무지식과 비즈니스 스킬'을 갖춘 사람. 맥킨지에서는 이들을 'Analytics Translators'*라 부르고 이 책에서는 '문제해결사'라고 부른다. 문제해결사가 실무진, 중간관리자, 의사결정자 층위에 골고루 포진되어

있어야 제대로 된 분석과 모델링을 해볼 수 있다. 또 그 정도를 갖춘 기업이라야 데이터와 AI를 활용할 수 있는 최소한의 준비가 되는 것이다.

[그림 21]은 데이터 과학자와 문제해결사를 그림으로 비교한 것이다.

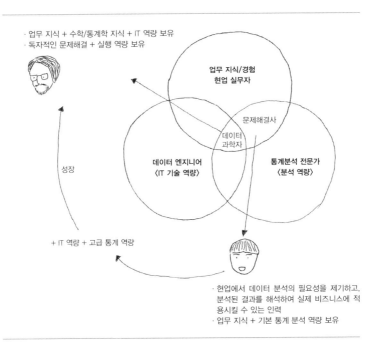

[그림 21] 데이터 과학자와 문제해결사

*The New Must-have Role, HBR, 2018.

데이터 과학자는 업무 지식과 수학 및 통계학 지식 그리고 IT 역량까지 두루 보유하고 독자적으로 문제해결을 위해 실행까지 할 수 있는 만능 인력이다. 내 경험상 이 역량을 모두 갖춘 인력은 미국에서도 희귀하고, 국내에서는 아마 주요 빅테크, 핀테크 기업의 CTO 중 몇 명이 이 기준에 부합할 것이다.

그러나 현업에서는 이런 전설적인 인력들보다는, 데이터 분석의 필요성을 알고 전문가들에 의해 분석된 결과를 해석하여 실제 비즈니스에 적용할 줄 아는, 업무 지식이 탁월한 인력들이 더 많이 필요하다. 물론 이들 가운데 스마트한 이들은 IT 역량과 고급 통계 역량을 갖추어 데이터 과학자 혹은 CTO가 될 것이다. 그리고 이들이야말로 HIPS 프로세스와 같은 통합적인 프로세스를 이끌어나갈 수 있는 주인공들이며 문제해결사들이다.

상관관계와 인과관계

상관분석은 두 개 이상의 변수 간에 존재하는 상호 연관성의 정도, 즉 하나의 변수가 다른 변수와 어떤 강도로 같이 변화하는가를 측정하는 방법이다. 상관계수는 이에 값을 매긴 것으로, -1은 가장 강한 음의 상관관계, +1이면 가장 강한 양의 상관관계, 0이면 아무 상관관계가 없음을 나타낸다. 분산과 표준편차는 많이 들어보았을 것이다. 상관계수는 여기에 공분산Covariance이라는 것을 집어넣어서 두 변수가 같은 방향으로 움직이는지를 파악하는 것이다.

그런데 '상관관계Correlation가 인과관계Causation를 의미하는 것은 아니다'라는 얘기를 들어보았는가? 둘은 우리가 자주 혼동하는 개념이다. 그러나 상관관계와 달리 인과관계는 선후관계와 필연성을 전제로 한다. 다음 예시를 보자.

○○신문이 통계 자료를 근거로 "아이스크림이 많이 판매되면, 상어에 공격당하는 사람들이 많아진다"라고 보도했다. 기자가 인터뷰를 요청한 전문가는 "사람들이 아이스크림을 많이 먹으면 그 영향으로 살이 달콤해집니다. 상어는 달콤한 살을 좋아합니다"라고 설명했다. 여론을 의식한 정치인들은 상어로부터 사람들을 지키기 위해 아이스크림 판매를 규제해야 한다고 목소리를 높였다. 정치권의 움직임을 보고 식품 기업들은 미리 아이스크림 제조와 판매를 줄이기 시작했다. 그런데 이후 상어에 공격당하는 사람들은 오히려 증가했다. 더운 날씨에 아이스크림을 먹지 못하자 사람들은 해변에 나가 수영을 더 많이 즐기기 시작했고, 그래서 더 많은 이들이 상어의 공격을 받았다.

이 예시에서 ○○신문은 아이스크림 판매량과 상어에 공격당한 피해자 수라는 두 가지 자료 사이에 마치 인과관계가 있는 것처럼 보도했다. 그러나 두 가지 사실 사이에는 직접적인 원인과 결과가 존재하지 않으므로 인과관계가 아닌 상관관계가 있을 뿐이다. 합리적인 설명은 바로 '더운 날씨'라는 제3의 요인Confounding Variable이다. 날씨가 더워졌다는 원인이 아이스크림 판매량 증가와 상어에 공격당한 피해자 수 증가라는 두 가지 결과로 나타난 것이다. 그런데 신문은 엉뚱하게 두 가지 결과를 인과관계로 묶어 보도했다. 이를 설명해보겠다고 엉터리 전문가의 인터뷰까지 논리로 가져다 붙였다.

위 사례는 물론 가상의 이야기다. 하지만 어디서 많이 보던 모습이 아닌가? 우리는 정부의 정책이나 기업의 의사결정에서도 무지 또는 다른 의도로 왜곡이 발생하는 모습을 자주 볼 수 있다. 양육비를 지원해주면 출산율이 올라갈까? 지방자치단체의 예산만 낭비될 뿐이다. 출산율을 높이려면 아이를 낳고 길러도 되는 환경을 만드는 것이 먼저일 것이다. 부동산 대출을 규제하면 아파트값이 잡힐까? 현찰 있는 부자들만 옳다구나 집을 더 살 것이다. 빅 모델Big Model을 데려와 광고를 만들면 브랜드 인지도와 매출이 올라갈까? 빅 모델의 인지도와 수입만 올라갈 것이다. 출퇴근 시간과 점심시간을 통제하면 업무 생산성이 올라갈까? 직원들의 불만만 누적될 것이다.

우리 대뇌는 상황을 단순화시키고 패턴을 발견하려는 성향이 있다. 앞서 이야기한 잘못된 대책들은 인과관계를 충분히 따지지 않고 단순하게 눈에 보이는 요소를 이어붙여서 발생했다. (또한 사람들은 상관관계를 인과관계로 보는 음모론에 흥미를 느끼고 끌리는 성향이 있다.) 이러한 오류에 휩쓸리지 않으려면 현상 뒤에 숨어있는 제3의 요인을 파악하는 통찰과 지혜가 필요하다.

회귀분석과 통제

회귀분석Regression Analysis은 기본적인 통계 분석 방법이다. 종속변수(y)와 독립변수(x) 간의 상관관계에 따른 수학적 관계식을 도출하여, 어떠한 독립변수값이 주어졌을 때 이에 따른 종속변수값을 예측한다. 이렇게 설명하면 사람들이 통계는 도통 어렵고 따분한 것이라 여기게 만드는 효과가 있다. '회귀'란 말도 대체 무슨 의미인지 알 수 없는 참 어려운 용어다. 그러나 사실 회귀분석은 기업 실무에서 수요를 예측하거나 학계에서 논문을 작성할 때도 많이 사용하는 기법이다. 이제 감이 확 오는 실제 사례를 살펴보자.

1990년 프린스턴 대학교 경제학과 교수이자 와인 애호가였던 올리 애션펠터Orley Ashenfelter는 자신이 만든 회귀분석 모델을 이용해서 시음 전에 와인의 품질을 예측할 수 있다고 발표했다.[*] 맨 처음 그는 다음과 같은 질문을 던졌다.

"와인 테이스팅을 하지 않고 품질을 알 수는 없을까? 어떤 와인이 좋은 와인인지 미리 알 수 있다면 좋지 않을까?"

이후 그는 보르도 와인으로 평균 기온과 강수량에 따른 데이터를 수집해서 다음과 같이 간단한 회귀분석 모델을 개발했다.

---

[*]Predicting the Quality and Prices of Bordeaux, The Economic Journal, 2008.

$$y = 12.145(\text{bias}) + x1 \times 0.00117 + x2 \times 0.616 - x3 \times 0.00386 + x4 \times 0.02358$$

y : 와인 품질

x1 : 전해 10~3월 강우량

x2 : 4~9월 평균 기온

x3 : 8~9월 강우량

x4 : 와인의 나이

bias : 보정값

이 교수의 발표가 널리 퍼지자 저명한 와인 평론가 로버트 파커 Robert M. Parker Jr.는 분노했다.

"이건 말도 안 되는 어리석은 짓입니다. 이것은 마치 영화를 보 지 않고 감독과 출연한 배우만으로 영화를 평가하려는 것과 같 습니다."

비유가 참 그럴듯하지 않은가? 그런데 나중에 보르도 와인의 가격을 추적·조사해보았더니 놀라운 결과가 나왔다. 파커의 시음 후 평가보다 애션펠터의 모델이 와인의 품질과 그에 따른 가격을 더 잘 설명해준다는 사실이 밝혀진 것이다. 이 사례는 과거 전문가 의 판단이 중요하다고 믿던 문제들도 이제는 얼마든지 계량화된 모 델로 더 정확하게 풀어낼 수 있음을 보여준다.

이 사건은 또 하나의 변화로 이어졌다. 소규모 와이너리들이 와인의 가격을 예측해서 대응할 수 있게 된 것이다. 로버트 파커는 '와인 황제'라 불릴 만큼 이름 있고 바쁜 사람이어서, 소규모 와이너리가 로버트 파커에게 평가를 의뢰하여 평점을 받기란 거의 불가능했다. 그런데 이제는 독립변수 데이터를 미리 수집해서 모델에 넣으면 품질을 예측할 수 있고, 그에 따라 가격을 매길 수 있었다. 누구나 쓸 수 있는 이 모델이 와인의 품질에 관해 로버트 파커보다 더 정확하게, 심지어 한 발 앞서 예측해주니 얼마나 도움이 되었겠는가? 회귀분석 모델 하나가 업계의 오래된 관행과 구조에 많은 변화를 가져온 것이다.

회귀분석을 사용하면 기존에 관행이나 감에 의존했던 예측을 보다 합리적이고 정확한 방식으로 대체할 수 있다. 그래서 회귀분석은 데이터를 통해 머신러닝을 수행하는 매우 강력한 도구로 사용되고 있다. 그렇다면 우리가 회귀분석을 실생활의 어떤 부분에 적용할 수 있는지 하나의 예를 살펴보자.

일에 대한 스트레스가 발병률과 수명에 영향을 미친다는 의학적 연구 결과가 많다. 그런데 이상한 점은 과로와 스트레스로 사망하는 CEO는 거의 없지만 과로사하는 일반 직장인의 수는 해마다 500명 내외로 무척 많다는 사실이다. 이유가 무엇일까?[*]

---

[*] 근로복지공단, 인사혁신처, 국방부, 사립학교교직원연금공단, 수협중앙회 등 5개 기관의 과로사 산재 현황 분석. 2022년. 국회의원 용혜인.

이 질문에 대하여 '직장 스트레스의 상당 부분은 일에 대한 통제력의 정도와 관련이 있다'는 가설을 세웠다고 하자. 일의 절대량보다는 '일하는 시간과 정도, 해야 할 일과 방식 및 기한 등'을 스스로 통제할 수 있다면 스트레스를 덜 느끼고, 그렇지 않다면 더 많은 스트레스를 느낀다고 보는 것이다. 일에 관하여 뭘 할지, 어떻게 할지 혼자 결정할 수 있는 게 아무것도 없다면 사람은 깊은 좌절감을 느끼고 낮은 자존감에 빠지게 된다는 주장에 직장인들은 대체로 공감할 것이다. 그래서 이 가설을 검증하기 위해 회사 내에서 직급과 직장 내 스트레스로 인한 질환 및 사망과의 상관관계를 측정해본다고 하자. 어떻게 해야 할까? 직급과 스트레스로 인한 질환 및 사망, 이 두 가지 변수만 사용해서 분석해보면 될까? 대답부터 이야기하면 아니다. 다른 변수들의 영향 때문에 자칫 왜곡된 분석이 될 수 있다. 그러면 어떻게 해야 할까?

간단하다. 회귀분석 모델을 활용하면 된다. 직장 내 직급 외에 나이, 성별, 가족력, 흡연 및 음주, 운동, 급여 수준 등등 여러 가지 변수들을 독립변수로 모두 포함하여 다중회귀분석*을 돌리면 된다. 그리고 그 모델 중 직장 내 직급 변수의 계수와 유의성을 보면 실제로 얼마나 영향을 미치는지를 파악할 수 있게 된다. 이런 과정을 일컬어 다른 요인들을 통제Control한다고 한다. 특정 변수가 미치

---

*독립변수가 여러 개 있는 회귀분석. 하나의 종속변수와 하나의 독립변수 사이의 관계를 분석하는 것을 단순회귀분석, 하나의 종속변수와 여러 독립변수 사이의 관계를 규명하는 경우를 다중회귀분석이라 한다.

는 영향만을 별도로 분리하여 측정한다는 얘기다.

실험집단과 통제집단

변수를 통제하는 또 다른 방법은 표본을 실험집단Experimental Group과 통제집단Control Group으로 나누어 트리트먼트Treatment* 해보는 것이다. 이때 두 집단은 무작위로 추출되어야 하고, 트리트먼트 여부 외에는 통계적으로 유사한 집단이어야 한다. 예를 들어 신약이 개발되었거나 약의 효능을 설명할 때, 실험집단은 진짜 약을 주고 통제집단은 가짜 약을 주어 집단 간 차이를 비교하는 것이 대표적인 방법이다. 이때 신약은 적어도 가짜 약의 플라시보 효과보다는 효능이 있어야 인정받을 수 있다.

그런데 사회과학 연구나 기업 현장에서는 이런 정교한 실험이나 통제가 불가능하거나 오랜 기간과 상당한 비용이 소요되는 경우가 많다. 예를 들어 우리나라 학부모와 수험생들이 가장 궁금해하는 질문, 즉 "명문대를 나오면 정말 평생 돈을 많이 벌 수 있나?"라는 질문에 해답을 얻기 위해 비슷한 조건을 가진 수험생들을 임의로 특정 학교에 배정하는 실험을 했다고 하자. 그러면 어떻게 될까? 아마도 학부모와 학생들에게 즉시 린치를 당할 것이다. 그렇다면 어떤 방법이 가능할까?

미국의 경제학자인 스테이시 데일Stacy Berg Dale과 앨런 크루거

---

* 실험의 제 요건에 따라 실험재료에 가해지는 물질, 자극을 가하는 과정 또는 행위.

Alan Bennett Krueger는 실제 데이터 분석을 통해서 이 질문의 답을 찾아보았다.* 결과에 따르면, 명문대 졸업생들의 연봉은 중하위권 대학 졸업생보다 높았다. 너무 당연한 말이라고 생각했다면 맞다. 이는 특별히 조사하지 않아도 충분히 짐작할 수 있는 정보다. 아무래도 명문대 졸업생들이 다른 대학 졸업생들에 비해 우수한 인력들일 가능성이 크고, 따라서 좋은 곳에 취직하거나 창업하기에도 유리할 것이 분명하다.

사실 두 사람이 정말로 알아내고자 했던 것은 저런 뻔한 사실이 아니라, '비슷한 역량을 지닌 학생이 명문대를 졸업했을 때와 다른 대학을 졸업했을 때 연봉의 차이'였다. 학생의 수학 능력 등 다른 조건들이 모두 같을 때, 순전히 출신 대학교 간판이 연봉에 미치는 영향을 알고자 했다. 그런데 대체 이 두 사람은 대학교 간판 외에 다른 변수들을 어떻게 통제했을까? 그들은 명문대에서 입학허가를 받아서 명문대를 들어가 졸업한 사람들과, 명문대의 입학허가를 받았지만 사정에 따라 다른 대학에 들어간 사람들의 연봉을 비교했다. 그 결과 두 그룹의 연봉 차이는 거의 없었다. 될 사람은 어느 대학을 나와도 된다는 결론이다.

여기서 얘기하고 싶은 건 연구의 결론보다 과정이다. 유사한 그룹을 추출하기도, 변수를 통제하기도 매우 어려울 때는 의미 있는

---

*Estimating the Return to College Selectivity over the Career Using Administrative Earnings Data, 2011.

데이터를 확보하기 위해 창의적인 아이디어를 고안해야 한다. 이는 통계 지식뿐 아니라 로지컬 씽킹과 크리에이티브가 동시에 필요한 영역이다. 데이터 확보와 다른 변수를 통제하기 위한 방안을 찾아내기 위해서 로직트리도 그려보고, 현장을 방문해서 대상이 되는 사람들을 인터뷰하거나 관찰하여 영감을 받아야 한다. 또 대상 표본 중 트리트먼트 및 실험그룹과 유사한 실제 사건과 하위그룹을 상상력을 통해서 발견해내야 한다. 통계 모형을 만들고 분석하는 것보다 이런 아이디어를 잘 내고 관련된 데이터 소스를 잘 확보하는 게 훌륭한 문제해결사가 되기 위해 더욱 중요하다.

과적합

과적합Overfitting이란 제한된 표본에 너무 과하게 최적화되어 정작 예측하고자 하는 새로운 데이터에 대한 오차가 매우 커지는 경우를 말한다. 머신러닝에서는 트레이닝 세트라고 부른다.

[그림 22]에서 첫 번째 그래프는 데이터를 충분히 설명하지 못

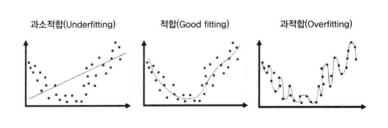

[그림 22] 적합도 그래프

하는 과소적합Underfitting에 해당하고, 두 번째는 약간의 오차가 있지만 데이터 특성을 잘 반영한 경우에 해당한다. 그리고 세 번째 그래프가 너무 열심히 하려다 오버한 과적합이다. 과적합은 표본이 포함하는 노이즈Noise까지 포함하여, 표본 데이터에만 너무 특화되어 정작 실제 데이터에서는 오히려 예측 오차가 발생하고 설명력이 떨어지기 때문에 바람직하지 않다. 예측 모델을 개발할 때 흔히 발생하는 현상으로, 혹시 누군가 모델의 예측력이 매우 높다고 자랑하면 "혹시 과적합 이슈는 없나요?"라는 멘트를 날려주자. "이 사람이 뭘 좀 아는구나" 하는 인상을 줄 수 있다.

물론 중요한 것은 아는 체하는 게 아니라 정말로 아는 것이다. 비록 통계를 전공하지 않았더라도, 데이터 분석에 관한 기본적인 지식을 습득하여 분석 전문가와 소통이 되는 직장인들이 앞으로는 더 많아져야 한다. 통계 작업은 생각보다 어렵지 않다. R이나 파이썬 코딩까지는 아니더라도, 기본적인 개념만 파악하면 누구나 엑셀이나 AI를 활용해서 식스 시그마 블랙벨트 급 통계 분석을 직접 해볼 수 있다.

정규분포를 이해해야 하는 이유

수능 시즌이 되면 '원점수, 표준점수, 백분위' 등의 용어가 자주 들리기 시작한다. 조금 더 귀담아들은 사람들은 여기에 표준정규분포가 관련이 있다는 사실을 학교 다닐 때 배운 듯도 할 것이다.

수능에서 학생의 점수를 평가할 때 과목별로 난이도가 다르므로 비교를 위해서는 난이도를 반영하는 작업이 필요하다. 예를 들어 수학에서 85점, 영어에서 90점을 맞은 학생은 어느 과목을 더 잘하는 학생일까? 곧바로 '영어'라고 대답한 사람은 분석적 마인드가 부족한 것이다. 이때는 질문자에게 각 과목 점수의 평균과 표준편차를 알려달라고 말해야 한다. 수학은 평균이 60점에 표준편차가 5점이었고, 영어는 평균이 95점에 표준편차가 1점이었다고 해보자. 표준편차가 0에 가까울수록 학생들의 점수는 평균값에 가까이 위치한다. 따라서 전체 학생들의 영어 점수는 평균값인 95점에 몰려있다. 즉 이 학생은 영어에서 평균 점수보다 낮은 90점을 받았으며, 이 학생보다 영어 점수를 잘 받은 학생들이 수두룩함을 알 수 있다. 그런데 수학에서는 평균인 60점을 훨씬 상회하는 85점을 받았다. 이는 표준편차로도 아웃라이어급의 엄청난 점수에 해당한다.

이렇듯 난이도가 서로 다른 과목들을 상호 비교가 가능하도록 백분위로 변환해주려면 z값을 구하면 된다. 'z값 = (수험생의 원점수 − 수험생이 속한 집단 평균)/수험생이 속한 집단의 표준편차'을 구하고, 학교 다닐 때 『수학의 정석』 마지막에 붙어있던 z분포표에서 해당 z값의 백분위를 찾으면 그게 바로 백분위가 되는 것이다. (설명을 위해 좀 단순화시킨 점 이해해주리라 믿는다.)

우리가 확률과 통계를 그렇게 열심히 배웠건만, 정작 실생활에서 써먹는 대표적인 사례가 수능 표준점수 구하는 거라니 좀 억울한 생각이 든다. 이제 학교에서 수학 문제를 가르칠 때도 실생활에서 접하는 문제들로 좀 바꾸어보면 좋지 않을까? 말하자면 이런 식이다.

질문 : 최근 한 달간 로또 추첨에서 5가 3회 나왔다. 이번 주 추첨에서 6개 당첨 번호 중 5가 나올 확률은?

정답 : 독립시행이므로 1/45이다. (이런 문제를 통해 로또 당첨번호 추천해주고 돈 받는 사람들은 사기를 치고 있다는 것을 확실히 알게 된다.)

질문 : 회사 매출이 1년 차 1억, 5년 차에 100억으로 증가했다. 입사 첫날 부장님이 우리 회사의 연평균성장률CAGR이 얼마냐고 물었다. 어떻게 답해야 할까?

정답 : 엑셀에 '연평균성장률 = (최종연도값/최초연도값)^(1/연도간격) -1'이라고 넣으면 된다. (등비수열도 실생활에서 써먹을 수 있다는 것을 알게 된다.)

평소 내 지론은 대학에서 아카데믹 스마트Academic Smart가 아니라 스트릿 스마트Street Smart한 사람들도 키울 필요가 있다는 것이다. 예를 들어 대학교 교양필수 과목으로 '문제해결'이라는 과목을 넣으면 어떨까? 대학에서 보고서 쓰는 법, 로직트리 작성하는 법, 문제해결 방법 등을 가르치는 것이다. 기업이 대학에 가장 바라는 것 중 하나가 이렇게 일의 기본기가 탑재된 졸업생들을 사회에 내보내달라는 것이다. 취업자들 역시 회사에 들어가면 배워야 할 것도 많은데, 학교에서 이런 거 미리 배워두면 입사하여 고생할 일이 줄어들지 않을까?

또 다른 교양과목으로 '조직에서 살아남는 법'을 개설하는 것도 고려해볼 만하다. 조직구조론이나 이상적인 리더십 이론 등 논문 얘기만 하지 말고, 사내 정치 활용법, '꼰대' 상사와 잘 지내는 법 등 현실적인 내용을 가르치는 것이다. 누군가 '그건 각자 알아서 터득해야 하는 거 아닌가?'라고 묻는다면, 실제 직장에서 이런 문제 때문에 회사를 그만두는 스마트하고 의욕 넘치는 인재들이 얼마나 많은지 아는지 되묻고 싶다.

경영학과에서는 자본자산 가격결정모형capital asset pricing model, CAPM, 최적자본구조이론 등 논문에서만 존재하는 얘기 말고, '회사 IR 및 주가 관리 실무', '생애 재무 설계와 증권투자', '스타트업 펀딩과 데스 밸리Death Valley 살아남기' 같은 전공 선택 과목을 개설해보면 어떨까?

미국 샌프란시스코에는 교육대학이자 일종의 대안학교인 미네르바 대학교가 있다. 설립자인 벤 넬슨Ben Nelson에 따르면, 이 학교의 최대 혁신은 학생들에게 '배운 내용을 다양한 상황에서 적용하는 방법'을 가르치는 것이라고 한다. 단지 지식을 가르치는 것이 아니라, '크리티컬 씽킹', '창의적 사고', '효과적 의사소통', '효과적 상호 작용' 등의 과목을 통해서 사고 능력을 기르는 데 집중하는 것이다. 이 학교의 입학 경쟁률은 아이비리그에 못지않고, 졸업생들은 구글과 아마존과 같은 혁신 기업에 입사하거나 아이비리그의 대학원에 진학하는 등 좋은 결과를 내고 있다고 한다.

미국 비즈니스 리더의 93%는 학부 전공 점수보다 중요한 역량으로 복잡한 문제를 해결하는 능력, 비판적 사고, 명확한 커뮤니케이션 능력 등을 들었다. 대학을 졸업한 사람 대부분은 직장에 취업할 텐데, 대학교에서 가르치는 지식은 직장에서 실제로 써먹을 수 있는 지식과는 상당한 차이가 있다. 또 학교에서 배운 지식을 실생활에서 어디에 어떻게 써먹어야 하는지도 잘 알려주지 않으니 나중에야 그게 그거였구나 하는 경우도 많다. 대학이 속세를 떠나 순수하게 학문이나 예술을 탐구하는 상아탑일 필요도 있지만, 대학 진학률이 76.2퍼센트(2023년)인 한국에서라면 사회적 요구에 맞추어 실용적인 지식을 배울 기회도 함께 제공할 필요가 있다고 본다.

혹시 리프트를 아세요?

두 개의 조직이 있다. 하나는 순수하게 직관과 과거의 경험을 바탕으로 의사결정을 하는 조직이고, 다른 하나는 데이터를 가공해서 정보를 추출하고 이를 바탕으로 의사결정을 하는 조직이다. 두 조직의 성과는 어떤 차이를 보일까? 한번 예를 들어보자.

어느 기업에서 이번 달 실적 제고를 위해 고객들에게 TM텔레마케팅으로 오퍼를 제공하는 마케팅 캠페인을 시행하려고 한다. 두 가지 시행 방안이 있다. 첫 번째는 대상 고객 100만 명에게 모두 전화하는 방법이고, 두 번째는 대상 고객 중 솔깃해할 가능성이 큰 상위 25퍼센트에게만 전화하는 방법이다. 이때 첫 번째 방법의 예상 반응률Expected Hit Ratio은 1퍼센트이고, 두 번째 방법은 4퍼센트다. 고객이 반응하는 경우 회사가 얻게 될 수익은 인당 10만 원이고, 전화당 단가는 1천 원이다. 과연 어느 쪽의 수익이 더 클까?

예상 수익을 계산해보면 [표 25]와 같다.

구분	전체를 대상으로 전화하는 경우	상위 25%만 전화하는 경우
수익	100만 명 X 1% X 10만 원 = 10억 원	25만 명 X 4% X 10만 명 = 10억 원
비용	100만 명 X 1천 원 = 10억 원	25만 명 X 1천 원 = 2.5억 원
이익	0원	7.5억 원

[표 25] TM 마케팅 고객 접근 방법별 이익 차이

와우! 첫 번째 방법으로 손익분기점BEP 수준이었던 캠페인이 두 번째 방법으로는 무려 7.5억 원 흑자 캠페인으로 바뀌었다. 수익률ROI은 제로에서 300퍼센트가 됐다.

의아하게 들릴지 모르겠지만, 사실 많은 기업이 두 번째 방법보다는 첫 번째 방법을 더 많이 사용한다. 대략 예산만 맞으면 고객을 랜덤으로 추출하거나, 과거에 접촉하지 않은 고객을 대상으로 하거나, 특정 연령이나 성별 및 거주지에 입각한 샘플링을 사용한다. 왜 기업들은 이렇게 단순한 방법을 사용하는 걸까? 반응률이 높을 것으로 예상되는 상위 고객들을 표적으로 삼고, 반응률을 예측할 데이터와 모델이 없기 때문이다. 사실 이 사례에서 상위 고객을 조준하는 것은 마케팅에서 고객들의 행동 변화를 예측하는 성향 모델Propensity Model이라 불린다. 이는 데이터만 있으면 얼마든지 모델링

할 수 있다. 특히 생성형 AI를 활용하면 엑셀이나 코딩을 잘 모르는 사람도 그럴듯한 모델을 만드는 시대가 됐다. 모델링 하나 잘 만들면 돈을 더 벌 수 있는 기회가 생긴다. 이런 작은 차이가 축적되면 결국 회사 손익에 큰 영향을 미치게 된다.

모델링을 적용할 때는 그 모델이 얼마나 효과적인지 객관적으로 비교·측정하는 지표가 필요하다. 이 지표가 바로 리프트Lift다. 리프트는 모델링을 통해서 얼마나 반응률을 제고했는지 측정하는 것으로, 무작위로 대상을 추출했을 때의 반응률과 성향 모델을 조준했을 때의 반응률을 비교한다. 이 사례의 리프트를 계산하면, 상위 25퍼센트 고객을 선정했을 때의 리프트는 조준 시 반응률 4퍼센트를 무작위 선정 시 반응률 1퍼센트로 나눈 값인 4가 된다.

고객 서베이: 고객은 정말 자기가 원하는 것을 모르는 것일까?

앞서 인사이드아웃과 아웃사이드인 접근방식을 설명하며 언급한 것처럼, 스티브 잡스는 고객 서베이 무용론에 단골처럼 등장한다. 그래서 사람들은 애플이 고객 서베이를 일절 하지 않는다고 알고 있다. 그런데 애플은 정말 고객 서베이를 하지 않을까? 애플이 아이맥iMac을 출시했을 때 스티브 잡스는 인터뷰에서 '마켓 리서치를 하느냐?'라는 질문에 이렇게 답했다.

"우리에게는 많은 고객이 있고, 사용자에 대한 리서치도 많이 실시합니다. 시장 트렌드도 주의 깊게 살펴보지요. 하지만 결

국 복잡한 이슈에 대해서 포커스그룹 인터뷰를 해서 상품을 디
자인하는 건 힘들죠. 많은 경우 사람들은 만들어서 보여주기
전까지는 뭘 원하는지 모르거든요."

이 답변 중 전후 맥락은 모두 사라지고 마지막 문장만 널리 퍼
졌으니 애플은 고객 서베이를 하지 않는다고 알려진 것이다. 그가
말한 요지는 고객 서베이가 아예 필요 없다는 것이 아니라, 혁신적
인 신상품 개발 시에는 들어맞지 않을 수 있다는 것이다. 스타트업
이 창업 초기에 최소기능제품Minimum Viable Product, MVP을 신속하게
만들고, 디자인 씽킹에서 프로토타입을 만드는 것도 실물을 보여주
어야 사용자들의 상상력에 스위치가 켜지기 때문이다.

나는 CMO를 하면서 고객 서베이를 수십 번 해보았다. 대부
분 알고 있던 것을 확인하는 정도의 쓸모가 있었고, 새로운 통찰을
발견한 경우는 거의 없었다. 신상품 아이디어 회의를 하다가 막히
면 직접 고객에게 물어보고 싶을 때가 있다. 그러면 고객이 정말 원
하는 것을 개발할 수 있을 것 같은 생각이 들기 때문이다. 그렇지만
자기 아이디어를 구체적으로 얘기하는 고객은 드물다. 보통 고객
은 '어딘가 불편하다', '어렵게 느껴진다', '이상한 소리가 나는 것 같
다', '단맛이 좀 덜한 것 같다' 등등 표면적이고 추상적인 느낌을 주
로 얘기한다.

인간은 때로는 합리적이기도 하고, 때로는 비합리적이기도 한
존재다. 성선설과 성악설이라는 이분법으로 나뉘지 않고 상황과 맥

락에 따라 다르게 행동한다. 자기가 관심 있고 관여도가 높은 상품과 서비스에 대해서는 진지하게 고려하지만, 관심이 없고 관여도가 낮은 상품은 관성적으로 결정한다. 기업이 고객의 소리를 들으려고 설문 조사를 실시한들, 조사비 3만 원에 혹해 관심도 없고 관여도도 낮은 상품에 관해 작성한 설문지로는 가치 있는 인사이트를 기대하기가 어렵다. 심지어 자신의 관점이 아닌 제3자의 관점에서 본인의 실제 생각과 욕망과는 다른 얘기를 해서 편향Bias을 만들기도 한다. 여기서 잘못이 있는 사람은 고객이 아닌 조사자다. 자기가 할 일을 고객에게 시켰으니 당연한 대가다. 고객의 감상과 니즈를 구체적인 문제로 도출하고 그에 대한 솔루션을 찾는 것은 고객의 몫이 아니라 기획자나 개발자의 몫이다. **고객은 해결책을 말하지 않는다. 불만을 얘기할 뿐이다.**

이처럼 고객 서베이는 아주 불필요한 것도 아니지만, 아주 맹신할 것도 아니다. 그렇다면 대체 어쩌자는 것일까? 나는 고객을 탐구할 때 관찰과 체험 등 정성적 탐색 방법을 활용해야 한다고 주장하고 싶다. 고객의 말보다는 행동이 진실을 말해줄 가능성이 더 크기 때문이다.

고객 서베이는 필요한 곳에만 쓰면 된다. 시장 조사에는 탐색적 조사와 확인 조사가 있는데, 바로 확인 조사에 활용할 수 있다. 말하자면 최초의 스마트폰을 출시할 때가 아니라, 기존 스마트폰을 업그레이드할 때 제품 개선 방향에 관하여 고객 서베이를 활용할 수 있다는 뜻이다.

또 가설을 확인할 때 검증이 필요한 사실에 대해서도 고객 서베이가 유효할 수 있다. 요즘 간단한 서베이는 온라인을 통해 빠르게 진행할 수 있고, 가설이나 질문이 명확하다면 굳이 리서치 회사에 맡길 필요도 없으니 크게 돈도 들지 않는다. 그리고 과거에 리서치 회사를 통해서 많은 비용을 주고 수행했던 조사를 이제는 온라인상의 텍스트 마이닝Text Mining으로 해결할 수도 있다. 예전에는 브랜드 콘셉트 맵Brand Concept Map*을 파악하기 위해 고객 설문을 실시하곤 했다. 하지만 지금은 온라인에서 텍스트 마이닝을 통해 브랜드와 연관된 직·간접적인 연상을 도출하여 보다 낮은 비용으로 신속하게 작성할 수 있다.

아웃라이어는 제거해야 할 대상일까?

미국 노스캐롤라이나 주립대학교에서 졸업생의 평균 수입이 가장 높은 학과는 어디일까? 경영대학이나 법학대학, 공과대학 등을 생각했을지 모르겠지만, 뜻밖에 지리학과 학생들의 평균 수입이 1위를 기록했다. 지리학과에서 무슨 금맥을 발견하기라도 한 것일까 싶겠지만, 그렇지는 않다. 여기에는 통계상의 오류가 있다. 지리학과 졸업생의 평균 연봉이 1위가 된 원인은 졸업생 가운데 천문학적인 연봉을 받은 농구선수 마이클 조던Michael Jordan이 포함되어있기 때문이었다.

---

*소비자의 인식 속에 형성되어있는 브랜드 고유의 연상 네트워크.

통계분석에서 아웃라이어는 다른 관찰값과 멀리 떨어진 관찰값이다. 말콤 글래드웰Malcolm Gladwell이 쓴 동명의 책 덕분에 아웃라이어는 '아주 비범한 사람들'이라는 긍정적 의미를 품게 되었지만, 실제 통계분석에서 아웃라이어는 성가신 요소다. 앞서 마이클 조던의 경우처럼 하나의 값이 전체의 평균이나 표준편차 등 통계값에 지나치게 큰 영향을 미치기 때문이다.

그러면 아웃라이어는 무조건 제거해야 할 대상일까? 사실 통계분석에서는 전체를 추상화하는 과정에서 디테일이 생략된다는 단점이 있다. 이러한 단점을 극복하는 방법 중 하나가 개인이나 소수의 그룹을 연구하는 것이다. 이 경우 아웃라이어는 오히려 평균적인 관찰값에 비해 훨씬 더 많은 것을 알려주는 원천이 될 수 있다.

카드사는 혜택만 빼먹고 매출 신장에 도움이 되지 않는 고객들, 일명 체리피커Cherry Picker들로 인해 골머리를 앓고는 한다. 그런데 이렇게 카드사 혜택에 통달한 고객들의 소비 패턴을 연구해서 새로운 상품을 개발하거나 기존의 서비스 조정에 활용할 수 있다. 혹은 VVIP 카드 이용자 중 제공된 바우처나 이벤트 등 쏠쏠한 혜택을 전혀 사용하지 않는 소수의 그룹을 조사하여 오로지 뽐내기 위해 이 카드를 발급받는 사람들의 특징이 무엇인지 파악하여 매출로 연결할 수도 있다. 보험사라면 월 납입 보험료 1천만 원 이상인 고객들의 가입 상품이나 인구통계학적 특성과 행동을 분석하여 그에 맞는 특화 상품을 개발하거나 영업 전략을 수립할 수 있다.

이렇듯 아웃라이어에 집중하면, 우리는 때로 훨씬 더 많은 인사이트를 얻을 수 있다. 통계분석의 관점에서 아웃라이어는 에러 혹은 이상치일뿐이지만, 관점을 전환하면 그들은 얼리어답터, 트렌드세터, 슈퍼리치 등 커다란 대중 영향력을 가진 고객일 수도 있는 것이다.

데이터를 전략적 무기로
삼으려면

빅데이터와 데이터 과학에 대한 관심은 주로 데이터에 집중되어있다. 막대한 규모의 데이터가 얼마나 빠른 속도로 축적되는가에 관한 얘기가 무성하다. 그런데, 일반적인 기업들에 이런 빅데이터가 과연 어떤 의미가 있을까?

사실 빅데이터는 대다수 우리나라 기업에는 선언적인 의미밖에 없다. 아무 목적도 없이 대용량 데이터 처리 인프라만 덩그러니 만들어두는 건 구글이나 네이버 같은, 돈 많고 할 일 많은 기업에서나 할 수 있는 일이다. 괜히 어설프게 그런 기업들을 흉내 낼 필요는 전혀 없다. **모든 데이터는 비즈니스에 관한 우리의 질문에 해답을 내기 위해 사용돼야 의미가 있다.** 만약 데이터가 필요하다면 생성형 AI가 그러하듯이 구독료 내고 가져다 쓰면 그만이다. 글로벌 대기업이 아닌 대다수 기업에는 빅데이터 자체보다는 데이터로 통찰을 만들어내고 이를 실행으로 옮기는 것이 더 중요하다.

중요한 것은 분석을 해서 결과를 얻고, 이를 실제 비즈니스에 적용해서 성과를 만들어내는 역량이다. 빅데이터와 AI라면 뭘 할지도 모르면서 덮어놓고 시스템에 대한 투자부터 결정하는 사례가 많은데, 그렇게 쓸데없이 돈만 쓰고 달라진 건 하나도 없는 사례를 나는 그동안 너무 많이 보아왔다. 과거 많은 회사가 ERP, CRM 등 이런저런 시스템을 도입한 경험이 있었을 것이다. 그러나 유감스럽게도 이러한 시스템 도입이 실질적인 성과 향상으로 연결되었다는 사례나 증거는 많지 않다. 오히려 새로 도입한 시스템을 도로 걷어냈다는 얘기가 종종 들린다. 결국 시스템이 문제가 아니라 그걸 사용하는 기업의 그릇과 실력이 문제다.

그럴듯해 보이는 게 하나 새로 나오면 너도나도 유행처럼 시스템을 도입하는 모습은 이제 사라질 때가 됐다. 데이터 분석으로 유명한 미국 금융기업인 캐피털원Capital One은 항상 엑셀에서 모델링을 시작한다고 한다. 엑셀로 작업하여 실행해보고, 어느 정도 증명되면 시스템을 구축하는 단계로 이행한다. 덮어놓고 시스템부터 도입하지 않는 것이다. 본받아야 할 실용주의적인 자세다.

데이터 과학과 분석

앞서 빅데이터 자체보다는 데이터를 분석해 통찰을 만들어내고, 이를 실행으로 옮기는 데이터 과학이 중요하다고 말했다. 기업이 데이터나 정보 시스템에 투자를 많이 했더라도, 실제 프로젝트에 들어가면 늘 나오는 말이 '데이터 구하기가 힘들다', '데이터 전처리에 시간이 너무 많이 걸린다' 하는 아우성이다. 왜 이런 일이 벌어지는 것일까?

먼저 데이터 과학에 대해 알아보도록 하자. 데이터 과학은 수학, 통계학, 프로그래밍, 문제해결 역량, 커뮤니케이션 역량을 기반으로 데이터에서 가치 있는 인사이트, 의사결정, 상품 및 서비스를 추출하고 이를 실행으로 연결하는 활동이라고 정의할 수 있다. 데이터 과학은 어느 날 뚝 떨어진 새로운 개념은 아니다. 기존에 있었던 Business Analytics, Business Intelligence, Data Analytics & Modeling, Knowledge Extraction 등 다양한 활동들을 통합한 개념이다. 그런데 지금 데이터 과학이 주목받는 이유는 과거와 달리 처리해야 하는 데이터의 양이 폭발적으로 증가했다는 점, 그 증가 속도가 점점 더 빨라지고 있다는 점, 그리고 이를 처리할 하드웨어와 소프트웨어가 매우 저렴해지고 오픈소스화되었다는 점 때문이다. 즉 데이터 과학이 과거처럼 돈과 인프라를 갖춘 특정 기업이나 단체의 전유물이 아니라 일반적인 기업과 개인들도 접근할 수 있는 분야가 되었기 때문이다.

하지만 이를 실제로 통합하여 다룰 수 있는 인력, 즉 데이터 과학자들은 아직 공급이 부족한 상태다. 데이터 과학자는 기술 하나 배웠다고 뚝딱 만들어지지 않는다. 여러 가지 분야에서 고도화된 지식, 경험, 기술을 종합적으로 다룰 수 있어야 데이터 과학자라 부를 수 있다. 이들은 특정 산업에 대한 경험과 지식을 가지고(분야 전문가), 데이터에서 패턴을 찾아내어(프로그래머 & 데이터 분석가), 비즈니스 기회로 만들어 실행하거나 실행을 지원하는 역할(컨설턴트)을 해내야 한다.

솔직히 나는 지금까지 이러한 역량을 모두 가진 데이터 과학자는 만나보지 못했다. 오히려 통계학 기본도 안 된, SQL 활용도 해본 적 없으면서 학원에서 파이썬이나 R로 실습 몇 번 해본 인력들이 데이터 과학자라고 자칭하는 현상이 벌어지고 있다. '데이터 사이언스 4주 완성'이라는 학원 광고 문구 앞에서는 할 말을 잃을 지경이다.

압도되지 말고 앞서 나가지도 말고 차근차근 가자. 완벽한 데이터 과학자는 되기도 찾기도 쉽지 않다. 그렇다면 차라리 똘똘한 현업 직원들을 선발해서 부지런히 육성하는 쪽이 더욱 현명한 방법이 아닐까.

데이터 과학에서 리더의 역할

우리나라에 데이터 과학이라는 용어가 들리기 시작한 지도 몇 년이 지났다. 그런데 여전히 빅테크 기업들을 포함한 소수의 기업만이 데이터 과학을 제대로 활용하고 있다. 앞서 데이터 과학자 육성의 어려움을 원인으로 꼽았지만, 나는 가장 큰 원인은 의사결정자들의 무지와 무관심이라고 본다.

의사결정자들이 데이터 과학에 최소한의 지식이라도 갖고 있다면 어떻게 될까? 예를 들어 실무진이 보고할 때 경영진이 "지금 하려는 것에 대해 테스트는 어떻게 하려고 하나요? 컨트롤 그룹은 있나요? 리프트는 얼마가 나왔나요?"라고 물어본다면? 실무진들은 당연히 긴장하고 공부하지 않을 수가 없을 것이다.

AI 시대의 리더라면 데이터 인력들에게 '그냥 알아서 그럴듯한 거 가져와'라는 식으로 지시해서는 안 된다. 맞는 질문을 하고, 문제 해결의 목적과 범위를 명확하게 정해주고, 정확한 문제 정의를 해주어야 한다. 또한 데이터 분석으로 의미 있는 결과를 도출하여 비즈니스에 적용해 성과를 내기 위해서는 축적의 시간이 필요함을 이해하고, 데이터 과학 조직을 보호하고 육성해야 한다. 마지막으로 테스트를 꾸준히 실시하여 검증하고, 검증이 되었으면 신속하게 실행하는 환경을 조성해야 한다.

지금까지 분석적 접근방식을 살펴보았다. 반복하여 이야기해온 것은 통계학과 데이터 분석 기법 등 세부적인 지식과 기능적인 측면보다는 분석적 마인드를 갖는 게 우선이라는 점이다. 그리고 조직에서 리더들이 더욱 분석적 마인드를 가지고 분석의 기본을 이해해야 한다고 강조했다. **조직의 수준은 가장 취약한 부서와 의사결정 라인의 수준으로 결정된다.** 직원들이 아무리 분석적 접근방식을 능숙하게 사용하더라도 리더가 최소한의 지식과 이해를 가지지 않으면 그 기업의 경쟁력이 될 수 없다. 데이터는 21세기의 원유라고 불린다. 데이터를 전략적 무기로 만들려면 조직 전체가 분석적 마인드를 가지고 최소한의 분석적 접근방식에 관한 지식을 갈구해야 한다. 그러려면 지식과 성장에 대한 오픈 마인드가 필수적이다.

분석적 접근방식은 여기서 마무리하고, 다음에는 창의적 접근 방식을 살펴보겠다. 이제 감성과 창의성의 스위치를 켜볼 시간이다.

창의적 접근방식과 디자인 씽킹

디자인 씽킹이란 무엇인가?

칼 던커Karl Duncker라는 심리학자는 한 가지 문제를 냄으로써 문제해결에 방해 요소로 작용하는 '기능적 고착성Functional Fixedness'의 개념을 설명했다. [그림 23]을 보자.

이 '양초 문제Candle Problem'는 각 사물이 가진 원래의 용도와 기능에 집착하는 태도가 문제해결을 어렵게 한다는 사실을 보여준다. 압정 상자는 압정을 담는 도구일 뿐이라는 고정관념이 그것으로 벽에 양초를 고정할 수 있다는 생각을 방해한 것이다. 칼 던커는 이를 일컬어 '기능적 고착성'이라고 명명했다.

답이 쉽사리 보이지 않는 문제도 고정관념을 벗어나 새로운 관점으로 보면 답이 보일 수 있다. 이러한 발상에서 시작된 문제해결

Q. 성냥과 종이 상자를 채운 압정, 양초가 있다. 바닥에 촛농이 떨어지지 않도록 나무벽에 양초를 고정시키는 방법은 무엇인가?

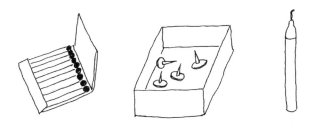

기능적 고착성을 벗어나야 한다.

[그림 23] 양초 문제

프로세스가 디자인 씽킹이다. 디자인 씽킹은 생산자의 입장이 아니라 사용자 또는 고객의 관점에 감정이입Empathy해서 관찰Observation하는 것을 첫 번째 단계로 하고 있다.

[표 26]은 디자인 씽킹을 대표하는 IDEO와 스탠퍼드 디스쿨의 디자인 씽킹 프로세스를 도식화한 것이다. 공통적으로 사용자나 고객의 관점에 감정이입하여 이해하고 관찰하는 것을 첫 번째 단계로 하고 있다.

디자인 씽킹은 혁신의 시작을 사람에 둔다. 그래서 디자인 씽킹을 인간 중심 접근 방법이라고 한다. 그렇기에 디자인 씽킹은 인간 고유의 능력인 연역적이고 확산적인 사고, 공감 능력과 문화적 민감함, 통합적이고 입체적인 사고, 은유법Metaphor으로 생각할 수 있는 능력 등을 활용한다.

[그림 24]는 IDEO에서 혁신이 성공하기 위한 세 가지 요소와 디자인 씽킹을 설명한 것이다. 디자인 씽킹은 사람이 원하는 것에서부터 시작해 비즈니스 측면의 지속가능성과 기술 측면의 실행가능성을 동시에 만족시키는 혁신Innovation Sweet Spot을 교집합으로서 추구한다.

한국이 디자인 씽킹의 불모지인 이유

손꼽히는 글로벌 기업들은 이미 디자인 씽킹을 하나의 기업문화로 장착했다. 반면에 우리나라 기업들은 디자인 씽킹이 아직 익숙하지 않다. 여기에는 몇 가지 이유가 있다.

첫째, 이제까지 우리가 해온 문제해결은 분석적이고 귀납적인 사고에 근거하고 있기 때문이다. 문제를 순차적으로 분석하고, 대안과 근거 및 사례를 제시하고, 그중 최선의 대안을 선택하는 데 익

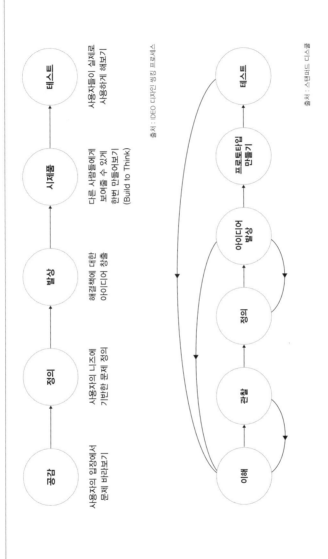

공감 → 정의 → 발상 → 시제품 → 테스트

공감: 사용자의 입장에서 문제 바라보기
정의: 사용자의 니즈에 기반한 문제 정의
발상: 해결책에 대한 아이디어 창출
시제품: 다른 사람들에게 보여줄 수 있게 한번 만들어보기 (Build to Think)
테스트: 사용자들이 실제로 사용하게 해보기

출처 : IDEO 디자인 씽킹 프로세스

이해 → 관찰 → 정의 → 아이디어 발상 → 프로토타입 만들기 → 테스트

출처 : 스탠퍼드 디스쿨

[표 26] 두 가지 디자인 씽킹 프로세스

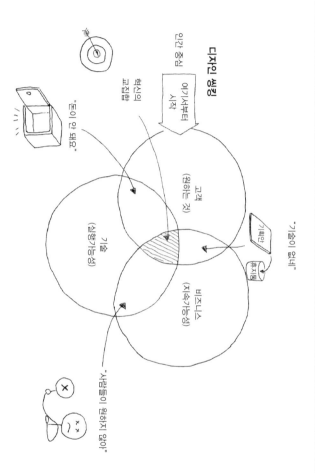

[그림 24] 혁신이 성공하기 위한 세 가지 요소와 디자인 씽킹

숙하다. 다시 말해 레퍼런스가 없으면 무엇을 해야 하는지 스스로 사고하는 데 어려움을 느낀다. 우리나라 기업의 관리자나 임원들은 대부분 귀납적으로 사고한다. "전례가 있어?", "근거 가지고 와", "무슨 뜬구름 잡는 소릴 하고 있어" 같은 이야기를 모두 많이 들어보았을 것이다. 귀납적이고 수렴적인 사고를 가진 사람은 연역적이고 확산적인 사고는 지나치게 낙관적이고 공허하고 근거 없고 대책 없다고 느낀다. 이들은 혁신이란 '발상Idea 〉 통찰Insight 〉 콘셉트Concept 〉 가치 제안Value Proposition 〉 해결책Soultion 〉 제품/서비스Product/Service'로 연결되는 끊임없는 확산과 수렴의 과정이라는 걸 잘 이해하지 못한다. 패스트 팔로어는 될 수 있어도 퍼스트 무버는 될 수 없는 사람들이다.

둘째, 혁신은 오직 기술에서 온다고 믿는 이들이 많다. 예를 들어 이 부류의 사람들은 디지털 전환이 ABCDAI, Block Chain, Cloud, Data라고 떠들지만, 이걸 가지고 고객의 무엇을 바꾸어나가겠다는 얘기는 하지 않는다. 고객이 처한 문제에서 시작하는 게 아니라 새로운 기술을 가지고 무엇을 할지를 고민한다. 우선 남들 모두 한다는 기술을 따라 하고 나서 그 기술로 해결할 문제를 찾는, 본말이 전도된 접근방식을 가진 사람들이다.

셋째, 혁신은 기획부서에서 스마트한 기획 전문가와 컨설턴트가 팀을 구성하여 전략보고서를 쓰는 와중에 만들어진다고 믿는 경영진들이 많다. 그러나 많은 경우 보고서는 그저 기존에 있던 내용을 정리하거나, 아주 추상적인 수준에서 방향성 정도를 제시할 뿐이다.

넷째, 공감 능력이 떨어지는 관리자가 많다. 숫자는 이해하지만 사람의 마음을 눈치채고 배려하는 것은 서툰 사람들이다. (내로라하는 대기업들이 툭하면 '구린' UI/UX를 내어놓는 이유이기도 하다.) 직원을 자신의 출세를 위한 도구쯤으로 여기는 독성 관리자들이 활개를 치고 다니는 것을 보면 기업이 사이코패스 조직이라는 소리를 들어도 할 말이 없다.

지금까지 말한 네 가지 이유로 디자인 씽킹은 아직 우리나라 기업에 자리를 잡지 못했다. 혁신의 뿌리를 사람에 두는 디자인 씽킹의 관점에서 우리나라는 불모지 중의 불모지인 셈이다.

앞서 디자인 씽킹은 고객의 관점에 감정이입해서 관찰하는 것을 첫 번째 단계로 한다고 언급했다. 실제로 디자인 씽킹에서 관점의 전환을 위해 가장 많이 사용하는 방법이 관찰과 체험이다. 다음의 사례를 보자.

구강 위생 관련 제품을 제조하는 기업 오랄B는 IDEO와 함께 어린이용 칫솔을 개발하고자 했다. 언뜻 생각하면 아이들은 손도 작고 치아도 작으니까 어린이용 칫솔은 크기를 작게 만들고 솔도 더 가늘게 만들면 될 듯싶다. 그런데 IDEO팀은 다른 의견을 제시했다. 이들은 다섯 살짜리 꼬마가 칫솔질하는 것을 관찰한 다음, 아이들은 성인만큼 손가락에 힘을 줄 수 없어서 손바닥으로 칫솔을 잡는다고 보고했다. 오랄 B는 새로운 어린이용 칫솔로 손잡이가 성인용보다 두껍고 짧은 형태를 출시했다. 결과는 대성공이었다. 만일 개발팀이 고객 설문조사를 하거나 자기들끼리만 브레인스토밍을 했다면 나오지 않았을 인사이트였다.

또 한 가지 사례가 있다. 어른들도 폐소공포증이 있으면 두려워하는 MRI 검사에 관한 이야기다.

GE 헬스케어 사업부에서 MRI 개발을 담당하는 우수한 엔지니어였던 더그 디츠Doug Dietz는 아이들이 MRI를 촬영할 때 극심한 불안을 호소하여 무려 80퍼센트가 진정제나 수면제를 사용한다는 사실에 충격을 받았다. 그는 스탠퍼드 디스쿨 교육을 수강한 후 어린이들을 관찰하고 그들에게 감정을 이입해보았고, 수많은 전문가와 현장 인력들을 인터뷰한 끝에 어린이들의 심리를 이해할 수 있게 되었다. 그가 선택한 개선은 어린이용 MRI 검사실을 마치 모험을 위한 공간처럼 꾸미는 것이었다. MRI 검사 장비의 둥근 통로는 더 이상 답답한 캡슐이 아닌 배의 타륜 구멍이거나, 숨을 수 있는 동굴이거나, 바닷속 산호 사이의 틈새가 되었다. 그 결과 아이들에게 수면제나 진정제를 투약하는 일을 획기적으로 줄일 수 있었다.

두 사례는 모두 감정이입과 관찰의 힘을 잘 보여준다. 특출난 MRI 개발 담당 엔지니어조차 처음에는 의사나 장비 운영자의 입장을 생각할 수 있을 뿐이지, MRI에 들어가서 검사를 받아야 하는 환자의 관점으로 쉽사리 전환하지 못한다. 다른 사람의 입장이 되어보는 것은 그만큼 시간과 공을 들여야 하고 노력이 필요한 일이다. 우리나라 기업에 디자인 씽킹과 같은 방법론이 체계적으로 교육되어야 하는 이유다.

"창의적인 결과물은 항상 빛나고 새롭지만, 창의적인 과정은 오래되었고 변하지 않는다."

_실바노 아리에티Silvano Arieti (정신의학자)

알아두면 쓸 데 있는
창의적 접근방식의 기술들

다음으로 창의적 접근방식에서 탐색의 과정에 많이 사용되는 기술들을 알아보자. 창의력은 어느 순간 머릿속을 스치는 섬광이 아니라 꾸준한 연습과 습관의 누적에 그 뿌리를 둔다. 창의성은 타고나는 것이 아니라 훈련을 통해 단련할 수 있다는 점을 기억하자.

보는 것과 관찰하는 것

내가 컨설팅 회사에 다니다가 카드사의 마케팅 임원으로 자리를 옮겼을 때 가장 적응하기 어려웠던 점은 디테일을 보고 챙기는 것이었다. 회사만의 룩 앤드 필Look & Feel, 톤 앤드 매너Tone & Manner를 디테일까지 챙기는 일은 브랜딩 차원에서 꼭 필요한 일이었지만, 그때껏 컨설팅 회사에서 보고서 쓰는 일에 익숙했던 내게 고객 접점에서의 커뮤니케이션을 일일히 챙기는 일은 결코 쉽지 않았다. 내 눈엔 문제가 없어 보였는데, 고객과 상사의 눈에는 왜 문제로 보였을까? 내가 그냥 보기만Seeing 했지 관찰Observation을 하지 않았기 때문이었다([그림 25] 참조).

보는 것은 눈에 들어오는 것을 수동적으로 받아들이는 과정이고, 관찰은 오감을 이용해 주위를 보고 분석하고 회상하는 과정이다. 그리고 창조는 적극적인 관찰에서 비롯된다. 잘 관찰하기 위해서는 명확한 목적의식, 사용자의 맥락에 대한 이해, 비판적 사고, 세부사항에 대한 집착, 기록하는 습관이 필요하다. 이런 것들을 습관

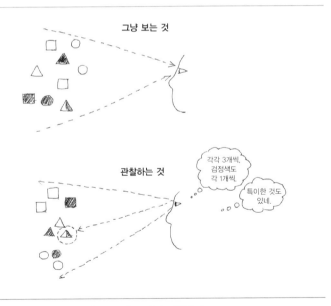

[그림 25] 보기와 관찰하기

화해야 비로소 관찰의 본래 목적을 달성할 수 있다. 그동안 보이지 않았던 것이 눈에 들어오고, 고객이 얘기하지 않는 것을 볼 수 있게 된다.

그렇게 관찰의 눈을 키워가던 중, 어떻게 하면 지갑점유율Share of Wallet*을 키울 수 있을까 하는 과제를 고민하게 됐다. 당연히 혜택을 늘리고 한도를 늘리는 식의 접근법이 떠올랐지만, 물리적으로 '지갑에서 우리 회사 카드를 더 자주 꺼내게 만드는 방법이 뭘까?' 하는 다소 엉뚱한 상상을 했다. 그때부터 나는 사람들이 지갑을 열고 카드를 쓰는 모습을 유심히 관찰하기 시작했다. 이때 도출된 아이디어는 지갑에 카드가 꽂혀 있을 때 손으로 잡을 수 있는 윗부분을 더 눈에 띄게 만들자는 것이었다. 또 사람들이 지갑을 열 때 카드의 측면이 더 잘 보인다는 관찰에서 그냥 하얀 플라스틱을 쓰던 카드의 코어에 색을 입히기도 했다. 이런 노력이 통했는지 정확히 결론지을 수는 없지만, 이후 우리 회사 카드의 지갑점유율은 늘어났다. 그리고 이전까지 아무 차별성이 보이지 않던 카드 디자인을 차별화할 수 있었다.

남들이 주목하지 않는 디테일에 대한 집착이 차별화를 만들어낸다. 그런 디테일을 만들어내는 원동력은 명확한 목적의식을 가지고 일상에서 관찰을 지속하는 습관의 힘이다.

＊한 명의 고객이 지출할 수 있는 돈에서 자사 제품 구매가 차지하는 비율. 여기서는 여러 카드 중 해당 카드사의 카드 사용 빈도를 높이는 것을 의미한다.

관찰은 하나의 학문적 방법론으로도 진화했다. 바로 문화인류학에서 다양한 민족과 집단을 연구할 때 쓰는 에스노그라피Ethnography다. 이는 현장조사Field Research, 관찰조사Observation, 참여 관찰Participant Observation로 이루어진다. 이것은 인위적으로 그룹을 구성해 집중적으로 질문하는 포커스그룹 인터뷰보다는 훨씬 자연스럽고, 직관적이며, 인간 중심적이다.

현대의 기업에서 에스노그라피는 소비자의 삶 속에서 상품과 서비스를 사용하고 효익을 얻게 되는 상황과 맥락을 관찰하고 탐색하는 방식으로 쓰이며, 점차 기존의 포커스그룹 인터뷰 등의 방법을 대체하는 추세를 보인다. IDEO 등 디자인 씽킹 기반의 회사들은 대부분 이런 에스노그라피를 주된 접근방식으로 사용한다. 나도 포커스그룹 인터뷰를 많이 해보았지만, 그다지 인사이트를 받지는 못했던 것 같다. 포커스그룹 인터뷰는 입담 좋은 사람들이 영향력을 발휘하는 배심원 토론 같다는 인상을 받기도 했다.

우리가 아는 위대한 디자이너들은 날카로운 관찰, 깊은 사색 그리고 이를 바탕으로 한 문제해결사들이다. 애플의 디자인에 영향을 미친 디터 람스Dieter Rams나, 무인양품의 후쿠사와 나오토深澤直人 등 위대한 디자이너들은 공통적으로 일상에서의 관찰을 영감의 원천으로 강조했다. 그리고 그것을 자신만의 스타일로 해석하는 사색의 시간을 갖는 것이 창의성의 원천이었다.

실험실처럼 통제된 환경에서 관찰하는 방법도 있지만, 디자이너들이 하듯이 그냥 일상에서 자연스럽게 관찰하는 습관도 들여보도록 하자. 다음은 그런 습관을 들이는 팁이다.

▶ 목적의식을 가지고Mindfulness 주의 깊게 관찰하자. 아는 만큼 보이고, 미리 생각한 만큼 보이는 법이다. 단, 목적의식이 선입견이 되는 것에 주의하자.

▶ 남들이 놓치는 디테일에 집중하자. 악마는 디테일에 있다.

▶ 사람의 말보다는 행동에 집중하자. 말보다는 행동이 더 많은 진실을 알려준다.

▶ 맥락을 이해하기 위해 노력하자. 누군가의 이해할 수 없는 행동도 맥락을 보면 훨씬 더 많은 것이 보인다.

▶ 생각나는 것이 있으면 그때그때 기록하는 습관을 들이자. 중요한 통찰의 재료들이 될 수 있다. 기록하지 않으면 그냥 사라진다.

비교/비유는 직관적이다

이 책을 쓰면서 책의 콘셉트를 다른 사람에게 한마디로 설명하려면 어떻게 해야 할지 많이 고민했다. "이 책은 컨설팅, 디자인 씽킹, 데이터 분석을 통합하는 문제해결 접근방식에 대한 책이다." 뭔가 알 듯 모를 듯하고, 무엇보다 재미가 없다. "이 책은 비즈니스 문제해결의 정석인 셈이다." 좀 낫긴 한데, 여전히 확 들어오지는 않는다. "이 책은 직장인 버전『지대넓얕』+〈알쓸신잡〉이다." 완벽하게 들어맞지는 않지만, 그래도 직관적으로 이해할 수는 있다.

비교Analogy와 비유Metaphor는 복잡한 내용을 친숙한 무언가에

빗대어 조금 더 쉽게 직관적으로 이해할 수 있게 만들어준다. 창의성은 본래 이질적인 것들을 연결하는 과정에서 발현되므로, 비교와 비유는 새로운 관점에서 아이디어를 창출하는 데도 효과적이라 할 수 있다.

조지 프린스George M. Prince와 윌리엄 고든William J.J. Gordon은 비교와 비유를 활용하여 '시넥틱스Synectics'라는 이름의 문제해결 프로세스를 개발했다. 시넥틱스는 라틴어로 겉으로는 이질적이고 관계없어 보이는 것들을 결합시킨다는 의미를 가진 말이다. 시넥틱스는 '익숙한 것을 낯설게 만들고(신시감, Vu ja de) 낯선 것을 익숙하게 만들기 위해(기시감, Deja vu)' 비교와 비유를 사용한다. 예를 들어 주전자 뚜껑을 증기 기관과 비교하고, 도꼬마리 열매에서 찍찍이Velcro를 연상해내는 식이다. 이는 문제해결에서는 주어진 문제를 관련 있는 다른 문제에 비교/비유하거나, 역할극Role Playing을 통해서 상대방은 어떻게 느끼고 행동할지 비교해보는 방식으로 해결책을 찾아가게 된다.

나는 30년 넘게 직장 생활을 하면서 혁신적인 아이디어나 솔루션은 상당 부분 다른 산업과 분야의 인사이트를 끌어오며 시작된다는 사실을 경험했다. 내가 일했던 카드사가 신용카드 산업에 디자인을 도입하고 이벤트 마케팅을 주요 브랜딩의 도구로 활용한 것도 패션과 럭셔리 산업에서 영감을 받은 결과였다.

실제로 비즈니스의 역사에서 이러한 사례는 비일비재하다. 미국의 리처드Richard와 딕Dick 형제는 자동차의 조립 라인을 햄버거 만드는 방식에 적용해보자는 아이디어로 자신들의 성을 딴 음식점, 맥도날드를 열었다. 레이 크록Raymond Albert Kroc은 그 아이디어의 탁월함을 간파하고 경영권을 사들여 프랜차이즈로 키운 사람이다. 일론 머스크Elon Reeve Musk는 테슬라를 창업할 때 자동차를 일종의 컴퓨터로 간주하여 모델 S를 '나의 매킨토시'라고 표현했다. 또한 그는 애플이 인텔이나 마이크로소프트와 경쟁했던 방식으로 테슬라도 기존 자동차업체들에 대항해야 한다고 생각했다. 하워드 슐츠Howard Schultz는 스타벅스를 창업했을 때 동네 바를 벤치마킹하여 바리스타들이 단골 고객의 이름과 좋아하는 음료를 기억하게 교육시켰다. 자바풍의 그림이나 사진은 아트 갤러리로부터 빌려 왔으며, 원두와 커피용품을 함께 파는 것은 관련 전문점에서 카피하여 적용했다.

　IT에서 흔히 사용되는 용어를 보면 그리 새롭지 않다. 기존 사무실에서 사용하던 아날로그 사물인 데스크탑Desktop, 폴더Folder, 플랫폼Platform 등을 가져와 이름붙였다. 게이미피케이션Gamification은 이제 마케팅에서는 흔히 사용되면서 효과도 뛰어난 전략이다. 게임이 아닌 분야에 경쟁과 미션 해결 등 게임의 메커니즘을 접목해 사용자를 손쉽게 몰입시키고 행동의 변화를 가져왔다.

　하늘 아래 완전히 새로운 것은 없다. 뿌리를 거슬러 올라가면 우리가 아는 위대한 기업이나 혁신은 다른 분야에서 가져왔거나 영감을 받은 경우가 대부분이다. 비교와 비유가 혁신의 원천이 될 수 있다는 의미다. 많은 비즈니스 고수들은 비교와 비유를 문제해결뿐만 아니라 사안의 핵심과 본질을 전달하기 위한 커뮤니케이션에서도 활용해왔다. 다음은 탁월한 비교와 비유의 표현들이다.

● 끓는 물 속의 개구리. (맥킨지 보고서에서 서서히 쇠락해가는 한국 경제를 비유한 표현)

● 이거 그들만의 갈라파고스구만. (삼성의 고위 경영진이 폐쇄적인 기업문화를 비유한 말)

● 보험 영업은 상품을 파는 것이 아니라 마음의 평화Peace of Mind를 파는 것이다. (보험설계사 교재에 실린 표현)

● 보잉 747이 일단 공중에 뜨면 몇 분 안에 1만 미터까지 올라가야 한다. 그 시간에 올라가지 못하거나 중간에 멈추면 그대로 추락하거나 폭발한다. (이건희 전 삼성그룹 회장이 이미 시작된 변화와 혁신을 서두를 것을 촉구한 말)

● 물이 빠지면 누가 벌거벗고 수영하는지 알 수 있다. (2001년 닷컴버블 사태에서 워런 버핏이 부실기업의 실상이 드러나는 모습을 빗댄 표현)

비교와 비유를 사용하면 사람들의 주의와 공감을 유도할 수 있고, 복잡하고 논리적인 분석이 필요한 소재도 단번에 직관적으로 이해시킬 수 있다. 내가 아는 비즈니스 고수들은 대부분 비교와 비유에 뛰어난 사람들이었다. 우리가 비교와 비유를 잘 사용하려면 평소 다양한 분야에 관심을 가지고 분야 간의 유사성을 관찰하는 습관이 필요하다.

우리 대뇌를 카피한 마인드맵

어떤 문제를 즉시 해결할 것을 요구받았을 때, 대체 어디서부터 시작해야 할지 막막했던 경험이 있을 것이다. 로직트리와 고객여정 지도를 그려보려 했더니 그럴 시간도 정보도 없고, 문제의 규모를 충분히 파악하지 못하니 닭 잡는 데 소 잡는 칼 쓰는 거 아닌가 싶기도 했을 것이다. 그럴 때 유용한 출발점이 될 수 있는 것이 바로 마인드맵Mind Map이다. 탐색을 위한 분석적 접근방식에 '근본 원인 분석Root Cause Analysis'이 있다면, 창의적 접근방식에는 바로 '마인드맵'이 있다.

마인드맵은 정보를 시각적으로 조직화하기 위해 사용하는 기법이다. 이때 대뇌 속의 연상 작용과 유사한 방법을 사용한다. 문제를 중심으로 관련된 하위 해결책 혹은 하위 문제들을 노드Node와 선Line을 이용하여 전개해나간다. 이때 머릿속에 연상되는 관련 주제나 소재들을 구조나 순서에 구애받지 않고 자유롭게 연결한다. 로직트리가 MECE라는 엄격한 논리 전개를 중시하는 것과 차이가 있다.

마인드맵이 유용한 점은 특히 팀으로 일할 때, 팀 전체가 자유롭게 다양한 각도에서 입체적으로 생각하도록 한다는 점이다. 그 결과 틀 밖에서 생각하기Out-of-Box Thinking를 가능하게 해준다.

마인드맵을 그릴 때는 로직트리에서 나온 논리적인 방법으로 하위 토픽을 구성할 수도 있고(분석적 접근방식) 감성적이고 직관적으로 하위 토픽을 구성할 수도 있으므로(창의적 접근방식) 두 가지 접근방식의 강점을 모두 활용할 수 있다. [그림 26]은 내가 임원 시절 잡 인터뷰Job Interview에서 주로 했던 질문들을 마인드맵 형태로 구성해본 것이다.

잡 인터뷰 시에는 예상하지 못한 질문이 언제 어디서 어떻게 나올지 가늠하기 어렵다. 또 논리적이고 객관적인 질문과 개인적이고

[그림 26] 잡 인터뷰를 위한 마인드맵 사례

주관적인 질문이 변화무쌍하게 엉켜있다. 오히려 그렇기 때문에 다른 어떤 툴보다도 마인드맵과 어울린다. 면접관Interviewer이나 후보자Interveiwee 모두가 잡 인터뷰 준비에 활용할 수 있다.

그런데 솔직히 얘기하면, 나를 포함해 여러 면접관이 후보자가 정성스럽게 준비한 자소서를 꼼꼼히 읽어보지 않는다. 스펙도 마찬가지다. 게다가 외워서 답변하면 바로 티가 나고 마이너스가 된다. 인터뷰를 준비할 때 수많은 경우의 수를 연상하여 따져보기보다는, 면접관이 질문하는 요지를 정확하게 캐치하고 기대하는 답변을 논리적으로 자신감 있게 하는 것이 제일 중요하다. 우선 잘 들어야 하고, 순발력 있게 답변의 논리를 짜내고, 빠르게 마인드맵을 이어나가야 한다. 물론 나도 이게 제일 어렵고 하루아침에 될 수 없다는 것을 안다. 결국 평소에 많은 준비와 경험을 쌓을 수밖에 없는 일이다. 경력직의 경우 이제까지의 커리어가 80퍼센트 이상을 결정한다고 보면, 자신이 해왔던 일의 성과만큼 결과가 나올 테니 긴장할 필요가 없다. 안 뽑으면 당신들이 손해라고 생각하는 자신감이 필요하다.

브레인스토밍이 아니라 브레인라이팅

마인드맵이 생각의 연상을 시각화한 것이라면, 브레인스토밍은 자유로운 토론으로 창조적인 아이디어를 이끌어내는 행위 자체를 가리킨다. 이러한 속성상 혼자서도 할 수 있는 마인드맵과 달리 브레인스토밍은 그룹으로 진행된다. 브레인스토밍의 결과를 마인드맵이라는 툴로 시각화하면 더욱 효과적이므로, 둘은 자주 세트로 붙어다닌다.

하지만 브레인스토밍은 태생적인 한계가 있다. 다음 상황을 보자.

어느 날 아침, 본부장이 오후 시간에 반나절 브레인스토밍 워크숍이 있을 거라고 공지했다. 주제는 MZ 세대 고객 확보였다.

본부장: 식사 맛있게들 했죠? 말했다시피 오늘 주제는 MZ세대 고객 확보 방안인데, 난 가만히 있을 테니 자유롭게 아이디어들 내보세요. 진행은 김 팀장이 맡을 거죠?

김 팀장: 예. 모두 브레인스토밍의 원칙들 알고 있죠? 리마인드 차원에서 얘기하면 첫째, 자유로운 분위기에서 편안한 마음으로 발언한다. (하지만 본부장이 눈을 부릅뜨고 지켜보고 있다.) 둘째, 질보다는 양이다. (하지만 쓸모없는 얘기라면 찍힐 것을 각오해야 한다.) 셋째, 다른 사람들의 의견에 더하여 수정 및 부연하여 설명할 수 있다. (남 좋은 일을 내가 왜?) 넷째, 다른 사람의 의견에 대한 비판은 금지한다. (말이 안 되는 얘기는 예외다.) 이렇게 네 가지 원칙을 지켜주시기 바랍니다. 제가 화이트보드에 정리할 테니 자유롭게 얘기들 해주십시오.

일동: …. (30초간의 정적이 흐른다.)

본부장: 다들 왜 이리 조용하죠? 김 팀장 미리 회의 주제 공지

안 했나요?

김 팀장: 아, 아뇨. 공지하고 각자 준비해 오라고 얘기했습니다만….

본부장: (어색하게 웃으며) 하하…. 점심 식사 직후라 좀 졸린 모양인데…. 그러면 내가 먼저 의견을 내보도록 하죠. 요즘 팝업스토어가 MZ 세대 사이에서 꽤 인기 있는 모양인데, 우리도 그런 거 기획해보면 어떨까요?

일동: (아니, 본부장 자기는 가만히 있을 거라면서….)

이 과장: (기다렸다는 듯이) 예, 본부장님. 저도 같은 생각을 했습니다. 성수동이 아주 인기 장소라고 합니다. 거기에 팝업스토어를 한번 내보면 좋을 것 같습니다.

일동: (이 과장 저 인간은 바로 딸랑이 모드로 가는구먼.)

김 사원: 제 생각에 우리 회사 브랜드는 MZ 세대 사이에서 워낙 이미지가 낡아서요. 차라리 MZ 세대용으로 별도 브랜드를 론칭하는 게 어떨까요? 회사 로고 없이 독자 브랜드로 가보는 거죠.

일동: (저 얘기가 맞긴 하지. 그래도 발언이 좀 센데…. 어쨌거나 본부장이 뭘 원하는지 알겠으니 안 찍히려면 나도?)

최 과장: 어허, 신규 브랜드 하나 론칭하는 게 돈이 얼마나 드는데…. 김 사원이 잘 몰라서 하는 얘기 같은데, 우리 브랜드로 가야 시너지도 생기고 투자도 효율적으로 할 수 있어요. (비판 금지 원칙 위반.)

김 팀장: 네, 일단 논의의 초점을 본부장님께서 말씀하신 팝업

매장을 포함한 오프라인 접점 확대로 잡아보는 게 어떨까 합니다.
이 주제를 중심으로 한번 논의해보시죠.

일동: (아니 이럴 거면 왜 익숙하지도 않은 브레인스토밍인지 뭔지 하
자고 모두 불러 모았지? 자기들끼리 쿵짝짝 하면 될 텐데….)

워크숍은 원래 주제였던 MZ세대 고객 확보 방안이 아니라 팝
업스토어 론칭으로 급속히 선회했다. 집단지성이 아니라 집단사고
의 함정에 빠졌다. 이 모습이 낯설지 않을 것이다. 워크숍 가서 조별
과제로 엄청나게 많은 아이디어를 쏟아냈지만 이후 팔로업이 안 된
경험도 많이 했을 것이다. 이럴 바에야 차라리 혼자 조용히 앉아서
생각을 정리해내는 게 훨씬 더 생산적일 것이라는 생각도 들었을지
모른다.

이 사례의 상황을 뜯어보면 무엇보다 문제 정의가 명확하지 않
았고, 그마저 사전에 참석자들에게 충분히 공유되지 않았다. 문제
정의가 명확하지 않으면 브레인스토밍의 결과가 산으로 갈 가능성
이 크다. 수차례 강조하지만, 문제해결에서 리더가 해야 할 역할은
답을 내는 것이 아니라 문제 정의와 맞는 질문이다.

브레인스토밍은 바로 이와 같은 구덩이에 빠지기 쉬운 한계를
가지고 있다. 상사의 구미에 맞는 얘기만 하거나, 의견 개진 없이 조
용히 묻어가려는 행동이 나타난다. 또 입담이 좋거나 영향력 있는
몇몇 사람들이 발언의 주도권을 잡으면 신입사원이나 소극적인 사

람들은 말할 기회가 많지 않게 된다. 또 이렇게 나온 아이디어들을 누군가는 정리하고 보고서를 작성해야 하는데, 이 과정에서 좋았던 아이디어들은 현실적으로 어렵다는 이유로 대부분 파기된다.

브레인스토밍은 본래 미국에서, 특히 입담 좋고 아이디어 넘치는 사람들이 모인 기업에서 만들어진 방법이다. 광고회사 BBDO의 임원이었던 알렉스 오스본Alex F. Osborn이 광고 카피를 만들기 위해 고안했다. 그렇기에 우리나라처럼 아직 수평적인 문화가 자리잡지 않은 조직에 그대로 적용하면 부작용이 나타난다.

브레인스토밍 무용론이 등장한 배경이 이것이다. 브레인스토밍은 한동안 꽤나 혁신적인 방법으로 여기저기서 언급됐지만, 솔직히 나는 이 방법으로 엄청난 아이디어가 나왔다는 얘기는 들어보지 못했다. 만일 나왔다면, 그것은 평소 그 조직이 얼마나 소통이 부재하고 억압돼왔는가를 드러내는 반증이라 생각한다.

그렇다면 브레인스토밍을 넘어설 다른 방법론은 없을까? 여기서 나는 브레인라이팅Brainwriting을 개선안으로 제시한다.

브레인라이팅은 독일의 마케팅 전문가 베른트 로르바흐Bernd Rohrbach가 고안한 방법이다. 첫 단계로 구성원들이 개별적으로 조용히 문제해결을 위한 아이디어를 정리한다. 다음은 각각의 아이디어를 익명으로 수합하여 미팅에서 공유하고 평가한다. 마지막으로 그룹이 모여서 제안된 옵션들을 선택하고 구체화한다. 아이디어가 익명으로 제시되므로 발언자에 따라 묻힐 수도 있었던 아이디어들은 공정하게 평가받고 살려낼 수 있게 된다. 로르바흐는 6-3-5, 즉

여섯 명이 세 가지 아이디어를 5분마다 만들어내는 라운드를 수차례 수행하는 방식의 브레인라이팅을 제안했다. (하지만 꼭 이렇게 할 필요는 없고, 각자 조건에 맞게 수행하면 된다.)

브레인라이팅의 유명한 사례가 있다. 바로 2010년 칠레 코피아포의 산호세 광산 지하 700미터에 매몰됐던 광부 33명을 구출한 사례다. 광산 매몰 사건 당시 전문가들은 구조 가능성을 1퍼센트 미만으로 예측했다. 당시 광산 관련 토목 엔지니어였던 안드레 소가레트Andre Sougarret와 그 구조팀은 이에 굴하지 않고 구출을 위한 아이디어를 수집하기 위해 웹으로 전 세계 누구나 참여할 수 있는 일종의 브레인라이팅 시스템을 구축했다. P&G가 운영하던 개방형 혁신Open Innovation과 비슷한 것이었다.* 이때 나중에 중소기업을 운영하는 한 사업가로 밝혀진 사람이 제안한, 10불짜리 노란색 구식 전화기로 광부들과 교신하는 방안이 채택됐다. 덕분에 광부들은 바깥의 사람들과 매일 소통할 수 있었다. 이어 24세의 젊은 엔지니어가 특별히 고안한 드릴을 제안했다. 놀랍게도 정말 이 드릴 덕분에 광부 33명은 69일 만에 모두 무사히 구출됐다. 구조팀의 오픈 마인드와 아이디어 창출 프로세스, 그리고 전 세계로부터의 지원이 어우러져 만든 결과였다. 만일 구조팀장이 이런 시스템과 프로세스 대신 일반적인 브레인스토밍 형태의 아이디어 회의를 했다면 어떻게

---

*안드레 소가레트는 나중에 칠레 국영 광산기업Codelco의 CEO가 되었고, 실제로 개방형 혁신을 회사의 중요한 전략 중 하나로 선택했다.

됐을까? 아마도 구출 가능성이 1퍼센트 미만이라는 현지 전문가의 의견에 포기를 선택하지 않았을까?

이 사례는 리더십 측면에서도 살필 면이 많다. 당시 칠레 대통령이었던 세바스티안 피녜라Sebastian Pinera도 위기 상황에서 리더의 바람직한 모습을 잘 보여주었다.

"우리는 그들을 사망 여부에 관계 없이 어떤 대가를 치르더라도
  모두 집으로 데려올 것이다."

'사망 여부에 관계없이'라는 말이 냉정하게 들릴 수도 있지만, 그는 솔직하고 분명한 기준점을 제시했다. 그리고 그의 말은 칠레 국민을 하나의 목표로 뭉치게 했다. 전문용어로 설명하자면 기대관리Expectation Management를 잘한 셈이다.

또 현장에서 구조팀장이었던 안드레는 지쳐가는 다국적 구조팀을 이끌면서 끊임없이 그들이 왜 여기에 있는지, 이 작업이 왜 중요한지를 강조했다. 한편 지하 700미터에 매몰되어있던 작업조의 조장이었던 루이스Luis Urzúa는 강철 같은 규율과 따뜻한 배려를 보여주었고, 사고 현장에서 구출될 때는 가장 마지막에 탈출하는 책임감을 보여주었다. 참으로 대단한 인물들이 마침 꼭 필요한 위치에 있었다고 할 수 있다. (국가 브랜딩 별 거 없다. 이 사건 이후로 나는 칠레를 다시 봤다.)

잠시 리더십으로 이야기가 샜다. 다시 돌아와서, 브레인라이팅

이 브레인스토밍보다 탁월한 이유는 집단지성의 발현을 위한 개개인 모두의 동등한 참여를 보장하기 때문이다. 익명성은 목소리의 크기나 지위 등 다른 영향을 차단하여 모든 아이디어가 동등하게 취급받고 논의될 수 있게 만든다. 광산 매몰 사고의 사례에서도 좋은 해결책은 전문가가 아니라 어느 사업가와 24세 청년에게서 나왔다. 즉 브레인라이팅은 조직 내 숨은 보석들의 목소리를 발굴할 수 있게 한다. 브레인라이팅은 아직도 상명하복의 잔재가 남아있는 우리나라 굴뚝 기업들의 문화와도 잘 맞는 방법이다. 온라인으로 진행할 수도 있고, 덕분에 사람들 모아놓고 시간 낭비 하는 걸 막을 수도 있다.

또 많은 연구에서 사람은 집단으로 모여있을 때보다는 혼자 있을 때 더 많은 창의적인 아이디어를 만들어낸다고 설명한다. 개인이 혼자서 간섭 없이 온전히 집중하여 아이디어를 내고, 그룹의 집단지성은 제안된 아이디어를 평가할 때 활용하자는 것이 브레인라이팅의 본래 취지다.

마지막으로 실전적인 팁 하나! 참여자들이 적극적으로 좋은 아이디어를 내도록 하기 위해서는 어떤 형태로든 채택된 아이디어를 낸 사람에게 사후적으로 인정과 보상이 주어져야 한다. 익명성에 기대어 무임승차하는 사람을 방지하기 위해서다. 그리고 이때 "아이디어 낸 사람이 실행도 하지." 같은 얘기는 절대 하면 안 된다.

데이터 과학과
디자인 씽킹이 결합하려면

▶

지금까지 핵심 문제를 탐색하는 분석적 접근방식과 창의적 접근방식을 살펴보았다. 이제 다시 둘을 버무려야 할 시점이다.

데이터와 디자인은 이제 기업들의 '잇템'이 되었다. 여기서 데이터는 데이터 과학으로 데이터 자체뿐만 아니라 머신러닝과 AI 등을 포괄하는 의미고, 디자인은 디자인 씽킹 등 사람 중심의 혁신 방법론을 의미한다. 데이터와 디자인 중 하나만 가지고는 글로벌 경쟁력을 갖추기 힘들다. 데이터로 만들어진 AI의 활용은 생산성 향상을 넘어 신상품 개발까지 전방위적으로 영역을 불문하고 확산될 것이다. 우리나라 기업들이 남들 거 카피해서 먹고 살던 시절은 다시는 오지 않을 것이며, 세상에 없던 것을 만들기 위해서는 디자인 씽킹 등 사람 중심의 혁신이 필수가 될 것이다. 이미 빅테크를 중심으로 많은 글로벌 기업이 데이터와 디자인을 유기적으로 통합하고 있다. 그동안 따로 놀았던 이질적인 접근방식이 결합하면서 새로운 시너지와 혁신을 만들어나가고 있다.

그동안 좌뇌만 주로 쓰는 줄 알았던 구글도 이제 우뇌를 활용한다. 디자인 스프린트Design Sprint라는 자체 디자인 씽킹을 활용한 프로그램을 개발하여 운영하며 감성을 갖추어가고 있다. 우뇌를 주로 쓰던 애플도 (최근 포기를 선언했지만) 자체 AI LLM 모델을 개발하여 좌뇌를 활용하려는 모습을 보여주었다. 두 가지 모두 데이터와 디자인의 균형을 잡아가려는 모습들이다.

그렇다면 우리는 어떻게 디자인 씽킹과 데이터 과학을 결합할 수 있을까? [그림 27]을 보자.

먼저 고객 경험과 밀접한 UI/UX인 경우, 그리고 새로운 카테고리에 속하거나 기존 레퍼런스가 없는 경우 디자인 씽킹을 주된 접근방식으로 삼고 데이터 과학을 활용할 수 있다. 영감Insperation은 분석과 상호 배치되지 않는다. 오히려 분석을 통해서 새로운 통찰을 발견해내고, 이를 바탕으로 새로운 영감을 받을 수 있다. 디자인 씽킹의 초기인 관찰 단계에서 데이터 과학을 활용하는 방법은, 텍스트 마이닝과 머신러닝을 이용해 출시하고자 하는 제품의 기존 경쟁제품 및 카테고리의 고객 리뷰와 평점을 분석하여 고객들이 원하는 제품의 속성을 정량적으로 파악하는 것이다. 고객들이 원하는 제품 속성이나 불만족 요소를 추출해 디자인 씽킹의 관찰 결과와 함께 사용할 수 있다. UX 디자인에서도 웹사이트에 대한 히트맵

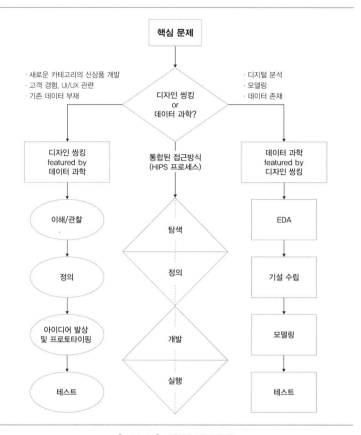

[그림 27] 통합적 접근방식

분석Heat Map Analysis*을 통하여 고객들이 관심 있어 하는 요소를 발견하거나 그 관심의 강도도 측정할 수 있다. 또한 디자인 씽킹에서

＊웹페이지에서 발생하는 방문자의 마우스 클릭을 열熱 분포 형태의 이미지로 변환하여 보여주는 분석 방법. 서비스 UX가 얼마나 효과적인지 측정할 수 있다.

개발 단계의 핵심 중 하나인 프로토타이핑에도 데이터 분석을 도입할 수 있다. 디지털 프로토타이핑과 시뮬레이션을 활용하면 물리적으로 프로토타입을 만드는 기존 방식에 비해 훨씬 더 빠르게 디자인 콘셉트와 고객 경험을 테스트할 수 있다. 더 나아가 3D 프린팅 기술을 활용하면 실제 프로토타입을 빠르게 만들 수 있고, AR이나 VR을 적용하면 훨씬 더 몰입감 있고 사실적인 사용자 테스트를 진행할 수도 있다. 실제로 IDEO 등 디자인 씽킹 기반의 컨설팅 회사들은 데이터 과학자 채용을 확대하고 있고, 프로젝트팀에 데이터 과학자를 포함시키는 경우도 이제는 일반적이다.

　반대로 데이터 과학에도 디자인 씽킹의 접근방식을 접목할 수 있다. 데이터 분석과 관련된 프로젝트 추진 시 가장 큰 문제점 중 하나는 큰 그림을 보지 못하고 바로 데이터 분석에 들어가거나 지엽적인 문제에 매달리는 것이다. 그래서 최근 데이터 과학 프로젝트도 초기 단계에 조직의 전략적인 목표에 대한 이해, 그리고 이를 바탕으로 한 문제 정의 등의 중요성을 강조하고 있다. 또한 기존에는 초기 탐색적 데이터 분석Exploratory Data Analysis 단계에서 중요한 가설이 설정되면 데이터만으로 검증하곤 했다. 그러나 이제는 실제 현장에서 고객 관찰을 통하여 가설을 확인하는 경우가 늘어나기 시작했다. 여기서 중요한 포인트는 데이터 분석가 혹은 데이터 과학자들이 컴퓨터 앞에 앉아서 데이터만 가지고 놀기보다는 사무실 밖으로 나가 실제 고객 접점에서 어떤 일이 벌어지고 있는지 관심 영역을 확대하기 시작했다는 점이다. 다시 말해 데이터로 이루어진

메마르고 차가운 세상에 디자인 씽킹이라는 방법으로 생명의 기운을 불어넣을 수 있다는 사실을 깨닫기 시작했다는 것이다.

[그림 27]에서 한 가지 덧붙이고 싶은 것은, 디자인 씽킹과 데이터 과학의 프로세스와 작업은 사실 상당히 유사하다는 점이다. 결정적인 차이가 있다면 '대상'이다. 디자인 씽킹의 대상은 주로 인간의 행동이고 데이터 과학의 대상은 숫자다. 디자인 씽킹에서는 인간의 행동을 직접적으로 관찰하지만 데이터 과학은 인간과 세상에 대한 관찰을 수치화한다. 디자인 씽킹에서는 관찰의 결과를 가지고 문제를 정의하지만 데이터 과학에서는 수치에 대한 탐색적 데이터 분석을 통하여 가설을 수립한다. 디자인 씽킹은 프로토타입을 만들지만 데이터 과학은 모델을 만든다. 대상이 다를 뿐이지 문제 해결 과정은 유사하다. 서로 유사한 두 가지 접근방식을 통합하면 훨씬 더 많은 시너지를 낼 수 있다. 글로벌 선진기업에서는 실제로 디자인 씽킹과 데이터 과학이라는 두 가지 접근방식을 상호 보완적으로 사용하는 경우가 늘어나고 있다. 하지만 아직 국내에서는 이렇게 통합적인 접근방식을 접목하는 시도는 많지 않아 보인다.

그렇다면 통합적인 접근방식을 적용하기 위해서는 무엇이 필요할까? [그림 28]은 통합적 접근방식의 조건을 정리한 것이다.

첫째, 애자일 문화와 조직이 필요하다. 그러려면 우선 조직 내에 통합형 사고를 가진 관리자가 많이 포진해있어야 한다. 좌뇌 또는 우뇌라는 이분법적 사고를 가진 분리주의자가 득세한 기업은 애초에 애자일 팀을 가동하기 힘들다. 그리고 신속하게 미션 해결을

① 애자일 문화와 조직
- 관리자부터 실무자까지 안내형/통합형 인재 확보
- 신속하게 시도하고 수정하는 애자일한 조직문화
- 디자이너+데이터 전문가로 이루어진 스쿼드 혹은 TF

② 툴박스
- 디자인 씽킹, CRISP-DM 프로세스 등에 대한 교육 및 협업 툴 제공
- 연결, 감정이입 등 사람 중심의 어프로치 + EDA 등 데이터 분석 경험

③ 협업 문제해결사
- 협업과 데이터 과학자, 디자인 씽킹 전문가양의 브릿지 역할 수행
- 협업에서 데이터 분석이나 디자인 씽킹의 필요성을 제기하고

④ 인간지능 문제해결 프로세스
협업에서 데이터 분석이나 디자인 씽킹의 필요성을 제기하고 결과물을 해석하여 실제 비즈니스에 적용시킬 수 있는 인력

핵심 질문 · 문제트리 · 고객여정 지도 · 평가 및 선택(제약조건의 고려)
혁신 · 수렴

핵심 문제 · 직관적 분석 · 정성적 통찰 · 평가 및 선택
혁신 · 수렴

핵심 과제 · 모델링 · 프로토타이핑 · 테스트

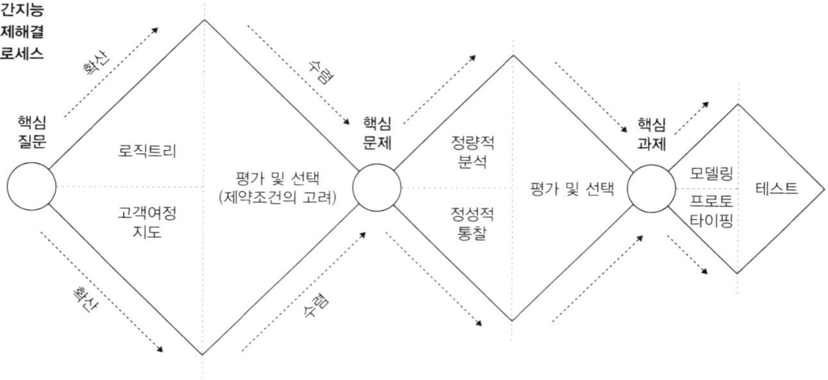

[그림 28] 통합적 접근방식의 조건

시도하고 수정할 수 있는 기민하고 유연한 조직문화가 필요하다. "이 산이 아닌가벼" 싶으면 빠르게 다른 방법을 시도해볼 수 있어야 한다. 사실 관리자가 이런 유연성과 스피드를 가진 기업은 뭘 해도 잘한다. "우리가 여기에 쓴 돈이 얼마인데…", "사장님께 이거 한다고 보고했는데, 될 때까지 해서 보고거리라도 만들어야지" 하는 사람들이 많은 조직에서는 통합적 접근방식이 자리 잡기 힘들다. 실무 레벨에서는 기존의 기능적 조직(데이터분석팀, 디자인팀)과 별개로 스쿼드Squad 혹은 태스크포스TF 형태의 애자일 조직을 구성하여 데이터 과학자와 디자이너가 옆에 앉아서 같이 일해야 한다. 스쿼드 구성원들은 핵심 질문부터 실행까지, 중간에 빠지지 말고 처음부터 끝까지 협업해야 한다. 이런 인력이 내부에 없어 외부 인력을 활용하게 되더라도 반드시 상호 유기적으로 협업하는 체계를 갖추어야 한다.

둘째, 디자인 씽킹이나 CRISP-DM 등의 도구가 사내에서 교육되고 전파될 필요가 있다. 글로벌 기업들과 달리 우리나라 기업들은 아직 소수의 인력들만 이런 방법론을 알고 있고 제한적으로 활용하고 있다. 디지털 전환과 AI 시대에는 이러한 방법론들을 알아 두는 것이 개인의 생존과 조직의 발전을 위해서도 필수적이다.

셋째, 현업 문제해결사가 필요하다. 이들은 디자인 씽킹과 데이터 과학을 직접 수행하는 전문가는 아니지만, 어떤 상황에서 디자인 씽킹과 데이터 과학을 적용해야 하고 그 결과를 어떻게 해석/활용해야 하는지를 이해하는 사람들이다. 앞서 언급한, 컨설팅 회사인 맥킨지가 'Analytics Translator'라고 명명한 인재들이 바로 그 예다. 이들은 모로 가도 서울만 가면 된다는 마인드를 장착하고 두 가지 접근방식을 모두 사용하는 데 아무런 제약이 없는 인재들이다. 앞으로는 이런 인재들의 역할이 데이터 과학자들 못지않게 커질 것이다. AI나 AML 등 모델링을 자동으로 만들어주는 프로그램들이 빠르게 개발되고 있기 때문이다. 머지않아 코딩을 하지 못하는 사람도 프로그램을 써서 최적의 모델을 만들 수 있게 될 것이므로 분석이 훨씬 용이해질 것이다. 분석이 점차 자동화되면 문제해결의 방법론을 이해하고, 그 결과를 실행하고, 관계자와 커뮤니케이션하는 스킬을 보유한 문제해결사의 역할들이 보다 커지게 된다. 자연히 데이터 과학자는 줄어들고, 문제해결사들이 주류가 될 것이다.

이런 인력들이 디자인 씽킹 전문가와 함께 고객에 대한 관찰을 수행하고, 프로토타이핑을 통해 인사이트와 해결책의 도출을 수행하면 훨씬 큰 시너지를 창출하게 된다. 디자인 씽킹 역시 전문 영역이라기보다는 경험을 통해 숙달할 수 있는 부분이기에 장차 현업의 문제해결사들이 통합적 접근방식으로 전체를 장악하는 세상이 올 것이다. 맥킨지는 2026년까지 미국에서만 문제해결사가 200만 ~400만 명 정도 필요해질 것이라 추산했다. 어지간한 회사 사무직 중 상당수가 문제해결사가 되어야 한다는 얘기다.

넷째, HIPS 프로세스가 문제해결의 표준으로 자리 잡아야 한다. HIPS 프로세스는 핵심 질문에서 시작해서 로직트리와 고객여정지도를 활용한 문제 구조화 과정을 통해서 핵심 문제를 선정하고, 이 문제에 대한 해결책을 탐색하여 최종적으로 선정된 핵심과제에 대해 개발과 실행을 하는 과정이다. 이 프로세스의 가장 큰 특징은 분석적 접근방식과 창의적 접근방식을 병행한다는 점이다. 이것이 조직 구성원들 사이에서 충분히 공유되고 나아가 업무 프로세스로 자리잡는다면 통합적 사고와 문제해결을 하는 인재들이 얼마든지 활약할 수 있게 된다.

결국 HIPS 프로세스와 문제해결사, 이 두 가지가 통합적 접근방식의 핵심이다. (나머지는 거들 뿐.)

> "최악의 과학자는 '예술가가 아닌 과학자'이며, 최악의 예술가는 '과학자가 아닌 예술가'다."
>
> _아르망 투르소Armand Trousseau (의사, 물리학자)

1만 미터 상공에서, 그리고 다시 지상에서

핵심 문제를 두고 분석과 창의적인 문제해결 기법을 활용해서 여러 가지 해법을 도출했다면, 이제 다시 범위를 좁혀 집중해야 할 핵심적인 과제를 선정해야 한다. 이렇게 선정된 과제는 마지막 단계인 솔루션 개발로 이어진다.

그런데 막상 해법들을 평가하고 선택하려고 보니 의혹이 생긴다. '이걸로 충분한 걸까? 혹시 내가 놓친 것이 없을까?' 피곤함과 지겨움을 이겨내고 한 발만 더 들어가 보는 순간, 보이지 않던 것이 보이고 마침내 잃어버린 퍼즐의 한 조각이 맞춰지는 경험을 해본 적이 있지 않은가? 아하의 순간Aha Moment, 유레카Eureka, 세렌디피티Serendipity 등 명칭은 아무래도 좋다. 대뇌 속에서는 그동안 연결되어있지 않던 뉴런 간 연결로 스파크가 일어난다.

이런 순간은 앞에서 얘기한 여러 가지 분석적 접근방식과 창의적 접근방식을 통해서 올 수도 있고, 전혀 다른 일을 하고 있을 때 우연히 찾아오기도 한다. 관건은 이것이다. 이런 반짝이는 순간을 우리가 원하는 시점에 당겨올 순 없을까? 여기서 내가 제안하는 방법은 '1만 미터 상공 뷰View' 그리고 '다시 지상으로Down to Earth'다.

1만 미터 상공 뷰

여객기의 항속 고도인 1만 미터까지 올라가서 보면 사람, 자동차, 건물들은 보이지 않거나 점들보다 작게 보인다. 그리고 산, 평야, 강, 바다 그리고 실처럼 가늘게 이어지는 도로의 전체 모습이 눈에 들어오기 시작한다. 그러면 여러 가지 생각들이 머리를 스친다. '인간은 정말 지구의 조그마한 일부구나. 저 수많은 도로가 더 많은 곳을 이어주고 있구나. 모듬살이에서 조금만 멀리 떨어져도 공기가 이렇게 맑아지는구나.' 시속 900킬로미터 이상으로 날아가는데도 비행기 안에서는 전혀 느낄 수 없는 속도감, 무엇보다 탑승객들과 같이 있지만 아무도 내 생각을 알아차리지 못할 것이라는 고독감, 그리고 불현듯 떠오르는 근본적인 질문. "뭣이 중한디?"

네이트는 '네이트온'으로 모바일 메신저 사업의 선점 효과를 누릴 수도 있었다. 그러나 모회사인 이동통신사는 문자메시지 수입 감소를 우려해서였는지, 혹은 모바일 메신저의 성장을 짐작하지 못해서였는지 그만 절호의 기회를 놓치고 말았다. 신용카드사들이 한창 신용판매 시장점유율 경쟁을 치열하게 펼치고 있을 때 그들은 네이버페이와 카카오페이의 위력을 실감하지 못했다. 할인점들이 전국에 점포 늘리기 경쟁을 하고 PE가 홈플러스를 7조 원이라는 엄청난 금액을 주고 인수했을 때 그들은 쿠팡과 네이버 스마트스토어가 이렇게 빨리 크게 성장할 줄은 미처 알지 못했다. 그들은 도랑을 논에 대기 위한 싸움은 곧잘 했지만, 얼마 뒤에 큰 가뭄이 오리라는 것은 알지 못했다. 이것이 문제를 1만 미터 상공에서 "뭣이 중한디?"라며 살펴보아야 하는 이유다.

지금 일어나는 변화는 구조적 변화인가 일시적 조정인가? 현상은 무엇이고 본질은 무엇인가? 일시적 유행인가 트렌드인가? 변하는 것과 변하지 않는 것은 무엇인가? 문제해결을 하다 보면 이러한 구분이 참 어렵다. 그런데 제3자의 눈을 빌리면 안에서는 보이지 않는 것들이 보이기 시작한다. 1만 미터 상공에서 제3자의 눈으로 바라보면 이러한 구분이 명확해지고 이제껏 당연하고 익숙했던 과정과 전제가 생소하게 느껴지기 시작한다. 큰 그림을 보는 과정에서 새로운 인사이트가 떠오른다.

안다. 그게 쉬운 일이 아니라는 것을. 월급쟁이들은 당장의 KPI가 중요하다는 것을. 하지만 그렇게 눈앞의 문제에 몰두할수록 1만 미터 상공 뷰는 더욱 필요해진다. 꼭 비행기를 탈 필요는 없다. 문제와 잠시 떨어져서 전혀 다른 공간과 사람들 사이에서 대화하고 사색할 시간이면 충분하다. 워크숍 가서 분임조별 토의 발표 말고 홀로 조용히 앉아 사색하는 시간, 매일 보는 사람끼리 모여서 비슷한 대화를 나누는 거 말고 옆자리에 앉은 처음 보는 낯선 사람과 대화하는 시간, 늘 고민하던 문제로부터 떨어져 나와 문제와 전혀 상관없는 일들을 해보는 시간을 가지는 것이다.

다시 지상으로

1만 미터 상공에서 제3자의 눈으로 큰 그림을 보는 객관적 시야를 얻었다면, 이번에는 다시 땅으로 내려와서 우리가 누구의 곁에서 무엇을 밟고 있는지 현실을 직시해야 한다. 주변의 친구나 가족들과의 대화에서, 동아리나 동호회 회원과 만나서, 사람들이 오가는 거리에서, 소셜 미디어의 해시태그 속에서 사람들이 마음속으로 생각하는 고민을 파악하고 해결책을 모색해본다. 일상 내에서 아이디어의 현실성을 가늠해보는 것이다.

'뉴스만 틀면 MZ 세대에 욜로와 파이어족이 급증하고 있다던데, 왜 내 주변에선 볼 수가 없을까? 불황으로 주식과 부동산 등 자산 가격이 박살나고, 당장 대출 이자 갚기도 힘들어서 허덕이고들 있는데 무슨 욜로고 파이어족일까?' 이렇게 생각해본 적이 있다면 정확한 현실 인식이다. 욜로나 파이어족은 성장기와 활황기에 잠시 나타난 일시적 유행일 뿐이다. 소확행을 추구하고 나를 위한 소비를 중시하는 것이 트렌드다. (소확행은 돈이 많이 없어도 지속가능하기 때문이다.)

미디어에서는 MZ 세대가 공정과 합리를 중요시한다고도 말한다. 그런데 이 말은 X세대 등 이전 세대도 마찬가지였다. 다만 그들은 불공정하고 비합리적인 일을 일종의 사회화 과정으로 받아들여 조금 더 억누르고 살아왔을 뿐이다. 이전 세대 중에서도 사고방식이나 라이프스타일이 MZ 세대와 유사한 사람이 많다. MZ 세대도 이전 세대와 상당히 많은 부분을 공유하는 또 하나의 세그먼트일 뿐이다. MZ 세대에 대한 정형화된 리포트나 분석은 'MZ 세대는 그 이전 세대와는 근본적으로 다르다'라는 과도하게 단순화된 센세이셔널리즘의 산물이다. MZ 세대를 별종으로 치부하는 순간부터 실제 현실과 괴리가 생기기 시작한다.

'지금 생각하는 해결책은 기존의 잘못된 전제로부터 출발하는 것이 아닐까?', '위로부터의 지시 혹은 조직의 관성에 따라 해결책을 도출한 것은 아닐까?', '남들이 하니까 우리도 한다는 따라 하기가 아닌가?' 하는 의문들을 품어보고 스스로 답을 찾아가는 과정이 바로 '다시 지상으로'다. 현실을 냉정하게 직시하고, 두 발을 땅에 딛고 서서 독립적으로 생각해보는 시간이다.

문제해결의 과정에서 치명적인 오류를 방지하기 위해서는 이처럼 오류의 가능성을 인정하는 오픈 마인드, 자유스러운 관점의 이동Shift of Perspectives, 독립적이고 현실적인 사고가 필요하다. '1만 미터 상공 뷰'와 '다시 지상으로'는 이를 가능하게 해줄 시야와 시간을 제공한다.

나만의 커피하우스는
어디인가?

나는 역사 덕후다. 역사에 관한 글이나 유튜브 콘텐츠를 이것저것 찾아보는 일을 좋아한다. 그 가운데서도 다른 시대 다른 문화 다른 나라이면서도 공통적으로 나타나는 모습들을 발견하는 게 아주 재밌다. 그렇게 발견한 장소가 런던의 커피하우스, 파리의 카페, 독일의 바우하우스다.

세 장소가 가진 공통점은 뭘까? 나는 '이질적인 것들의 만남'과 '끊임없고 격의 없는 수다'가 아닐까 싶다. 그리고 그것들을 통해서 시대를 이끄는 뭔가가 만들어졌다는 점이다. 이는 해법을 선별하고 핵심적인 과제를 선정할 때 내가 만나고 싶은 바람직한 하나의 모습이기도 하다.

17~18세기 영국의 커피하우스는 사람들이 커피를 함께 마시

면서 정치, 가십, 패션, 종교, 철학, 자연과학, 주식 거래, 심지어 보험과 신문 발간까지 온갖 주제를 토론하고 거래하던 장소였다. 계몽주의 시대를 대표하는 지식과 문화의 용광로라 할까? 아이작 뉴턴Issac Newton과 천문학자 에드먼드 핼리Edmund Halley가 돌고래를 해부하며 놀던 곳이며, 런던 주식 거래소London Stock Exchange와 로이드Lloyd 보험사가 탄생한 곳이기도 하다. 영국을 대표하는 신문사인 「가디언」지誌도 여기서 탄생했고, 소더비와 크리스티 같은 미술품 경매업체도 커피하우스의 한 귀퉁이에서 시작됐다. 커피하우스의 단골 고객들은 오늘날 우리가 인터넷을 통해서 정보를 얻고 상호작용을 하듯 그곳에서 수많은 영감을 받고 새로운 아이디어를 얻었을 것이다.

20세기 초, 제1차 세계대전 후 파리의 카페는 그야말로 전후 '잃어버린 세대Lost Generation'를 대표하는 당대의 예술가, 작가, 철학자 등이 모여서 온종일 죽치던 장소였다. 어니스트 헤밍웨이Ernest Hemingway, 헨리 밀러Henry Miller, 장 폴 사르트르Jean Paul Sartre와 시몬 드 보부아르Simone de Beauvoir, 스콧 피츠제럴드F. Scott Fitzgerald, 파블로 피카소Pablo Picasso, 모네Claude Monet와 르누아르Auguste Renoir 등이 글을 쓰고, 작품을 구상하고, 지적인 대화를 통해 영감을 나누던 공간이었다. 사르트르의 얘기를 들어보자.

"우리(아마도 아내인 보부아르와 함께)는 오전 9시부터 카페에서 죽치기 시작합니다. 정오까지 글을 쓰고, 2시에 점심을 먹고 돌아와서, 밤 8시까지 친구들과 얘기를 나눕니다. 저녁 식사 후에는 여기서 다시 친구들과 모입니다. 이상해 보이지만, 카페 드 플로르는 우리에게 집과 같은 곳입니다."

단순함과 기능성을 지향하는 현대 건축과 디자인에 가장 큰 영향을 준 바우하우스Bauhaus의 교육 목표는 예술과 공예를 통합하여 세계의 이미지를 재창조하는 것이었다. 이를 위해 건축, 조각, 회화 등을 한 지붕 아래로 통합했고, 대량 생산이 가능한 기능적인 것들을 만들어냈다. 교육 목표를 반영해 교육과정은 통합적으로 이루어졌으며, 교수진 또한 추상 미술의 시조라 불리우는 파울 클레Paul Klee, 따뜻한 추상으로 유명한 바실리 칸딘스키Wassily Kandinsky, 차가운 추상의 피에트 몬드리안Piet Mondrian 등 추상 미술의 서로 다른 갈래를 대표하는 대가들이 한 자리에 모였고, 무용창작가이자 극이론가인 오스카 슐레머Oskar Schlemmer도 바우하우스의 교수진에 속해있었다. 그들의 철학은 현대 건축과 디자인의 출발점이 되어 현재까지도 강력한 영향을 미치고 있다. 혁신적인 미션과 그것을 가능케 하는 다양한 배경을 가진 교수진 및 통합적인 커리큘럼이 있었기에 가능한 일이었다.

세 곳의 공통점은 이질적인 여러 사람이 얼굴을 맞대고 오랜 기간 아이디어와 영감을 나누었던 장소라는 점이다. 그곳에서 나온 에너지가 응축되어 시대를 바꾸었다. 오늘날 우리나라에도 이러한 공간이 있을까? 대학교에서 운영하는 무슨 무슨 과정? 스타트업 창업자들의 사교 모임? 골프 모임 혹은 와인 동호회? 아닌 것 같다. 그냥 관심사가 비슷한 사람들끼리 모여서 업계 정보를 주고받거나 공통의 취미를 즐기는 정도의 모임이 대부분이다. 우리 기업들에게 혁신을 위한 아이디어가 부족하다면 런던의 커피하우스, 파리의 카페, 바우하우스와 같은, 이질적인 배경을 가진 사람들이 모여서 '썰'을 푸는 장소가 부족해서이지 않을까? 젊은 직장인들이 서울을, 거기서도 강남을 선호하는 이유도 거기에 있어야 뭔가 하나라도 더 배우고 느낄수 있다는 생각, 하다못해 카페 옆자리에서 하는 얘기만 듣더라도 건질 게 있을 거라는 생각이 작용했을 것 같다. 〈알쓸신잡〉 같은 프로그램이 인기를 끌었던 이유도 한 가지 주제에 대한 다양한 관점을 듣고 싶다는 니즈가 작용했다. 인간은 새롭고 이질적인 것에 매혹되고, 이를 통해 영감을 얻고 성장한다.

일을 열심히 하는 것도 중요하지만 비즈니스에서 롱런하고 인생을 풍요롭게 살려면 이질적인 사람들과의 네트워킹 기회를 가지는 것이 필요하다. 아직 한국에는 이런 공간이 없으니, 각자 생활 속에서 이런 모임들을 만들어보는 건 어떨까? 온라인상의 독서토론 모임도 좋다. 나와 다른 사람들이 모여있는 곳이면 충분하다. 갑갑한 집단사고와 늘 만나던 얼굴을 벗어나서 만나는 낯섦과 느슨함이 휴식과 동시에 새로운 영감을 제공한다. 이도 저도 힘들다면 업무와 무관하게 관심 있는 주제를 정해놓고 열심히 유튜브나 웹 서핑만 해도 좋으리라. 어딘가에 나만의 커피하우스가 있다는 사실 자체만으로도 충분할 수 있다.

고뇌 구간을 피하면
더 큰 문제가 찾아온다

분석적 접근방식과 창의적 접근방식을 활용하여 문제해결을 위한 좋은 아이디어와 인사이트를 도출하였다. 이제는 좀 더 범위를 좁혀서 구체적인 솔루션을 만들기 위해 핵심과제를 선정하는 단계가 되었다. 그런데 이 단계까지 왔음에도 아직 뚜렷하게 해결책이 나오지 않아 답답한 상황에 놓일 수 있다. 이런 상황에서는 무엇을 어떻게 해야 할까?

당황하지 말자. 당신은 지금 고뇌 구간Groan Zone이라 불리는 지점에 진입한 것이다. 문제해결의 과정에서 고뇌 구간은 대부분 피하기 어렵다. 문제해결의 과정은 사실 선형적이지 않다. 하다가 막히면 다시 돌아가 반복해야 한다. [그림 29]를 보자. 확산과 수렴의 그 중간 어딘가에 고뇌 구간이 있다.

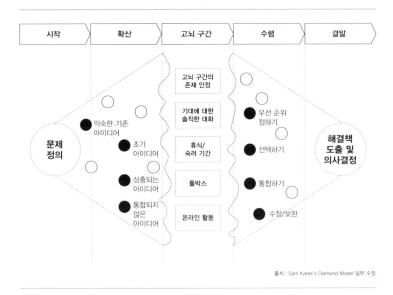

| 시작 | 확산 | 고뇌 구간 | 수렴 | 결말 |

문제 정의

익숙한 기존 아이디어
초기 아이디어
상충되는 아이디어
통합되지 않은 아이디어

고뇌 구간의 존재 인정
기대에 대한 솔직한 대화
휴식/ 숙려 기간
툴박스
온라인 활동

우선 순위 정하기
선택하기
통합하기
수정/보완

해결책 도출 및 의사결정

출처 : Sam Kaner's Diamond Model 일부 수정

[그림 29] 고뇌 구간

확산에서 수렴으로 전환하는 과정은 말처럼 쉽지 않다. 충분히 확산의 과정을 거치지 않아서 좋은 선택지가 없거나, 너무 수준이 다른 아이디어들이 나와서 정리하는 과정을 어렵게 한다. 또는 참여자 간에 의견 불일치나 관계적 요소로 갈등이 빚어져 선택이 어려움을 겪는 경우도 있다. 하지만 이런 문제를 덮어놓고 넘어가면 나중에 더 큰 곤란을 겪게 된다. 다음 이야기를 보자.

한 농부가 멀리 떨어진 장터에 내다 팔 사과를 경운기에 가득 싣고 울퉁불퉁하고 좁은 시골길을 서둘러 가고 있었다. 마침 장

터 방향에서 오는 노인을 마주쳐 "어르신, 장터까지 얼마나 걸리
나요?"라고 물었다. 노인은 "천천히 가면 30분이고 지금처럼 가면
온종일도 걸릴 거요"라고 대답했다. 농부는 '이게 대체 무슨 소리
야, 노망이 나셨나?'라고 생각했다. 그러나 노인이 길에 떨어진 사
과 몇 개를 주워서 짐칸에 실어주는 모습을 보고 곧 그 말의 의미
를 깨달았다.

우리는 시간과 비용의 제약 때문에 또는 참여자 간 의견 불일치
에서 오는 불편함 때문에 고뇌 구간을 빨리 벗어나고 싶어 한다. 하
지만 벗어나는 것에만 초점을 맞추면 필연적으로 나중에 더 많은
문제를 마주치게 된다. 고뇌 구간에서 느끼는 불편함과 무력함 때
문에 선택을 서두르다 보면 과거의 익숙한 솔루션을 선택하기 마련
이고, 그것은 지금 적합한 솔루션이 아닐 가능성이 크다. 흘린 사과
를 나중에 다시 주워 담으려면 더 많은 시간을 허비하고 더 큰 고통
을 겪어야 한다는 것을 우리는 경험적으로 알고 있다.

문제해결을 위해 고뇌 구간은 반드시 거쳐야 하는 과정이다. 그
리고 이 과정을 마주하여 제대로 해소한다면 참가자들 간의 합의를
바탕으로 앞으로의 일에 추진 동력을 얻게 된다. 고뇌 구간을 현명
하게 지날 수 있는 몇 가지 팁이 있다.

▶ 당황하지 말고 고뇌 구간의 존재를 인정하자. '드디어 올 것

이 왔군'이라는 마음가짐을 가지면 불일치와 논쟁이 발생하더라도 마음의 평화와 여유를 갖게 된다.

▶ 참여자들과 솔직하게 대화하자. 초기부터 서로 기대하는 바를 솔직하게 얘기하고 의견 일치가 되지 않는 부분은 분리해서 어떻게 처리할지 사전에 논의하자.

▶ 휴식 혹은 숙려 기간을 가지는 것이 좋다. 우리의 두뇌는 근육과 같아서 무리한 후에는 휴식기를 가져야 한다. 또 우리가 휴식하는 동안 두뇌는 외부 자극을 차단하고 그때까지 수집된 정보를 처리하고 저장하는데, 이 과정에서 우뇌가 활성화되고 창의성이 발현되면서 뜻밖에 좋은 해결책이 떠오르기도 한다. (그러면 고뇌 구간이 아니라 환희 구간이 된다.)

▶ 합의점Consensus을 찾기 위한 도구를 사용하자. 아이디어 간의 관계를 보여주는 다이어그램이나 프레임워크를 사용하면 참가자들은 아이디어들을 더욱 명료하게 비교하고 차이를 이해하게 된다. 이상형 월드컵처럼 토너먼트 방식으로 차선을 소거하여 최선만 남기는 방식도 좋고, 앞서 소개한 2×2 매트릭스로 실행가능성과 예상 효과에 따라 아이디어들을 평가해보는 것도 좋다. 또한 고객 관점의 평가를 실시하기 위해 고객의 고충과 요구사항을 열거해 보고, 가장 중요도가 높은 과제를 경쟁사들의 솔루션과 차트로 비교

해볼 수도 있다.

▶ 온라인 커뮤니케이션을 적극 활용하자. 당장 현장에서 결론을 내지 못하면 최종적인 합의에 도달할 때까지 참여자들과 커뮤니케이션을 이어가는 것도 좋은 방법이다. 요즘엔 온라인 협업 툴이 발달하여 실제로 모여서 회의하는 것과 같은 효과를 낼 수 있다.

3단계를 위한
평가 및 선택

HIPS 프로세스의 2단계인 핵심 문제 탐색 및 과제 선정 과정에서 사용할 수 있는 프로세스와 툴을 다시 한번 정리했다. [표 27]을 보자.

문제해결의 과정은 선형적이거나 단순하지 않으며, 분석과 창의, 내부와 외부, 큰 그림과 세부사항이 버무려지는 과정이 반복되는 비선형적이고 복잡한 과정이다. 그 사이에 놓인 고뇌 구간에서 갈 길을 잃게 되기도 한다. 우리가 해야 할 일은 이런 문제해결 과정의 특징을 이해하고 뚜벅뚜벅 단계를 밟아가는 일이다. 어느 순간 불현듯 찾아오는 아하와 유레카는 하늘에서 뚝 떨어지는 것이 아니라 꾸준한 노력의 산물이다. 그 반짝임은 이미 오래전에 1만 미터 상공에서, 거리를 걷다가 관찰한 사람들의 행동에서, 느슨하고 나른

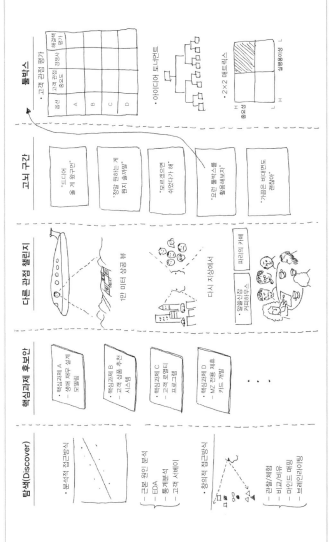

[표 27] 핵심 과제 선정 프로세스 및 툴 툴 요약

한 오전 시간 어느 카페의 귀퉁이에서 이미 시작되었을 수도 있다.

여러 가지 대안 중 최종적인 과제 선정을 위해서는 고객 관점의 평가, 아이디어 토너먼트와 가장 일반적으로 사용되는 2×2 매트릭스 등을 활용한다. 고객 관점의 평가는 고객 입장에서 가장 중요도가 높은 과제를 평가하고 경쟁사들의 솔루션과 비교해보는 것이다. 이걸 직접 고객에게 시키는 것은 현실적으로 쉽지 않고, 결국 조직 내부에서 중립적이고 객관적인 관점을 가진 인력들이 평가를 해야 한다. 아이디어 토너먼트는 재미 요소를 가미해서 과제별로 투표 등을 통해 추진해야 할 핵심과제를 선정한다. 이렇게 핵심 과제가 선정되면 다음 장에서 설명할 구체적인 해결책과 솔루션을 개발하는 단계에 진입한다.

6장

3단계.
핵심 과제를 개발하고
실행하라

핵심 과제
선정하기

핵심 문제를 해결할 방안에 관해 어느 정도 합의점을 찾았다. 어떤 아이디어들은 통합이 필요하고 어떤 아이디어들은 조정이 필요하다. 하나의 해결책이 아니라 복수의 해결책이 도출되었을 수도 있다. 이제 남은 것은 구체적인 핵심 과제를 선정하는 일이다. 핵심 질문이라는 광활한 우주에서 시작해 핵심 문제로, 다시 핵심 과제로 줌 인하여 지구의 어느 귀퉁이에 도달한 것이다.

핵심 과제가 선정되면 이제 구체적인 해결책과 솔루션을 개발하는 단계로 진입한다. 솔루션을 검증하기 위해서는 시장에서 목표 고객 혹은 사용자를 대상으로 테스트를 실시할 구체적인 무언가를 만들어야 한다. 즉 이 단계는 조직의 자원 투입을 수반하는 의사결정이라 할 수 있다.

솔루션을 개발할 때 한 가지 염두에 두어야 할 것은 한 번에 최종 버전의 뭔가를 개발한다는 생각은 버려야 한다는 점이다. 우리나라 기업들은 '올 오어 낫씽All or Nothing'으로 처음부터 완벽한 것을 요구하는 경우가 많은데, 이것은 시대와 맞지 않는 방식이다. 소프트웨어뿐 아니라 어떤 분야에서도 개발 단계부터 한정된 고객이나 사용자에게 빠르게 테스트하고 피드백을 받아 수정하여 업그레이드하는 것이 옳다. '모 아니면 도'라는 도박꾼의 태도를 버리고 애자일 방식과 테스트를 통해서 초기 솔루션으로부터 단계마다 쌓아나간다고 가정해야 한다.

이제부터 앞서의 두 단계와 마찬가지로 분석적 접근방식에서 나오는 솔루션과 창의적 접근방식에서 나오는 솔루션을 각각 살펴보도록 하자. 한 가지 오해하지 말아야 할 것은 편의상 두 가지 접근방식을 분리해서 설명하지만, 실제 진행 시 최종적인 결과물은 하나로 수렴된다는 사실이다. 그 결과물은 예측 모델, 최적화 모델이 될 수도 있고, 웹이나 앱이 될 수도 있다. 혹은 물리적인 제품의 프로토타입이나 마케팅 캠페인 계획 등이 될 수도 있다.

조직 내 하마가
입을 열면 벌어지는 일

앞서 HiPPO는 하마가 아니라 Highly Paid Person's Opinion, 즉 월급 많이 받는 높으신 분들의 의견이라고 설명했다. 이 용어가 생긴 배경에는 가장 높으신 분이 상황을 가장 잘 이해하고 있다고 간주하고 그분의 의견을 가장 우선시하는 문화가 자리하고 있다. 중요한 의사결정을 앞둔 회의에서 높으신 분이 얘기를 꺼내기 시작하면 회의 분위기가 일순간 그분의 의견을 중심으로 쏠리기 시작하는 경험을 누구나 해보았을 것이다. 그때부터 문제해결과 의사결정에는 그분의 직감과 경험이 큰 영향을 미치기 시작한다. 그런데 이렇게 HiPPO가 입을 열면 과연 어떤 사태가 벌어질까? 다음의 사례를 보자.

애플 스토어는 애플 제품 및 관련 제품을 파는 체인 소매점이다.

론 존슨Ron Johnson은 2001년 개점한 애플 스토어의 매출을 3년 만에 10억 달러로 끌어올리며 역사상 가장 빠르게 성공한 소매점으로 만들었고, 제2의 스티브 잡스라고 칭송받았다. 그런데 그는 2011년에 백화점 체인점인 J.C. 페니의 CEO로 취임했다가 매출 하락으로 단기간에 해임됐다.

론 존슨은 자기 확신이 강한 인물이었다. 그는 다른 사람들의 의견이나 데이터는 아랑곳하지 않고 자기의 직감대로 매장을 리뉴얼하고 구조조정을 밀어붙였으며 판매 방식을 수정했다. 그는 "사람은 두 종류가 있다. 믿는 사람과 회의론자다"라고 말하곤 했다. 임직원들을 만날 때면 자기가 주도한 변화가 잘 되고 있는지 물었고, 사람들은 회의론자로 낙인찍히기 두려워 모두 '잘 되고 있다'고 답했다. 1년 뒤 J.C. 페니의 매출은 추락했고 론 존슨은 해고됐다.

론 존슨이 애플 스토어에서 보인 성과는 분명한 팩트다. 전문가들 역시 론 존슨의 가격 정책 자체는 잘못되지 않았다고 평했다. 다만 문제가 된 것은 그것이 J.C. 페니를 찾는 고객들의 기대와는 사뭇 달랐다는 점이었다. 고객들이 J.C. 페니를 찾는 이유는 할인 때문이었는데, 그는 아무런 의견 수렴이나 소비자 조사 없이 그냥 정찰제를 밀어붙였다. 그는 애플에서 한 것을 111년 된 오래된 유통기업에서 똑같이 시도하다 실패했다. (사실 처음에 잘못한 사람들은 J.C. 페니의 이사진들이다. 애플 스토어를 만든 사람에게 사장을 맡겼으면 매장이 그렇게 변하리라고 예상했어야 했다. J.C. 페니는 결국 폐업했다.)

아마존도 핸드폰을 개발했다는 사실을 아는가? 2014년 아마존은 파이어 폰Fire Phone을 출시하여 판매했는데, 말아먹었다. 대표적인 고객 중심 기업이며 데이터 기반 의사결정으로 유명한 아마존이 어쩌다 핸드폰 제조 사업에 뛰어들었다가 큰코 다치고 물러났을까?

주범은 다름 아닌 제프 베이조스였다. 그는 사업의 시작 시점부터 거의 모든 의사결정을 직접 내렸고 마이크로 매니지먼트를 했다. 당시 파이어 폰을 개발했던 팀에 참여했던 사람들은 이렇게 말했다.

> "우리는 고객을 위해서가 아니라 제프를 위해서 폰을 만들었어요. 그의 반응만이 가장 중요했죠."

당시 팀 내부에선 핸드폰 개발이 맞는 방향으로 가고 있는지에 대해 열띤 토론이 있었다. 그렇지만 결론은 늘 제프가 결정한 대로 가는 것이었다. 왜냐하면 그는 아마존을 창업해서 아마존웹서비스Amazon Web Services, AWS, 전자책 단말기 킨들Kindle, 아마존 프라임 멤버십 등을 성공시키면서 항상 옳았음을 보여주었으니까. 제프 베이조스가 파이어폰을 개발하며 열렬하게 추진했던, 일종의 3D 기능인 다이내믹 퍼스펙티브Dynamic Perspective가 과연 투자할 가치가 있는 기능인지 누구도 납득하지 못했지만, 그들은 단지 제프를 만족시키기 위해 열심히 개발했다. 사실 제프 베이조스는 아마존을 더 '쿨한' 브랜드로 인식되게 하고자 아이폰 못지않은 프리미엄 폰으로 파이어폰을 만들고 싶어 했다. 그러나 현실에서 고객들은 아마존에 '쿨한' 것보다는 그저 싸고 좋은 물건을 편리하게 구매할 수 있기를 기대했다. 파이어폰은 제프 베이조스의 욕망 때문에 처음부터 잘못된 방향으로 가고 있었던 것이다.

두 가지 사례는 과거에 성공했던 방식을 그대로 답습하는 것이 실패의 원인이 될 수 있다는 점, 위대한 업적을 남긴 경영자도 자기 신념이나 욕심 때문에 실수를 할 수 있다는 점을 보여준다. (이때의 실패로부터 배운 것일까? 제프 베이조스는 나중에 "똑똑한 사람은 기존 사고와 반대되는 의견에 열려있으며 자기 생각이 잘못되었다면 언제든 바꾼다"라고 얘기했다.) 높으신 분들이 데이터나 여러 사람의 의견보다 자기 생각을 강요했을 때 실패 가능성은 매우 커진다.

요즘 직장에서 '적자생존'이라는 말은 높으신 분의 말씀을 잘 듣고 받아 적는 사람이 생존한다는 뜻으로 쓰인다. 듣기만의 문제가 아니다. 회의에서 높으신 분이 입을 열어 의견을 이야기하면 그때부터 누가 더 그분의 입맛에 맞는 발언을 잘하나 경연대회가 펼쳐진다. 아직 우리나라 사회와 기업에는 계급장 떼고 팩트와 로직을 기반으로 토론하는 문화가 익숙지 않다. 누군가 그랬다간 일순 적막이 흐르거나 고성이 난무하는 것이 우리네 회의실 분위기다. [그림 30]을 보자.

데이터와 근거 대신 자기의 믿음과 경험을 밀어붙이는 HiPPO는 물론 그 자체로 잘못된 의사결정에 이르게 만든다는 점에서 병폐가 심각하지만, 그에 못지않은 심각한 부작용이 있다. 바로 조직

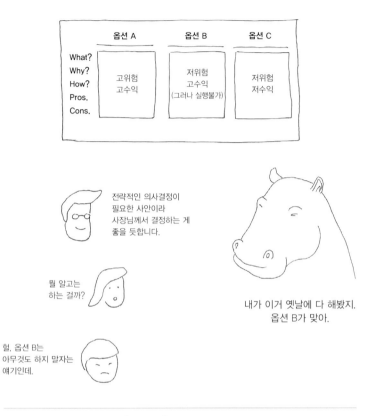

[그림 30] 조직 내 HiPPO

의 구성원이 일하는 방식을 왜곡시킨다는 점이다. 먼저 일의 기준이 숫자와 팩트가 기준이 아니라 '그분이 좋아하실까'가 된다. 또 구성원들이 최선의 대안을 뽑아 논리로 납득시키려는 능동적인 방식보다는, 여러 가지 대안을 나열해두고 높으신 분이 하나 골라주기를 바라는 수동적인 방식으로 일하게 된다. 이렇게 되면 조직도 구성원도 성장하지 못한다. 특히 직장인은 복잡하고 미묘한 상황 속에서 최선의 대안을 도출하고 설득력 있게 관철시키는 경험을 축적하지 못하면 나중에 제대로 된 의사결정을 내릴 수 없는 사람이 되고 만다. 이건 직원들을 탓할 일이 아니다. 그렇게 만드는 것은 다름 아닌 HiPPO들이다. (HiPPO의 입맛에 꿰맞추는 보고서를 쓰기 위해 지금도 얼마나 많은 직장인이 야근하고 있을까.)

이제 HiPPO의 입은 단지 부서의 종말뿐 아니라 조직 자체의 종말로 이어질 가능성이 커졌다. 과거라면 몇 번의 실수는 조직이 감당할 수 있었지만, 요즘에는 잘못된 의사결정 하나로 조직 전체가 '한 방에 훅 갈' 수 있다. 데이터와 인사이트로 무장한 새로운 경쟁자들이 HiPPO가 입을 여는 기업들의 약점을 정확하게 찌르고 들어오기 때문이다.

A/B 테스트

그렇다면 핵심 과제를 구체화하기 위한 바람직한 방법은 무엇이 있을까? 먼저 살펴볼 방법은 A/B 테스트다. A/B 테스트는 두 가지 이상의 시안 중 최적안을 선정해야 할 때 두 집단에 시안 하나를 무작위로 제시한 후 그 선호도를 확인하는 방법이다. 사실 A/B 테스트는 오래전부터 시행해오던 실험의 일종으로 우리에게 매우 익숙하다. 다만 과거와 달라진 점은 이제 온라인을 통해 실시간으로, 그것도 매우 큰 규모로 시행하는 것이 가능해졌다는 것이다.

A/B 테스트는 가장 기본적인 분석 방법이지만, 뜻밖에 이걸 제

대로 하는 우리나라 기업은 많지 않다. 몇 년 전에 이름을 대면 알만한 우리나라 이커머스 CEO로부터 자기들은 아직 자체적으로 테스트를 진행할 역량이 없어 중국 지사로부터 도움을 받고 있다는 충격적인 얘기를 들은 적이 있다. A/B 테스트가 자리잡지 못한 이유는 앞서 말한 것처럼 기업 내에 여전히 HiPPO가 입을 벌리는 문화가 남아있기 때문이다. 실무자들도 괜히 복잡하게 시간 들이고 돈 타내서 테스트하지 않고 그냥 윗분들에게 정해달라고 하면 서로 편하다. 그러나 이제는 높으신 분들도 자기 직관이나 감에 의존하기보다는 고객이 선택하게 하고 데이터를 통해 선택해야 한다는 사실을 받아들여야 한다. 실무자들이 메뉴판을 가져와 가장 좋은 것을 골라달라고 하면 그걸 왜 나에게 맡기느냐고 되물어야 한다.

A/B 테스트를 제대로 하려면 어떻게 해야 할까? A/B 테스트는 사내에 특정 의사결정이나 문제해결을 위한 기존 데이터가 없을 때 쓰인다. 기존 데이터가 있다면 그걸 쓰면 되니 굳이 A/B 테스트를 할 필요가 없다. 또 A/B 테스트는 여러 가지 방법이 제시되었을 때 어느 것이 가장 나은가를 체크하는 과정이다. '여러 가지 방법'이라는 말에 주목하자. 여전히 많은 기업이 테스트를 실시할 때 오직 하나의 방법만을 시도하는 경우가 많다. 그러나 두 개 혹은 세 개 이상의 대안을 테스트해보고 그중 성과가 좋은 방법을 선택하는 편이 성공 확률을 더 높일 수 있다.

A/B 테스트의 첫 단계는 무엇을 테스트할 것인지 정의하는 것이다. 예를 들어 쇼핑몰 홈페이지에서 구매 버튼의 적정 사이즈를

테스트한다고 가정해보자. 성과를 측정하는 지표는 구매 버튼을 누르는 방문객 수가 될 것이다. 그리고 테스트하고자 하는 버튼의 사이즈별로 동일한 수의 방문객을 랜덤하게 할당하게 될 것이다. 또 고객들의 클릭에 영향을 미치는 변수들이 매우 많을 것이므로 다른 변수들을 통제하는 작업이 필요할 것이다. 실험그룹과 통제그룹을 만드는 작업이다.

실제 현실에서 테스트를 할 때는 단계를 구분하여 순차적으로 테스트하는 경우가 많다. 예를 들어 버튼의 사이즈를 테스트한 후 컬러 및 폰트에 대한 테스트를 진행하는 식이다. 이런 테스트는 부분최적화에 불과하다. 왜냐하면 평소 큰 버튼을 먼저 클릭하는 사람이더라도 굵고 붉은 폰트가 쓰인 텍스트가 주어지면 작은 버튼을 선호할 수도 있기 때문이다. 그래서 테스트 시에는 복잡한 테스트를 한꺼번에 실시할 필요가 있다. (물론 이 경우 생각해야 하는 변수의 조합이 너무 많아지므로 실무에서는 현실적으로 타협하는 경우가 많다.)

그런데 통계학을 이용하면 불필요한 테스트 조합을 버리고 테스트할 의미가 있는 조합만 선택하여 실험을 진행할 수 있다. 물론 이렇게 하기 위해서는 사전에 정교한 실험 계획이 필요하다. 이때는 전문가의 도움을 구하거나 특화된 소프트웨어의 도움을 얻을 수 있다.

A/B 테스트 결과는 이를테면 '95%의 확률(5% 유의 수준)로 실험그룹의 클릭률이 통제그룹보다 10% 높다'라는 식으로 나온다. 이때 새로운 버튼으로 교체하는 데 실제 소요되는 비용 등을 고려

하여 가부를 결정한다. 간단해 보이지만 실제로 해보지 않으면 통계적으로 정확하지 않은 방식으로 시행하거나 결과를 잘못 해석하게 되기도 한다. 그러니 우선은 해보는 것이 중요하다.

A/B 테스트에 관해 알아두어야 할 것이 있다. 하나는 단발성으로 끝내기보다는 꾸준히 사용할 때 그 위력이 드러난다는 점이다. 업무 프로세스 내에 A/B 테스트를 실시하는 문화가 체화되고 누적되면 그대로 기업의 노하우가 되고 역량의 성장으로 이어진다. 그런데 기업들 대부분은 한 번 해보고 말거나, 담당자가 바뀔 때마다 노하우가 끊어지는 경우가 많다. A/B 테스트는 누가 언제라도 재현할 수 있게 기록하고 공유되어야 한다.

또 하나는 A/B 테스트는 이제 과거와 달리 온라인에서 저비용으로 실시할 수도 있지만, 역시 시간과 돈이 드는 테스트라는 점이다. 중요한 테스트 항목에 집중해서 테스트 결과를 누적하고 잘 활용해야 채산성이 있다는 점을 명심해야 한다.

마지막 하나는 데이터 분석에 관한 과도한 환상은 접어야 한다는 점이다. 초기에 데이터 분석 결과를 접하고 현업이 보여주는 피드백 대부분은 "이거 우리가 다 아는 내용인데"다. 그러나 분석의 가치는 막연하게 알고 있던 것들을 근거와 수치로 증명하고, 앞으로 정확한 예측을 가능하게 해준다는 점이다. 그동안 '대충 적당히' 집어넣던 양념을 정확히 계량하여 넣기 시작하는 것과 같다. 여기서부터 과정이 정교해지고 개선이 시작된다. 그러므로 의사결정자는 데이터 분석 초반의 결과가 썩 만족스럽지 않더라도 인내하고 믿어주어야 한다. 데이터 분석을 해도 제기된 질문에 답을 줄 수 없다는 결론이 나왔을 때, 의사결정자 대부분은 실망하여 담당자를 책망하고 '데이터 분석도 별 수 없네'라는 판단을 내린다. 그리고 다시 HiPPO 시절로 돌아간다. 그러나 이때에는 질문을 다시 하거나 (문제 재정의) 문제의 범위를 좁혀주어야 한다. 한 번에 홍해가 갈라지는 기적을 기대하지 말고 한 번에 한 걸음씩 꾸준히 간다는 마음가짐을 가져야 한다.

HiPPO의 종말은 대세다. 하지만 데이터를 통하여 분석하고 의사결정을 하는 것은 하루아침에 쉽게 이루어지지 않으며, 성과도 당장 나타나지 않을 수 있다. 분석을 잘하기 위한 첫 번째 걸음은 정확한 예측이란 불가능함을 인정하는 것이며, 이걸 인정하면 역설적으로 분석의 정확도가 더욱 올라가게 된다. 낙숫물이 바위를 뚫듯, 꾸준히 해나가면 어느 순간 임계치를 넘고 그 성과가 폭발적으로 증가하는 속성을 가지고 있다. 그러니 당장 A/B 테스트부터 시작하자.

> "만일 성공률을 두 배로 올리고 싶다면, 실패율을 두 배로 올려라."
>
> _토마스 왓슨Thomas Watson(IBM 창업자)

애자일 조직과 테스트 앤드 런
그리고 망구다이

　'임무형 지휘'라는 말이 있다. 하부 조직에 달성해야 할 목표만 부여하고 달성 방법에 대해서는 위임하는 방식을 일컫는 군사용어다. 예측이 불확실하고 실시간 정보 공유가 불가능한 전장에서 일선 지휘관이 자율적으로 유연하고 기민하게 대처하게 하는 것이 목적이다. 이 방식은 19세기 프로이센에서 시작되어 2차 세계대전 때 독일군에게 이어졌고, 현대의 군대는 모두 임무형 지휘를 기본으로 하고 있다.

　역사 덕후인 내가 생각하기에 임무형 지휘의 원조는 프로이센 군대가 아니라 징기스칸의 몽골군이 아닌가 한다. 십호장, 백호장, 천호장, 만호장으로 구성된 독립 부대를 기본으로 때마다 이합집산하며 각각 주어진 임무를 자율적으로 수행하는 방식은 몽골군의 기본적인 전투 방식이었다. 전화기도 없고 이동에 몇 달씩 걸리는 거대한 땅 곳곳에서 전투를 치르는데 임무형 지휘체계가 아닌 것이 오히려 이상하다.

몽골군의 대표적인 전술 중 하나가 '망구다이'다. 망구다이는 '붉은 전사'라는 뜻이며 위장 후퇴 전술을 담당하는 전위부대를 일컫는다. 그들의 임무는 명확하다. 어떻게든 적을 꾀어내어 본대가 숨어있는 매복지까지 유인하는 것이다. 이를 위해 망구다이들은 일부러 볼품없고 꼬질꼬질하게 차려입고 대오도 형성하지 않은 채 비쩍 마른 조랑말을 타고 출현한다. 이들을 발견하고 패잔병이나 낙오병이라 판단한 적군들은 소탕에 나선다. 망구다이들은 어울려 싸우다가 칼과 화살에 맞아 픽픽 쓰러진다. 그러다가 하나둘씩 말머리를 돌려 후퇴하기 시작한다. 그러면 기세가 오른 적군이 이때다 싶어 정신없이 뒤를 쫓기 시작한다. 속도가 빠른 기마부대를 중심으로 폭풍 같은 추격전이 시작된다. 그러다가 약속된 장소에 도달했을 때, 도망가던 망구다이들이 갑자기 말머리를 돌려 반격을 시작하고 몽골군의 본대가 사방을 둘러싼다. 곧 화살비가 하늘을 새까맣게 물들이며 무자비한 포위 섬멸전이 시작된다. 몽골군의 필승 공식이다. 망구다이들은 연기력과 전투력이 뛰어난 고도로 훈련된 전문가 집단이었고, 유인이라는 임무 달성을 위해서는 죽음도 불사했다. 몽골군은 상벌이 투명하고 공정했으므로 이렇게 희생된 망구다이의 유족들에겐 응당 보상이 있었을 것이다.

몽골군 군대가 임무형 지휘라고 하면 정주민 군대는 통제형 혹은 명령형 지휘체계에 해당한다. 왕과 귀족으로 구성된 작전본부에서 부대가 무엇을 해야 할지 일일이 명령을 내리고 일선 지휘관은 그대로 실행하는 역할만 한다. 전투 현장에 머리는 없고 손발만 있는 것이다. 근대 이전에는 명령을 받기까지 며칠씩 걸리기도 했으므로 아무것도 안 하고 명령이 오기만을 기다리는 경우가 비일비재했다. 그래서 왕이 친정에 나서는 경우도 있었지만, 구중궁궐에서 전투와 담을 쌓고 지내던 왕은 전장의 변화무쌍한 상황에 대응할 준비가 전혀 되지 않아 우왕좌왕하다가 패하는 경우가 많았다. 왕이 잡혀서 포로가 되거나 사망하면서 왕조 자체가 끝장나는 경우도 있었다.

여기서 몽골군을 애자일 조직으로, 정주민 군대를 전통적인 기업 조직으로 보면 지나친 비유일까? 내가 이야기하고 싶은 것은 어느 조직 형태가 절대적으로 맞다거나 틀리다는 문제가 아니다. 주어진 조건에서 어느 조직이 더 적합한 것인지 선택할 수 있어야 하고, 그러려면 우리도 애자일 조직에 익숙해질 필요가 있다는 사실을 이야기하고 싶은 것이다.

우리나라 기업들 중에도 애자일 조직을 도입하는 사례가 늘어나고 있다. 빅테크나 스타트업에서는 어느 정도 정착돼있고 전통적인 기업 중에서도 시도하는 경우가 있다. 내가 다녔던 회사 중 한 곳에서도 애자일 조직을 도입했다. 당시 스쿼드, 트라이브Tribe, OKR, 스프린트Sprint 등 생소한 단어와 개념들과 방식에 적응하느라 힘들었던 것이 기억난다. 트라이브 리더였던 내가 CEO와 스쿼드 사이에 위치하는 매우 슬림한 조직구조여서 의사결정의 속도가 매우 빨랐다. 하지만 산하에 15개가 넘는 스쿼드의 'What'을 결정해주고, 방향성을 제시해주는 것은 쉬운 일이 아니었다. 나이 든 임원들이 감당해내기는 쉽지 않은 업무량과 업무 범위였다.

애자일 조직은 구성원들이 스스로 OKR을 설정하고 자율적이고 창의적으로 업무를 수행할 역량이 되어야 제대로 돌아갈 수 있다. 그래서 구성원들의 역량과 준비 상태가 매우 중요하다. 평범한 군인에게 망구다이 역할을 시키면 적들이 유인되었을까? 오히려 포로로 잡혀서 작전과 본대의 위치만 노출시키지나 않으면 다행일 것이다. 조직 역시 보상과 신뢰가 확실해야 한다. 죽음을 각오하고도 남을 만큼 충분하고 공정한 보상체계에 대한 믿음이 없다면 망구다이가 임무에 몸을 바치지 않았을 것이다.

테스트 앤드 런 프로세스

애자일 조직을 도입하여 성공시키려면 '남들이 하는데 우리도 해야 할 것 같아서'라는 '뇌를 빼놓은' 이유 말고, 조직이 지금 무엇을 해야 하며 왜 애자일 조직이 필요한지 정확하게 파악할 필요가 있다. 애자일 조직을 도입하는 이유는 무엇인가? 바로 환경 변화에 유연하고 빠르게 대응할 수 있는 조직이 필요하기 때문이다. 이런 점을 놓고 볼 때 우리나라 기업들이 애자일 조직을 도입하면서 한 가지 간과한 퍼즐 조각이 있다. 바로 '테스트 앤드 런'의 일하는 방식과 문화다.

테스트 앤드 런은 가설을 수립하고 이를 소규모 고객 그룹을 대상으로 빠르게 테스트한 다음 더 나은 대안을 도출하여 확산하는 과정을 반복하는 방식이다. 애자일 조직이 자동차라면 테스트 앤드 런은 이를 움직이는 엔진이나 마찬가지다. ([그림 31] 참조)

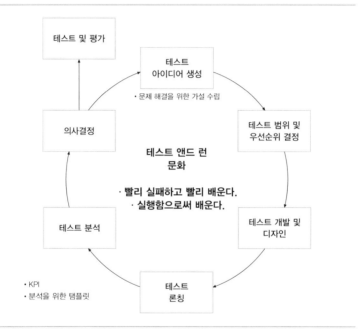

[그림 31] 테스트 앤드 런 프로세스

테스트 앤드 런의 과정이 마케팅, 리스크관리, 공급망관리, 생산, R&D 등 조직 내 전 부서에서 꾸준히 이어지고, 그 결과가 조직 내 모든 구성원에게 공유되는 체계를 갖출 때, 조직은 리스크를 통제하면서도 보다 나은 의사결정을 할 수 있게 된다. 그리고 스타트 업에서 흔히 얘기하는 피봇팅Pivoting*이란 것도 테스트 앤드 런 프로세스와 문화가 있을 때 가능해진다. 대규모 실패 전에 피봇팅을 하려면 근거가 필요하고, 그것은 테스트를 통해 확보될 수 있기 때문이다. 대기업에서 피봇팅이 거의 없는 것은 테스트 앤드 런 개념 자체가 없는 경우가 많기 때문이다.

기업에서 분석역량을 키우기 위해서는 빅 데이터 전에 우선 스몰 데이터Small Data와 스프레드시트와 같은 단순한 도구와 분석기법으로 시작해서 점차 데이터를 확장하고 보다 정교한 도구와 분석기법으로 진화해나가는 게 맞는 방법이다. 테스트 앤드 런은 그 과정의 가장 핵심적인 프로세스이자 기업문화다.

테스트 앤드 런을 실행하기 위한 조건

애자일 조직을 제대로 구동하려면 테스트 앤드 런 프로세스와 문화가 일하는 방식 중 하나로 자리 잡아야 한다. 이러한 준비 없이 애자일 조직을 도입하면 조직은 자칫 큰 리스크에 직면하거나, 성과 없고 관리도 안 되는 무늬만 애자일 조직을 갖게 될 수 있다. 조직이 테스트 앤드 런을 제대로 실행하기 위한 조건은 다음과 같다.

첫째, 예산/투자 승인 프로세스가 제대로 뒷받침되어야 한다. 경영관리 부서에서 예산 사용처 하나하나를 간섭하는 프로세스라

---

*사업 방향을 전환하는 전략적 움직임.

면 애자일 조직의 장점을 살리기 어렵다. '이걸 위에서 승인해줄까?'라고 멈칫하는 순간 신속함과 창의적 가설은 희미해지기 시작한다. 시무식에서 CEO가 '실패할 자유가 있다'느니 '실패 경험은 가장 소중한 자산'이라느니 떠들어봐야, 실패한 시도를 상사나 관리 부서에서 따지기 시작하면 아무런 효과가 없다. 테스트를 위한 별도의 예산을 책정하고 기존 예산과 별도로 관리함으로써 현업에 자율성을 주는 것이 좋은 방법이다.

둘째, 애자일 조직의 리더는 테스트된 결과, 즉 데이터에 의한 의사결정을 당연히 받아들여야 한다. 여기서 HiPPO가 개입하여 직감이나 소신을 밀어붙이면 기존 조직과 다를 바가 없어진다. 의사결정자는 자기 의견을 얘기할 것이 아니라 테스트 앤드 런 프로세스와 문화의 강력한 수호자가 되어야 한다.

셋째, 직원들이 테스트 앤드 런을 위한 지식, 툴, 업무 프로세스를 학습하고 창의적인 가설을 수립할 훈련이 되어있어야 한다. 우리나라 기업의 직원 대부분이 테스트를 어떻게 수행하는지도 모르는 경우가 많고, HiPPO에 의존하려는 경향도 상당하다. 이러한 전반적인 여건이 마련되지 않은 상태에서 애자일 조직을 도입해봐야 호박에 줄을 그을 뿐, 실제 일하는 방식은 기존 조직과 하등 달라질 게 없게 된다.

A/B 테스트나 앞서 얘기한 데이터 분석 프로세스인 CRISP-DM 사이클도 한 번의 수행으로 완결되는 프로세스가 아니다. 일정 기간이 지난 시점에서 모델의 유효성과 적정성을 정기적으로 점검

하고 이를 확산할 것인지 판단하는 프로세스가 돌아가야 한다. 하지만 실제로 리뷰 프로세스를 꾸준히 점검하는 기업은 많지 않다. 예를 들어 금융 기업들이 사용하는 신용평가모델도 경기가 순환되고 새로운 데이터가 들어오면 당연히 조정이 필요한데 현실은 그렇지 않다. 몇 년 전에 개발한 시스템을 필요할 때마다 여기 고치고 저기 고치는 식으로 운영하니 내부에는 신용관리모델이 어떻게 생겨 먹었는지 이해하는 사람이 드물다. (그러다 보면 정말 대출이 필요한 MZ 세대나 자영업자와 같은 이들은 아예 대출이 어렵게 된다.)

내가 직장 생활을 하면서 보아온 조직 중 분석 역량이 강한 조직은 국내외를 막론하고 예외 없이 테스트 앤드 런이 일하는 방식과 문화로 정착되어있었다.* 특히 글로벌 금융회사나 빅테크들은 예외 없이 테스트 앤드 런 방식으로 일했다. 그리고 CEO 등 의사결정자들은 그것을 격려하면서 기꺼이 자기 의견을 접고 테스트 결과를 존중했다. 여기서 자기 의견을 접었다는 의미는 '계급장 떼고' 숫자와 로직으로 논쟁을 할 수 있었다는 의미다.

반대로 이름 있는 국내 기업들 가운데 테스트 앤드 런과 같은 자율적이고 기민한 프로세스나 문화를 가지지 못한 회사들도 참 많이 보았다. 보수적이고 상명하복이 강한 전통 기업에서 테스트 앤드 런은 말도 꺼내기 어렵다. "아니, 하려면 정확히 성공할 것만 골

---

*회사에 따라서는 '테스트 앤드 런'을 챔피언Champion이나 챌린지Challenge라고 부르는 경우도 있었다.

라서 해야지 왜 테스트를 하나? 그런 거 없이 되게 하라고 당신 월급 주는 거 아니야?" 이 정도 말을 들으면 양반이고 "이거 안 되면 당신이 책임질 거야?"라는 식의 대화가 태반이었다. '모 아니면 도', '일단 시작한 것은 무조건 되게 하라. 아니면 되는 것처럼 보이게 하라'라는 사고방식이 일상적이라면, '데이터 기반의 의사결정', '지속적인 조직 차원의 학습' 그리고 '문제해결 역량 강화와 지속적인 혁신'은 물 건너간 것이다.

의사결정자들이 정말 변화와 혁신을 원한다면 지금부터라도 테스트 앤드 런의 방식과 문화를 도입해야 한다. 망구다이와 같은 역량 있는 전위부대를 키우고, 그들에게 충분한 보상과 믿음을 주고, 통제 대신 자율성을 부여함으로써 효과적으로 활용하면 커다란 성과를 노릴 수 있다. 그리고 이제까지처럼 손 안 대고 코 풀 생각을 해서는 곤란하다. 망구다이들의 희생처럼 최소한 코피를 흘릴 각오는 해야 한다.

데이터 분석의 종류와
분석 모델

HIPS 프로세스의 개발 및 실행 단계에서 분석적 접근방식의 결과물로 나타나는 것은 '분석 모델'이다. 물론 결과물은 새로운 프로세스가 될 수도 있고 새로운 시스템이나 혹은 실제 제품이 될 수도 있다. 그러나 이 책에서는 데이터로 만들 수 있는 결과물이라는 점, 그리고 다른 결과물도 어떤 형태로든 분석 모델을 포함하는 경우가 대부분이라는 점에서 분석 모델을 위주로 설명하고자 한다.

이 단계에 이르면 분석적 접근방식이건 창의적 접근방식이건 결과물은 하나로 통합된다. 결과물 측면에서 둘을 구분하는 것은 크게 의미가 없다. 다만 방법론 측면에서 의미가 있기에 둘을 구분하여 다룰 것이다.

우리들 대부분은 데이터 과학자나 데이터 분석가가 아니다. 그럼에도 분석 모델을 어느 정도 알아야 하는 이유가 있다. 이것은 마치 식당 사장이 되려면 따로 주방장을 두더라도 음식과 요리에 대해 어느 정도 알고 있어야 하는 이치와 같다. 주방장에게 음식과 요리에 관한 모든 것을 맡기면 새로운 메뉴 개발이나 맛의 차별화는 시도하기 어려워진다. 문제해결에 한계가 생긴다는 말이다.

앞으로 AI와 AutoML 등이 모델링을 대신해줄 것이기에 분석 모델 자체를 만드는 것은 자동화되거나 어렵지 않게 될 것이다. 그렇다면 중요해질 역할은 문제해결을 위한 비즈니스 요구사항을 이해하고, 데이터 분석을 어디에 어떻게 써야 하는지를 이해하고 실행할 수 있는 역량이다. 그리고 이런 역할은 별도의 직책을 주어 맡길 것이 아니라 현업의 실무자, 관리자, 그리고 의사결정자들이 기본 소양을 가지고 해낼 수 있어야 한다.

[그림 32]는 데이터 분석의 종류와 각각의 적용 기준을 요약한 것이다.

먼저 데이터 분석의 목적은 크게 인과관계와 연관관계 분석, 그리고 의사결정을 위한 미래 결과의 예측으로 나눌 수 있다.

전자의 경우를 설명적 분석Descriptive Analytics라고 한다. 간단한 데이터 분석은 직장에서 많이 작성하는 숫자 테이블이 대표적이고, 복잡한 데이터는 독립변수(설명변수)가 여러 개인 다중회귀분석이 대표적이다. 분석에 쓸 데이터가 없으면 A/B 테스트나 고객 설문조사를 통해 데이터를 만들어내기도 한다.

데이터를 분석할 때 테이블을 쉽게 만드는 것이 경제적이지만,

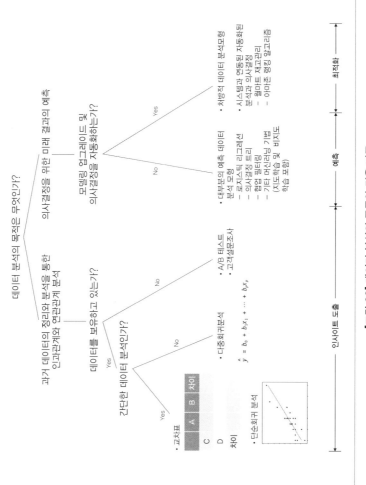

[그림 32] 데이터 분석의 종류와 적용 기준

조금 더 정교한 방법을 써야 할 상황이 있다. 예를 들어 관리 회계에서 손익분기점을 분석할 때 모든 비용을 변동비로 가정하고 하는 분석과, 고정비와 변동비로 구분해서 분석할 때 정확도 차이는 매우 크다. y는 x의 몇 배 혹은 몇 %가 아닌 $y = a + bx$처럼 상수항의 유무에 따라 y와 x의 관계는 매우 다른 형태를 띠게 된다. 현실에서 두 변수 간의 관계가 정확하게 비례하는 관계는 드물다. 고정적인 요인에 의한 상수항이 있거나 제3의 변수가 있는 경우가 대부분이다. 때에 따라서는 회귀분석 혹은 다중회귀분석도 적용해야 한다. 우리가 알아두어야 하는 이유다. 다행히 이런 분석은 엑셀에서도 얼마든지 할 수 있다. 데이터가 없는 경우는 위에서 설명한 A/B 테스트나 고객 설문조사를 통하여 데이터를 생성하면 된다.

분석의 목적이 미래 결과의 예측인 경우 자동화가 가능하다면 예측적 분석Predictive Analytics, 자동화가 불가능하다면 알고리즘을 포함한 처방적 분석Prescriptive Analytics으로 구분할 수 있다.

예측적 분석은 말 그대로 과거 데이터를 활용하여 향후 일어날 일을 예측하는 것을 목적으로 한다. 복잡한 분석에서 쓰이는 통계적 분석이나 머신러닝에서 사용하는 모델은 대부분 이 범주에 포함된다.

처방적 분석은 일회성의 예측을 하는 예측적 분석과 달리 자동화된 업그레이드와 의사결정을 위해 데이터가 꾸준히 유입되며, 모델 혹은 알고리즘 자체의 학습 기능이 작동한다. 아마존 랭킹 알고리즘 등 빅테크에서 활용하는 알고리즘 등이 대표적이다.

[그림 33]은 설명적 분석, 예측적 분석, 처방적 분석을 간단히 표현한 것이다. 각각 '무슨 일이 일어난 것인가?' '무슨 일이 일어날 것인가?' '무엇을 해야 할 것인가?' 세 문장의 차이로 이해하면 된다.

AI와 디지털 전환 시대에는 누구나 통계, 머신러닝, AI에 관한 기본적인 배경지식을 가지고 있어야 한다. 그리고 이를 바탕으로 합리적인 질문을 던질 수 있어야 한다. 그러한 질문의 핵심은 분석이 내포한 가정의 현실성과 분석의 목적 적합성이다. 모델링 기법 자체에 대해서 틀리느니 맞느니 하는 것은 데이터 분석가들에게 맡기면 되는 것이고, 우리에게는 이 모델들의 가정이 현실에 부합하는지 또는 그것이 가진 한계는 무엇인지를 명확하게 이해하는 과

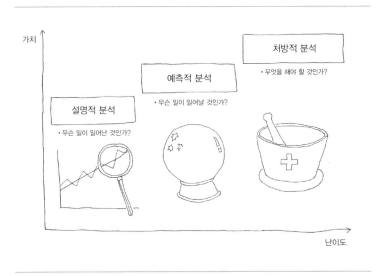

[그림 33] 설명적·예측적·처방적 분석 방법 비교

정, 그리고 분석의 결과가 처음에 세운 목적을 달성하였는지 질문하는 과정이 필요하다. 예를 들면 다음과 같은 질문들이다.

- 분석을 통해서 답변하고자 하는 질문이 정확히 무엇인가?
- 분석 결과가 정확하게 그 질문에 대한 답을 주고 있는가?
- 주요 가정은 무엇인가? 그 가정들이 변한다면 분석 결과는 어떻게 달라지는가?
- 우리가 알고 있던 것과 결과가 다르게 나온 부분은 무엇인가?
- 분석 과정이나 모델이 왜 이렇게 만들어졌는지, 아무런 배경 지식이 없는 사람에게 목적과 원리와 과정을 설명할 수 있는가?

실무자에게 이런 피드백을 해주는 상사가 있다면 데이터 분석가들은 무척 고마워할 것이다.

비즈니스 경험이 없는 데이터 분석가들이 데이터만을 가지고 인사이트나 액션을 도출하려 시도하는 것은 분명한 한계가 있다. 문제 정의, 데이터 수집, 피처 엔지니어링, 가설 수립, 현업과 커뮤니케이션 등 모든 분석적 접근방식 단계에서 업무 지식이 없으면 작업된 결과물은 현실에서 적용이 불가능하여 조직 내에서 받아들여지지 않는 경우가 많다. 또한 경험이나 인사이트에 기반한 가설이 없다면 데이터 마이닝뿐 아니라 AI를 적용해도 실행 가능하고

유의미한 결론을 도출하기가 어렵다. 과거 우리나라 기업들이 통계 전문가나 머신러닝 전문가를 고용해서 데이터 마이닝을 실시했지만 주목할 만한 결과가 나온 것은 별로 없었다. 그들이 업무지식과 경험을 쌓게 되면서 비로소 결과물이 나오거나, 현업 출신 인력 중 데이터 분석을 교육받고 실제 현장에서 적용하며 경험을 쌓은 인력들이 성과를 내는 경우가 대부분이다.

> "통계를 가지고 거짓말을 하는 것은 쉽다. 하지만 통계 없이 진실을 말하기는 어렵다."
>
> _안드레이스 둔켈스Andrejs Dunkels(스웨덴의 수학자)

유튜브 알고리즘 추천은
대체 어떻게 받는 것일까?

여러 가지 온라인 서비스를 이용하다 보면 내가 관심 있을 법한 뉴스나 영상 또는 광고가 뜨는 일을 겪어봤을 것이다. (요즘은 하도 잦아서 좀 짜증이 난다.) 여기에 활용되는 것이 머신러닝을 활용한 처방적 모델링 또는 추천 알고리즘이다. 추천 알고리즘은 개인의 선호, 과거 선택 이력, 개인과 상품의 특징 등을 파악하기 위해 노출 수, 클릭 수, 좋아요, 구매 이력 등을 분석한다. 넷플릭스에서 영화 추천을 해주거나 아마존과 같은 온라인 쇼핑 사이트에서 흔히 볼 수 있는 '이 상품을 구매한 사용자가 구매한 상품들'을 보여주는 것이 대표적인 사례다. 구글, 아마존, 메타 등 거의 모든 빅테크들이 추천 알고리즘을 활용하고 있으며, 고객의 만족과 유지 및 매출을 위한 가장 중요한 수단으로 알고리즘을 발전시키고 있다. (유튜버들이 신의 은총만큼이나 받고 싶어 하는 것이 바로 유튜브 알고리즘의 추천이다.)
여기서는 이런 알고리즘이 작동하는 원리를 한번 살펴보자. 머신러
닝이나 AI의 작동원리에 대해 이해하는 것은 나중에 활용하는 방법
과 더불어 이것들의 한계를 깨닫는 데 도움이 된다.

추천 알고리즘은 크게 협업 필터링Collaborative Filtering과 콘텐츠
기반 필터링Content-based filtering으로 분류할 수 있다.

협업 필터링은 사람들의 행동에 중점을 두는 알고리즘이다. 고
객에게 제품과 서비스를 추천할 때 유사한 사용자 그룹들의 행동을
분석하여 제시한다. 유사한 사용자 그룹들의 행동을 분석하여 구성
하므로 이름에도 '협업'이 들어간다. 쉽게 얘기하면 A라는 사용자가
사과, 오렌지, 바나나를 구매했다면, B라는 사용자가 사과와 오렌지
를 구매했을 때 바나나도 추천하는 방식이다. 협업 필터링은 사용
자를 기준으로 두기도 하고 아이템을 기준으로 두기도 한다. 둘 다
기본적인 원리는 같다.

그런데 협업 필터링 모델에는 몇 가지 단점이 있다. 첫째, 콜드
스타트Cold Start다. 참고할 데이터가 없는 경우, 즉 기존에 없던 새로
운 상품이거나 새로 진입한 사용자인 경우 추천을 수행할 수 없다
는 문제가 있다. 둘째, 비용이 많이 들어간다. 협업 필터링은 계산량
이 많은 알고리즘이므로 사용자 수가 늘어나면 컴퓨팅 용량이 기하
급수적으로 증가한다.

이런 협업 필터링의 첫 번째 단점을 보완하기 위해 사용되는 것
이 바로 콘텐츠 기반 필터링이다. 협업 필터링은 '사용자'의 행동 기

록을 분석하여 활용하고, 콘텐츠 기반 필터링은 '항목 자체'를 분석하여 추천을 구현한다. 예를 들어 영화를 추천하기 위해 영화 자체의 장르, 출연 배우, 제작 연도, 줄거리 등을 분석하여 꼬리표Tag를 달아놓고, 유사한 꼬리표에 반응한 사용자에게 영화를 추천하는 방식이다.

최근에는 이 두 가지 필터링 방식의 장점을 모두 흡수하고 딥러닝Deep Learning까지 활용한 하이브리드형 알고리즘이 빅테크를 중심으로 널리 활용되고 있다. 이는 신속하게 데이터를 축적할 수 있으며 무엇보다 예측력이나 설명력이 높아진다는 장점이 있다. 다만 이런 통합형 알고리즘을 실행하기 위해서는 어쩔 수 없이 컴퓨팅 파워가 꾸준히 증가해야 한다. AI나 알고리즘이 발전할수록 점점 더 고사양의 GPU나 반도체 수요가 증가하게 되는 것이다.

생물계의 잡종 강세와 마찬가지로 AI, 알고리즘, 모델링에서도 하이브리드형, 통합형들이 이전 것들에 비해 나은 결과를 보여준다. 이는 결코 우연이 아니다. 융합과 통합은 진화와 발전의 근본이 되는 가장 핵심적인 원리이기 때문이다. 더 나은 문제해결사가 되기 위해서는 π자형 인재가 되어야 하는 이유도 바로 여기에 있다.

아마존 판매자로
대박이 나려면

처방적 모델링의 사례로 이번에는 아마존 랭킹 알고리즘을 살펴보자. 예전에 나는 아마존 셀링Selling 비즈니스를 하는 회사에 투자하며 그 메커니즘을 경험해본 적이 있다. 새로운 상품을 공급받아 판매할 때 항상 목표는 검색창의 첫 번째 페이지Front page에 올리는 것이었다. 당연히 가장 큰 의문은 '아마존은 그 수많은 상품들을 고객에게 보여줄 때 어떤 로직을 쓸까?'였다. (그 비밀의 열쇠를 풀수만 있다면 돈을 왕창 벌 수 있을 것 같았다.) 국내의 오픈마켓이나 소셜커머스 사이트처럼 광고비를 많이 지불해야 할까? 아니면 그냥 MD의 선택일까?

정답부터 이야기하자면 아마존은 랭킹 알고리즘으로 제품을 보여주는 순서를 정한다. 그리고 이 알고리즘은 아마존이 생각하는 목적에 맞게 머신러닝을 통해서 자체적으로 꾸준히 진화하고 있다. [그림 34]는 아마존 랭킹 알고리즘의 주요 변수를 간단하게 요약한 것이다. 일종의 로직트리라고도 할 수 있다.

아마존이 랭킹을 매기기 위해 사용하는 주요 변수는 최근 판매량, 고객의 평가와 리뷰, 판매자의 과거 실적과 신용도, 미국 내 재고 수준, 외부로부터의 트래픽 유도 효과, 구매 전환율 등이다. 이외에도 엄청나게 많은 변수가 있지만 대표적인 것들만 추려봤다. 여기에는 어떠한 인위적인 개입이나 조작도 없다. 그러므로 판매자는 이러한 변수들을 잘 관리하면 아마존의 검색창 첫 페이지에 자신의 상품을 올릴 수 있다.

물론 알고리즘은 실시간으로 최신 데이터를 반영하여 스스로 계속 진화하고 있으므로 아마존도 특정 시점의 알고리즘의 공식 Formula이 정확히 무엇인지는 모른다. 다만 주요 변수들을 보면 아마존은 궁극적으로 자신들의 매출을 극대화시켜줄 상품, 방문 고객당 수익을 높여줄 상품을 원한다는 사실을 알 수 있다. 하지만 단순히 수익 극대화만을 추구하는 것은 아니고, '고객 만족'이라는 중요한 고려 요인을 갖고 있다.

앞서 아마존의 고객에 대한 집착을 설명하며 그들이 품절과 사기에 어떻게 반응하는지 언급했다. 여기서 조금 더 자세히 설명하자면, 아무리 초기 판매량이 많은 상품이라도 고객의 평가와 리뷰가 나쁘면 결국 랭킹이 하락한다. 독특한 점은 미국 내 재고 수량도 주요 변수 중 하나라는 점이다. 아무리 판매량이 많고 고객 피드백

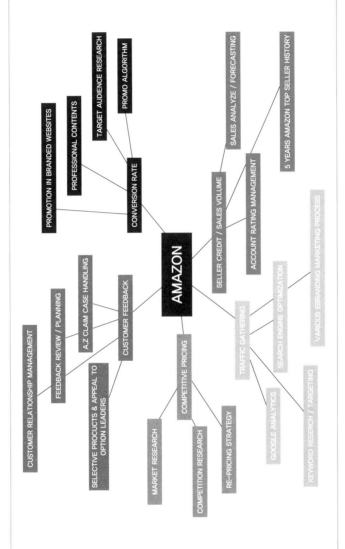

[그림 34] 아마존 랭킹 알고리즘의 주요 변수

이 좋아도 미국 내 재고가 일정 수준 이하가 되면 랭킹이 급락하는 경우가 있다. 이는 아마존이 고객에 대한 배송 약속을 엄수하려 하기 때문이다. 품절 혹은 배송 지연이라는 것은 아마존 입장에서 기회의 손실이기도 하지만 고객 입장에서 보면 아주 나쁜 고객 경험이 된다. '지구에서 가장 고객 중심적인 회사가 되겠다'라는 아마존의 미션을 잘 보여주는 기준이라 할 수 있다.

또 한 가지 아마존의 고객 우선주의 철학을 엿볼 수 있는 대목이 조작이나 사기 탐지 프로그램이다. 아마존은 자체 개발한 시스템을 총동원하여 판매자가 혹시 고객 평가나 리뷰를 조작하는지 감시한다. 그러다가 조금이라도 이상한 낌새가 발견되면 바로 판매자의 계정을 일시 중지시킨다. 예외도 없고 인정사정도 없다. 일단 판매를 중지시키고, 이후 판매자가 소명하여 조작이 없었다고 판단되면 그때 중지 조치가 해제된다. 그런데 판매자 입장에서는 한번 판매 중지를 먹으면 상품들의 랭킹이 급격히 하락하므로 손해가 이만저만이 아니다. 판매자에게는 매우 가혹한 정책이지만, 덕분에 고객은 아마존의 평가와 리뷰를 절대적으로 신뢰할 수 있다. 판매가 중지되지 않을까 판매자들이 조심, 또 조심하기에 애초부터 조작이 들어설 여지가 거의 없게 된다.

아마존 랭킹 알고리즘을 살펴보면 아마존이 돈 버는 것에도 관심이 있지만, 얼마나 고객들에게 최적의 상품과 고객 경험을 제공하기 위해 고민하는지 알 수 있다. 이처럼 아마존도 수익 극대화와 고객 만족이라는 두 마리 토끼를 잡기 위해 끊임없이 랭킹 알고리

즘을 다듬고 수정하는 작업을 하고 있다. 이것이 오늘날 아마존을
글로벌 오픈마켓의 최강자로 만든 원동력일 것이다.

> "아마존의 성공은 매일, 매주, 매달, 매년 몇 개의 실험을 하는가
> 의 함수다."

_제프 베이조스

전통 기업이
배워야 할 혁신

최근 신세계, 롯데, 홈플러스 등 전통의 오프라인 유통기업들이 쿠팡이나 네이버와 같은 온라인 전자상거래 플랫폼들에 밀려 고전을 면치 못하고 있다. 매출과 주가가 계속해서 하락하고 지점 폐쇄를 하는 곳도 있다. 물론 그들도 매출을 확대하기 위해 여러 가지 시도를 하고 있지만, 아직 뚜렷한 성과가 보이지 않는다. 그런데 미국에는 아마존이라는 거대 온라인 유통기업의 등장에도 불구하고 잘 버티고 있는 오프라인 유통기업이 있다. 바로 월마트다. 월마트가 우리나라의 오프라인 유통기업들과 달랐던 점은 무엇일까?

우선 알아두어야 할 사실이 있다. 우리는 월마트를 전통적인 오프라인 유통기업이라고 알고 있지만, 사실 미국에서 아마존에 이어 두 번째로 큰 온라인 유통기업이기도 하다는 점이다. 2021년 1월

이마케터eMarketer의 조사에 따르면 미국 리테일 온라인쇼핑 시장의 기업 매출 순위는 1위가 아마존(3,671억 달러), 2위가 월마트(646억 달러), 3위가 이베이(386억 달러)였다.

다른 오프라인 유통기업들과 달리 월마트는 초기에 소극적이었던 온라인 대응을 비교적 빠르게 실수라고 인지했다. 더하여 아마존이 이미 잘하는 것에 정면으로 부딪치는 대신 자신들이 잘할 수 있거나 적어도 아마존과 대등하게 경쟁할 수 있는 부문에 집중했다. 예를 들면 B2B 고객들을 위한 대용량 판매 사이트인 제트닷컴을 인수했으며, 매장 거점을 기반으로 온라인에서 구매 후 퇴근길에 매장에 들러 찾아갈 수 있는 BOPISBuy Online Pick up In Store 서비스를 시작했고, 구매한 가전 등의 물품을 기사가 고객의 집 안까지 들어가 설치 및 배치까지 해주는 인홈InHome 배달 서비스를 도입했으며, 매장과 별도로 AI와 로보틱스 등이 접목된 이커머스 전용 차세대 물류센터를 구축했고, 최근 홈페이지에서는 판매자 대상 혜택을 확대한 일이 있었다. 그리고 모든 활동에 창업자인 샘 월튼Samuel Moore Walton이 제창한 'EDLPEvery Day Low Price'라는 브랜드 약속을 꾸준히 지켰다. 덕분에 월마트는 아마존보다 잘할 수 있는 영역에 집중하면서 차별적인 경쟁력을 유지할 수 있었다.

월마트처럼 거대한 유통 공룡이 이처럼 새로운 서비스를 도입하고 과감한 혁신을 할 수 있었던 원동력은 무엇이었을까?

첫째, 사람 중심 관점이다. 월마트 CEO인 더그 맥밀런Doug McMillon은 상품 하역 업무를 담당하는 시간제 아르바이트로 처음 일을 시작해서 40년 가까이 월마트에서 일해온 월마트맨이다. 2024년 CES 프레젠테이션에서 그는 직원들에게 월마트가 '사람 중심의 기술 주도 옴니채널* 소매업체People-led, Tech-powered Omnichannel Retailer'라는 메시지를 전했다. 기술이 아니라 사람이 먼저라는 그의 말은 그냥 하는 소리로 들리지는 않는다.

둘째, 오픈 마인드다. 월마트는 경쟁자들에 비해 기술에서 자신들이 부족한 부분을 솔직히 인정하고 그 부분을 채우고자 기술 기업을 인수하거나 마이크로소프트 등 다른 기업과 전략적 제휴를 다수 진행하고 있다. 또 잘 모르는 분야는 외부에서 영입한 전문가에게 과감하게 맡겼다. 월마트는 제트닷컴을 인수하면서 그 CEO인 마크 로어Marc Lore를 영입해서 온라인 전략에 대한 전권을 부여했다. 이후 마크 로어는 5년 이상 재임하며 월마트만이 할 수 있는 여러 가지 혁신적인 전략을 실행해 월마트의 온라인 매출 성장에 크게 기여했다.

셋째, 데이터와 기술에 대한 투자다. 우리나라에서는 2000년대 중반 월마트가 이마트에 밀려 철수했던 기억 때문에 둔한 공룡이라는 이미지가 있다. 하지만 사실 월마트는 일찍부터 데이터와 기술에 투자해온 스마트한 기업이다. 2013년 허리케인 프랜시스가 발생했을 때, 월마트는 기상센터의 실시간 허리케인 경로 예측과 연

---

*소비자가 온라인, 오프라인, 모바일 등 다양한 경로를 넘나들며 상품을 검색하고 구매할 수 있게 한 서비스. 고객이 어떤 채널과 경로에서도 같은 매장을 이용하는 경험을 할 수 있게 만든다. BOPIS가 대표적이다.

동하여 경로 위에 있는 각 점포의 재고를 미리 최적화해두었다. 이미 10년 전부터 월마트는 비상 상황에 대비한 재고 및 물류 최적화 시스템을 마련한 셈이다. 이 시절에 이미 이 정도로 자동화된 최적화 시스템을 구축한 유통 회사는 전 세계에 거의 없었을 것이다. 앞서 언급한, 최적화를 위한 '처방적 분석'의 대표적인 사례가 바로 이것이다.

나는 월마트에서 이러한 시스템 구축 프로젝트를 수행한 인도의 뮤시그마Mu Sigma라는 데이터 기반 컨설팅 회사를 방문해 이에 대한 상세한 얘기를 들을 수 있었다. 딜리버리 센터라고 불리는 뮤시그마의 데이터 분석 센터는 인도의 벵갈루루에 있다. 거기에는 3,500명의 데이터 과학자가 하나의 건물 안에서 각 팀별로 글로벌 기업들의 데이터를 분석하며 온갖 종류의 모델링을 수행했다. 이들은 인도 최고의 명문인 인도 공과대학교Indian Institute of Technology, ITT 등 손꼽히는 대학교 출신이 대부분이라고 했다. 우리나라로 치면 수능성적 1퍼센트에 속하는 수재들이 3,500명 정도 모인 셈이었다. 담당자는 월마트가 뮤시그마의 최대 고객이며, 매년 엄청난 규모의 컨설팅 자문료를 지급하고 있다고 말했다.

월마트는 데이터 분석과 기술에 과감한 투자를 지속해왔으며, 지금은 월마트 글로벌 테크라는 조직에서 데이터 분석과 기술을 연구 개발하고 있다. 그리고 이러한 역량을 구축하기 위해 많은 스타트업들을 인수하거나 공격적인 전략적 제휴를 추진해왔다.

월마트는 오래전부터 기본기를 착실하게 다져왔고, 이것이 자양분이 되어 아마존이라는 강력한 경쟁자에게 밀려나지 않을 수 있었다. 이 업종은 어느 날 갑자기, 기업 하나 인수하고 특정 기술 하나 개발한다고 해서 싸움이 끝나는 세계가 아닌 것이다.

월마트는 초기부터 적극적인 아이디어 도출 과정과 테스트 앤드 런을 강조해왔다. 최근에는 드론 배송 실적 등 아마존보다 앞선 분야들도 꽤 있다. 물론 월마트가 이미 다 가진 금수저 기업이라서 이런 것들이 가능했다고 얘기할 수도 있다. 하지만 그냥 크기만 한 전통 기업인 줄 알았던 월마트가 새로운 종류의 경쟁자에 맞서 이 정도 성과를 보일 수 있다는 것은, 그렇지 못한 많은 국내 기업들과 비교해보았을 때 분명 놀라운 일이다. 그 이면에는 인간을 강조하는 철학, 오픈 마인드, 데이터/기술에 대한 과감한 선제적 투자가 있었고, 테스트 앤드 런 문화 등 이 책에서도 강조하는 문제해결 역량이 기본 바탕이 되었음을 알 수 있다.

사실 월마트는 미국인에게 그렇게 힙하지도 쿨하지도 않은 브랜드다. 하지만 전통적 유통기업인 월마트가 디지털 기술을 접목하여 스스로 변신해가는 과정을 보면, 이른바 '굴뚝 기업'이라고 불리는 전통적 제조기업들이 디지털 전환과 AI에 어떻게 대응해야 하는지 많은 시사점을 얻을 수 있다. 국내의 전통적인 유통기업들이 월마트를 통해 배울 것은 '본업과 본질에 대한 오랜 기간의 천착'이다.

가래로 막을 것을
호미로 막는다: 프로토타입

개발 단계에서는 테스트를 위해 무언가를 실제로 만들어보게 된다. 하지만 이때 본격적인 솔루션을 구축할 필요는 없다. 우선은 사내 관련 부서와 커뮤니케이션하고 고객의 반응을 알아보기 위한 버전을 만들면 충분하다. 우리나라 전통 기업에서 가장 취약한 부분이 이렇게 가벼운 버전을 만들어서 테스트하고 개선해나가는 접근방식이다. 스타트업은 최소기능제품 테스트가 일반화되어 있지만, 대기업들은 그런 거 없다. 만반의 준비를 마치고 보고한 후 처음부터 바로 '돌격 앞으로'다. 안 되면 될 때까지 밀어붙인다. 과거에는 이런 방식이 통했을지 모르지만, 이제는 혁신적인 신규 경쟁자들에게 큰 코 다칠 수 있다.

분석적 접근방법에서 테스트 앤드 런을 강조했듯이 여기서도 기민하고 유연하게 시도할 수 있는 방법들을 소개하고자 한다. 대표적인 것이 프로토타입이다. 먼저 다음 일화를 보자.

최 팀장은 지난 1개월 동안 모바일 사이트 리뉴얼을 위해 TF 팀원들과 함께 고객 피드백 분석, 해외 우수 사이트 벤치마킹, 수차례의 브레인스토밍을 통해 리뉴얼 방향을 수립했다. 이제 이를 바탕으로 프로토타입을 몇 가지 만들어서 테스트를 해보려고 한다. 최 팀장은 이를 보고하고 의사결정을 받고자 이 상무 방으로 들어갔다.

최 팀장: 상무님, 모바일 사이트 리뉴얼에 들어가기 전에 프로토타입을 몇 가지 만들어 테스트해보려고 합니다. 일단 스케치 정도로 작업한 것임을 감안하고 보시면 되겠습니다.

이 상무: 가져왔으니 보긴 하겠는데 말야…. 아직 작업도 안 한 이런 거 가지고 테스트를 하는 게 의미가 있나? 어느 정도 진척되면 그때 테스트를 하는 것으로 하고, 일단은 A안으로 해서 진행해 봐.

최 팀장: 상무님, 그래도 아직 TF에서도 의견이 갈리는 부분도 있고, 저도 확인을 좀 해보고 싶은 부분이 있어서 프로토타입으로 사용자 반응을 보는 게 좋을 듯합니다.

이 상무: (귀찮다는 듯이) 내가 보기론 별 차이도 없어 보이는데.

이걸 가지고 지금 사용자 의견을 들어봐야 무슨 의미가 있나? 그런 거 다 하나하나 비용인 거 몰라? 게다가 사장님께 보고한 리뉴얼 날짜가 얼마 안 남았어. 한가하게 이런 거 할 시간 없으니까 얼른 진행해.

최 팀장: ….

리뉴얼 사이트는 제 날짜에 출시됐다. 그러나 직관적이지 못한 UI/UX와 과도한 고객 정보의 입력 요구 등 애초 최 팀장이 프로토타입으로 테스트하고자 했던 이슈들로 인해 시작부터 좌초하고 말았다. 물론 이에 대한 책임은 모두 최 팀장이 뒤집어썼다.

이 일화는 기업 현장에서 자주 보는 모습을 그린 것이다. 담장자는 프로토타입을 통해 가래로 막을 것을 미리 호미로 막아보려 한다. 하지만 현실에서는 늘 데드라인과 보고가 더 중시되고, 책임은 담당자가 뒤집어쓴다.

프로젝트를 추진하다 보면 초기 아이디어나 가설에 대해서 확신이 안 생기거나 회의가 들기 시작하는 시점이 있다. 이런 경우 관성에 따라 혹은 기존에 보고한 내용 때문에 그냥 처음 계획대로 진행하는 경우가 많다. 스타트업으로 치자면 피봇팅을 해야 할 필연적인 순간이 왔는데 아무런 액션도 취하지 않고 원래대로 진행하는 셈이다. 가정과 가설이 의심스러워질 때는 다시 원점으로 돌아가서 사용자 혹은 고객의 피드백을 직접 받아보는 것보다 확실한 방법은 없다. 이때 필요한 것이 바로 프로토타입이다.

프로토타입은 제안된 솔루션을 테스트 혹은 추가로 탐색할 것을 알아보기 위해 만든 간단하고 임시적인 모델이다. 디자인 씽킹 등 문제해결 프로세스의 어느 단계에서도 만들 수 있고, 매우 간단한 버전부터 정교한 버전까지 목적에 맞게 여러 가지 형태를 만들수 있다. 이를테면 간단한 스케치, 스토리보드, 종이로 만든 박스 서비스에 대한 롤플레잉, 혹은 간단한 디지털 유저 인터페이스 등이 있다. 공통점은 아이디어를 만지거나 느낄 수 있도록 구체적인 형태를 갖춘다는 것이다.

프로토타입을 만들면 제품에 대한 사용자의 반응과 상호작용에서 인사이트를 얻을 수 있으며, 사용상의 이슈나 디자인상의 결함 등을 조기에 발견할 수 있게 된다. 이는 너무 많은 시간과 자원이 투입되기 전에 추가적인 아이디어를 탐색하고 테스트할 수 있는 기회를 제공한다. 또 프로토타입의 결과는 내부를 설득하기에도 유용하다.

내가 프로토타입의 중요성을 깨닫게 된 것은 IDEO와 작업했을 때였다. 그들은 자주 프로토타입을 만들어 왔다. 얼핏 보면 매우 조악해 보였다. 그런데 그런 상태라도 실제 뭔가를 만들어 오니 참석한 사람들 사이에서 다양한 의견과 개선을 위한 아이디어가 나왔다. 상상만 하는 것보다 실제 물건을 보니 더 구체적인 얘기가 나왔고 상세한 부분까지 떠올려볼 수 있었다. 사람들로부터 토론을 유발하고 적극적으로 의견을 수렴할 수 있는 좋은 마중물이 됐다.

우리나라 대행사나 실무자들은 무언가를 보여줄 때는 항상 완벽한 상태여야 한다는 강박이 있는 듯하다. 하긴 그들만 탓할 일도 아니다. 보고받는 사람이 완벽한 것을 가져오길 기대하니까 그러는 것이다. 그렇지만 이제는 보고하는 사람이나 보고받는 사람이나 프로토타입의 의미를 정확히 이해하고 오픈 마인드와 실용적인 태도를 가졌으면 한다. 호미로 막을 일을 가래로 막지 않으려면 말이다.

> "그림이 백 마디 말보다 가치가 있는 것처럼, 프로토타입은 백 번의 미팅보다 가치 있다."
>
> _IDEO
>
> "디자인 씽킹이란 표현은 사실 잘못된 표현이다. 디자인 씽킹은 사실 생각보다 실행이다. 생각이나 미팅보다 실행과 직접 만들어보는 것을 중요시한다."
>
> _스탠퍼드 디스쿨

윤식당에
서비스 블루프린트가 있었다면

프로토타입이 유형의 제품을 간단하게 만들어보는 것이라면, 서비스 블루프린트Service Blueprint는 무형의 서비스를 기획해보는 방법이다. 서비스 블루프린트를 작성하려면 고객여정지도를 가로축에 놓고, 세로축에는 각 고객여정 단계별로 고객을 위해 필요한 프로세스, 활동, 시스템 등을 표시하면 된다. [표 28]은 식당 서비스의 블루프린트를 예시로 든 것이다.

예전에 연예인들이 직접 식당을 차려 운영하는 모습을 그린 〈윤식당〉이라는 프로그램이 있었다. 그들처럼 식당을 처음 열어 장사에 익숙하지 않은 사람들이 어떤 시점에 무엇을 해야 할지 몰라 우왕좌왕할 때 서비스 블루프린트는 큰 도움을 줄 수 있다. 서비스 블루프린트를 그려보면 고객 접점에서 고객행동을 지원하기 위해 필

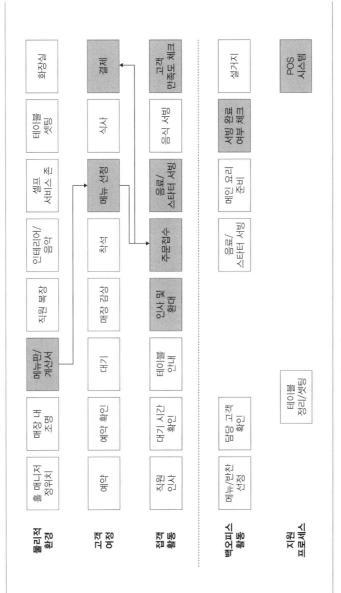

물리적 환경 | 고객 여정 | 전방 활동 | 백오피스 활동 | 지원 프로세스

물리적 환경
- 홀 매니저 정위치
- 매장 내 조명
- 직원 복장
- 메뉴판/계산서
- 인테리어/음악
- 셀프 서비스 존
- 테이블 셋팅
- 화장실

고객 여정
- 예약
- 예약 확인
- 대기
- 매장 감상
- 착석
- 메뉴 선정
- 식사
- 결제

전방 활동
- 직원 인사
- 대기 시간 확인
- 테이블 안내
- 인사 및 환대
- 주문접수
- 음료/스타터 서빙
- 음식 서빙
- 고객 만족도 체크

백오피스 활동
- 메뉴/반찬 선정
- 담당 고객 확인
- 음료/스타터 서빙
- 메인 요리 준비
- 서빙 완료 여부 체크
- 설거지

지원 프로세스
- 테이블 정리/셋팅
- POS 시스템

[표 28] 식당 서비스 블루프린트

요한 요소들을 한눈에 파악하게 된다. 지금 필요한 움직임이 무엇인지, 각 활동별 담당자는 누구이며 협업의 상대는 누구인지, 나아가 고객 경험을 개선시키기 위해서는 무엇을 해야 하는지가 명확해진다. 즉 새로운 시스템을 맞이하여 전체 프로세스와 활동이 어떻게 바뀌어야 하는지 한눈에 파악해야 할 때 서비스 블루프린트는 매우 유용한 툴이다.

서비스 블루프린트의 가장 큰 덕목은 하나의 고객경험을 바꾸기 위해서는 다른 시스템들이 유기적으로 상세하게 조율되어야 한다는 사실을 상기시켜준다는 점이다. 문제의 해결책을 실행하면서 범하는 가장 큰 실수 중 하나가 그 해결책이 전체 시스템에 미치는 영향을 파악하지 못하고 직접적으로 관련된 부분만 보는 행위다. 직장 생활 중에 '왜 이렇게 간단히 해결할 수 있는 문제가 지금까지 방치되고 있었던 거지?' 하는 의문을 느낀 적이 꽤 있을 것이다. 그러나 그 간단해 보이는 문제가 해결되지 않고 방치되고 있다는 건 그럴 만한 이유가 있는 경우가 대부분이다. 이런 문제들은 오랫동안 조직구성원들이 모두 아는 중요한 사안이며, 과거에 여러 차례 해결을 시도해보았으나 소용이 없었다는 특징을 가지고 있다.

다양한 관점과 이해관계를 가진 구성원들이 복잡하게 상호 작용하는 것이 조직이다. 한 가지 변화는 다른 쪽에서의 변화를 촉발하기 마련이다. 그러므로 제기된 해결책의 영향을 제한된 범위 안에서만 파악하면 상반된 이해관계를 가진 다른 구성원들의 반발과 다른 부분에서의 부작용이 발생하게 된다. 이런 긴장 관계와 복잡성을 회피하기 위해 그냥 원래 하던 방식을 유지하는 것이다. 실행할 수 있는 해결책을 도출하기 위해서는 큰 그림을 보면서 시스템적 사고를 하는 훈련이 필요하다. 서비스 블루프린트는 바로 이러한 훈련이 가능하게 하는 툴이라고 할 수 있다.

핵심 질문 단계에 고객여정지도가 고객 입장에서 큰 그림을 보게 해준다면, 서비스 블루프린트는 핵심 과제 단계의 해결책 개발 과정에서 큰 그림을 보게 해주고 시스템적 사고System Thinking의 중요성을 일깨워준다. 아울러 모두를 위해 좋은 해결책은 매우 드물다는 것과, 다른 분야에 대한 영향까지 고려하면 때로는 차선이 최선이라는 깨달음을 준다. 이걸 깨닫는 것만으로도 문제해결 역량은 한 단계 점프하게 된다.

아카데미 수상을 가져온
봉준호 감독의 비밀무기

스토리보드는 영화나 광고 등 영상 촬영에 앞서 앞으로 만들 장면을 스케치한 것이다. 이는 텍스트로 된 시나리오와 실제 촬영 영상을 이어주는 가교 역할을 한다. 스릴러 영화의 거장 앨프리드 히치콕Alfred Hitchcock은 스토리보드를 매우 철저하게 만들기로 유명한 영화감독이다. 그는 촬영 전에 미리 치밀한 스토리보드를 만들어두고는 했고, 촬영이 스토리보드와 거의 똑같이 진행되는 날이면 따분함을 느꼈다고 한다. 우리나라에도 히치콕 못지않게 스토리보드를 애용하고 잘 활용하는 감독이 있는데, 바로 '봉테일'로 불릴 만큼 섬세한 디테일을 보여주는 봉준호 감독이다. 그가 그린 영화 〈기생충〉의 스토리보드를 보면 각각의 장면이 아주 세밀하게 묘사되어있다. 그가 촬영 전에 얼마나 상세한 부분까지 준비하는지 잘 보여준다.

스토리보드를 만드는 작업Storyboarding은 프로세스를 디자인하거나 개선할 때 유용하다. 아이디어를 시각화함으로써 텍스트나 파워포인트로 설명하는 것보다 훨씬 더 흥미와 몰입을 유발할 수 있다. 또 고객여정을 스토리로 만들어 사용자들의 피드백을 받아 새로운 아이디어를 도출할 수도 있다. 프로토타입보다 훨씬 적은 비용과 시간으로 만들 수 있다는 점도 장점이다. (아니면 열정과 에너지라도 보여줄 수 있다.)

스토리보딩은 광고대행사들의 PT에서 많이 접할 수 있다. 과거에는 수작업으로 그리고는 했는데, 요즘은 자료 화면을 편집해서 거의 광고 수준으로 만들어 오는 경우가 많다. 고객사 입장에서는 최종 결과물을 더욱 생생하게 느낄 수 있게 된다. (가끔 자료로 활용한 광고를 거의 그대로 카피한 결과물을 가져와서 이게 크리에이티브 대행사인지 카피 대행사인지 헷갈리는 경우도 있다.)

[그림 35]는 내가 과거에 구상했던, 신용카드 관리 앱에 대한 스토리보드다. 사용자들이 느끼는 고충에 기반하여 앱에서 구현하려는 기능을 간단히 보여준다. 물론 실제 사용이 가능한 앱을 만들려면 당연히 후속 작업이 뒤따라야 하지만 초기 단계에서는 이 정도의 스토리보드만 가지고도 커뮤니케이션을 하고 피드백을 받을 수 있다. 개발 초기 단계에는 예쁘게 보이려고 디테일한 작업에 시간을 들이는 것보다 이렇게 거칠지만 스토리보드를 만들어서 커뮤니케이션하는 게 훨씬 더 효율적이다.

카드 사용자들의 고충점

"왜 나는 다른 사람보다 카드 혜택이 없어 보이지?"

"특정 가맹점에서 어떤 카드를 써야 혜택이 컷을까?"

"복수의 카드를 잘 조합해서 쓸 수 있도록 알려주는 앱은 없나?"

"카드사 앱들은 자기네 실적만 보여주는데 한눈에 내 소비패턴에 맞는 카드를 내 소비패턴에 맞는 카드를... 추천..."

1. 내 소비패턴을 기준으로 나에게 맞는 카드 추천

2. 혜택의 차이도 계산

3. 특정 가맹점에서 혜택이 가장 큰 카드 추천

· 이런 앱이 있다면, 다운로드 받아볼 수 있지 않을까?

· 그리고 여기서 제시하는 만 변이 그럴싸하다면, 소개를 시켜주거나 추가적으로 어이보지 않을까?

· 그런데 문제는 이건 한번 해 보고 나면, 좋아가 훨씬 어져서 재방문과 체류시간 이 급감하는 건 어쩌지?

4. 내 소비패턴을 기준으로 복수의 최적카드 조합을 추천

5. 흩어져 있는 카드 이용 통계를 통합하여 다양한 형태의 카드 이용통계도 제공

구글이 서비스 출시 전에
반드시 실시하는 것: 테스트

이제 문제해결을 위한 긴 여정의 끝자락에 거의 도달했다. 최종 결과물을 통합하여 사용자 혹은 고객에게 직접 테스트하고, 그 결과를 시각화한 다음 스토리텔링을 가미하여 출시하는 단계다.

신상품이 성공할 가능성은 흔히 5퍼센트 미만이라고 한다. 이는 스타트업의 성공 확률이 5퍼센트 미만이라는 말과 상통한다. 세상에 없던 새로운 알고리즘도, 획기적인 신제품 기획도 개발 단계 이전에 했던 가정들이 잘못되었거나 변화했을 가능성은 늘 존재한다. 실생활에서 사용자 혹은 고객들이 새로운 솔루션에 어떻게 반응할지는 늘 불확실하다는 것이다. 때문에 기존 데이터가 없는 신제품 개발이나 신규 서비스인 경우에는 고객을 대상으로 실제 테스트를 진행하는 것이 최선이다. 이것이 P&G와 같은 오래된 글로벌 소비재 브랜드나 구글과 같은 빅테크들이 중요한 제품이나 서비스를 출시하기 전에 항상 테스트를 진행하는 이유다.

테스트는 다양한 형태로 수행할 수 있다. 고객 대면 인터뷰, 서베이, 온라인상에서 제한적으로 배포하는 베타 버전 테스트, 특정 매장이나 지역에서 실시하는 현장 테스트, 실제 사용 환경에서 고객의 사용성 테스트 등 대상과 목적에 따라 다양하다. 어느 형태이건 간에 중요한 것은 테스트의 결과를 측정할 지표와 성공 여부에 대한 기준을 사전에 명확하게 정의하는 것이다. 테스트는 이러한 지표와 기준에 따라 디자인되고, 수행되고, 평가된다.

테스트 수행 단계에서 유의해야 할 사항이 몇 가지 있다. 첫째, 사전에 사용자들에게 제품이 무엇이고 어떻게 사용하는지를 이해하게 만들어야 하지만 과도하게 설명을 제공해서는 안 된다는 점이다. 테스트의 목적은 사용자들의 솔직하고 편향되지 않은 피드백을 받는 것이다. 소기의 목적을 밝히면 이는 사용자에게 편견을 만들게 되므로 적당히 관찰자 정도의 자세를 취하는 것이 좋다. 둘째, 보통 테스트는 문제해결의 마지막 단계에서 진행하지만, 어느 단계에서건 필요하다면 진행하는 게 좋다. 오히려 조기에 자주 하면 할수록 좋은 편이다.

결과물이 데이터를 활용한 모델링인 경우에 그 유효성을 자체적으로 검증할 수 있는 방법이 있다. 초기부터 데이터를 트레이닝 데이터 세트Training Dataset와 테스트 데이터 세트Test Dataset로 구분하는 것이다. 트레이닝 데이터 세트를 활용하여 모델을 만들고, 이후 별도로 구분해놓았던 테스트 데이터 세트를 활용하여 모델의 유효성을 검증할 수 있다. 이는 앞서 과적합 문제에서 언급했듯이, 혹시 모델이 트레이닝 데이터 세트에서만 맞는 것인지 테스트해서 모델의 범용성을 검증하는 것이다. 데이터만 이용할 수 있게 잘 정리되어있으면 모델링과 더불어 테스트까지 그리 어렵지 않게 진행할 수 있다.

디자인 씽킹이나 데이터 분석 방법 등 모든 문제해결 기법들은 본질적으로 반복적인 프로세스다. 테스트 단계에서 개선점이 발견되면 수정 후 다시 테스트를 하는 지속적인 개선의 과정을 진행해야 한다. 이는 기존의 선형적이고 일회적인 문제해결 방식과 대비되는 접근방식이다. 실리콘밸리의 주요 철학 중 하나인 "빨리 실패하고 자주 실패하라Fail Fast, Fail Often"라는 말은 기존 방식대로 100퍼센트 완성품을 시장에 내놓고 실패하라는 의미가 아니다. 그랬다간 회사는 빨리 자주 망할 것이다. 저 말의 뜻은 최소의 비용으로 불완전 제품을 시장에 빠르게 진입시켜 테스트를 진행함으로써 리스크를 최소화하라는 의미다.

이때 복잡하고 어려운 문제는 쪼개서 테스트해보는 것이 좋다. 단번에 모든 걸 테스트하려면 시간이 오래 걸리고 리스크도 크다. 작은 하위 문제로 쪼개서 테스트하는 것이 현명한 방법이다. 결국 실리콘밸리는 실패의 과정을 비용이 아니라 일종의 투자로 보는 셈이다. 테스트 과정을 통하여 조직은 학습을 할 수 있고, 고객의 피드백을 통하여 솔루션을 보다 더 빠르게 시장에 내놓을 수 있게 된다.

이러한 테스트 문화가 조직에 정착되려면 먼저 경영진이 테스트를 지지해주고, 실패를 위한 자원을 일정 부분 배분해주어야 한다. 그리고 직원들도 테스트를 진행하면서 실패에 대한 불안 없이 심리적인 안정감을 느낄 수 있는 분위기가 마련되어야 한다. 무엇보다도 업무 프로세스에서 반복적인 테스트가 예외적인 것이 아니라 기본적인 과정이 되어야 한다. 물론 이러한 접근방식은 조직에 정착되기가 쉽지 않다. 실패를 두려워하고 그저 비용으로 치부하는 우리나라 전통 기업에서는 더욱 어렵다. 그러나 실패의 비용은 실패하지 않는 비용보다 싸다는 사실을 명심할 필요가 있다.

"당신이 곤경에 빠지는 이유는 뭘 몰라서가 아니다. 확실하다고 믿었던 것이 사실은 착각이었기 때문이다."

_마크 트웨인

커뮤니케이션 고수는
어떻게 설득하는가

직장 생활에 필요한 기본적인 두 가지를 꼽으라고 하면, 바로 문제해결 역량과 커뮤니케이션 역량이다. 그런데 두 가지 모두 학교에서는 가르쳐주지 않는다. 심지어 회사에서도 컨설팅 회사 등을 제외하면 별도로 가르치는 곳이 없다. 회사에서 일할 때 이 두 가지 스킬이 꼭 필요하다는 점을 생각하면 참 이상하고도 아이러니한 상황이다.

지금까지 문제해결 역량에 관해 자세히 살펴보았다. 이제 커뮤니케이션 역량에 관해 알아보자. 커뮤니케이션 역량은 특히 프레젠테이션과 문서 작성 역량으로 드러난다.

데이터 스토리텔링

문서, 즉 보고서를 잘 만들려면 논리적으로 명확하게 잘 쓰는 것이 기본이다. 이어지는 단계는 데이터 분석 결과를 시각화하고 스토리텔링을 입히는 것이다. 문서 작성에서 분석력과 창의성도 중요하지만 이제는 이를 다른 사람들에게 설득력 있게 전달하는 커뮤니케이션 역량이 더욱 중요해졌다. 요즘 흔한 지식 유튜브 채널들을 보라. 전문가인 교수님은 오히려 가만히 듣고, 말 잘하는 유튜버가 더 많이 말하는 장면이 흔해졌다. 이제 수용자들은 데이터 자체보다는 데이터로 구성한 이야기를 통해 통찰을 얻길 원한다. 이에 따라 데이터에 이야기를 입히는 스토리텔링 역량과 이를 전달하는 커뮤니케이션 역량이 주목받게 됐다.

데이터 스토리텔링은 데이터, 시각화Visualization 그리고 스토리Narrative로 구성된다. 이 중에서 스토리는 데이터를 인사이트로 전환하여 의사결정과 실행을 유도하는 핵심적인 역할을 한다. 데이터 스토리텔링에서 가장 하수는 데이터를 날것 그대로 보여주는 것이다. 예를 들면 회귀분석의 결과인 플로팅 차트Plotting Chart를 그냥 던져주는 것이다. 이해와 통찰을 뽑아내는 것은 듣는 사람의 몫이 된다. 이런 사람들이 의외로 회사에 많다. 이들은 팩트나 숫자가 중요하지 시각화나 스토리가 왜 필요하냐고 강변한다. 커뮤니케이션의 맥락에 무신경하고, 중요한 것을 남기고 중복되거나 중요하지 않은 것들을 생략한다는 기본에 대해서도 무지한 이들이다. (참 이기적이고 짜증나는 타입이다. 개인적으로 이런 사람들은 평생 숫자만 만지게 해야 한다고 본다.)

데이터를 넘어 시각화를 고민하기 시작한다면 중수라 할 수 있다. 이들은 커뮤니케이션의 중요성을 깨닫기 시작한 사람들이다. 다양한 형태의 그래프들을 활용해서 듣는 사람이 관심 있게 주시할 포인트를 짚어주며, 불필요한 것들을 없애고 중요도에 따라 장표를 단순하게 만드는 데 집중한다.

고수는 시각화한 자료에 스토리를 입힌다. 고수는 숫자나 팩트보다 스토리가 사람의 마음을 움직일 수 있다는 것을 깨달은 사람들이다. 이들은 조직의 목표와 데이터 간의 연결 고리를 만들기 위해, 변화를 위한 의사결정과 실행을 위해 스토리가 필요하다는 것도 알고 있다. 스토리는 사람들의 주의를 끌고 몰입하게 하며, 영감을 주고 정서적인 반응을 유도한다. 고수는 스토리를 들려주고 가만히 기다린다. 그러면 일종의 암시에 걸린 것처럼 굳이 이래라저래라 얘기하지 않아도 사람들은 나름의 결론을 끌어내고 알아서 해야 할 것들을 하게 된다. 훌륭한 리더들 가운데는 은유와 비유, 구체적인 일상의 용어를 통하여 마법처럼 메시지를 전하는 스토리텔러가 많다.

스토리를 입힐 때는 우리가 흔히 아는 이야기 구조인 '도입-전개-결말' 혹은 '기-승-전-결' 같은 플롯을 적용한다. 그러면 현재 상황, 문제의 발견과 통찰, 깨달음의 순간, 해결책과 다음 단계 등으로 구성하게 된다. 그런데 실제로 해보면 비즈니스 커뮤니케이션에서 영화나 드라마 같은 극적인 스토리텔링 효과를 만들어내는 것은 현실적으로 쉽지 않다. 사실 그럴 필요도 없다. 이야기의 완결성을 추구하기보다는 사람의 마음을 움직일 수 있는 메시지를 뽑아내고, 팩트 위주Fact-Driven가 아니라 메시지 위주Message-Driven의 장표를 만드는 것이 핵심이다. 이 정도만 해도 보고나 공유 미팅에서 충분히 효과를 발휘한다. 증권사 애널리스트 리포트나 기업 분석 보고서도 단순히 숫자와 그래프를 나열하는 것만으로는 투자자의 마음을 움직이기 힘들다. 자본시장처럼 숫자가 중요한 영역에서도 스토리가 매우 중요한 역할을 한다.

'다 된 밥에 코 빠뜨린다'는 말이 있다. 데이터를 활용해서 모델링을 하고, 디자인 씽킹을 통해서 멋진 프로토타입을 만들어 고객 대상 테스트까지 모두 마쳤다. 이제 최종 결정만 남았는데, 여기서 의사결정자를 충분히 설득하지 못해 엎어진다면 도대체 앞서의 모든 작업들은 왜 한 것일까? 황당한 이야기지만 사실 기업 현장에서는 이런 일이 자주 일어난다.

데이터 과학자나 디자이너들을 포함한 많은 실무 인력들은 이런 커뮤니케이션 스킬을 교육받거나 충분히 경험해보지 못한 경우가 많다. 또한 본업인 데이터 분석과 디자인에 집중하기 때문에 스토리텔링 같은 것은 별로 중요하지 않다고 생각한다. 그러다 보니 고생해서 만든 결과물들이 마지막 단계에서 엎어지거나 의미가 축소되어버리는 일이 자주 발생한다. 그리고 놀랍게도, 조직에서 CEO를 포함한 의사결정자들도 때로 감정적이고 즉흥적으로 의사결정을 하는 경우가 꽤 있다. 그들도 역시 인간이기 때문에 숫자 혹은 시안으로만 이루어진 보고는 지루하고 복잡하고 재미없다. 온종일 그런 것들만 보고 듣다 보면 때로는 집중력을 상실하고 감정적이고 즉흥적인 의사결정을 내릴 수도 있는 것이다. 이런 현실을 개탄하면서 초야에 묻혀 살 수는 없으니, 먹고살기 위해서는 보고를 흥미롭게 만드는 방법을 고민하고 단련해야 한다.

시각화와 스토리텔링 과정은 해결책이 도출되고 테스트를 한후 그 결과를 조직 내에서 공유하는 작업이다. 여기에는 다시 분석력과 창의성이 요구된다. 단순히 분석 결과를 나열하는 것을 넘어 결과를 알기 쉽게 보여주고, 거기에 사람들의 마음을 움직일 만한 스토리를 입혀야 한다. [그림 36]은 데이터 스토리텔링의 프로세스를 요약해서 보여준다.

첫 번째는 데이터에서 핵심 메시지Key Message를 추출하는 단계다. 이것은 문장으로 정리를 하는 편이 좋다. 다음과 같이 임팩트가 있으면서도 반전이 있는 메시지가 좋다.

"온라인 업체에 대한 대응책으로 오히려 자사가 잘하는 오프라인 비즈니스를 업그레이드해야 한다. 온라인은 별도 회사 인수 및 자회사 설립으로 대응해야 한다."

두 번째는 맥락을 파악하는 단계다. 듣는 사람과 보고받는 사람이 어떤 배경지식을 갖고 있는지, 관련된 최근의 의사결정은 무엇이었는지, 가장 중요하게 생각하는 어젠다는 무엇인지, 회의 참석

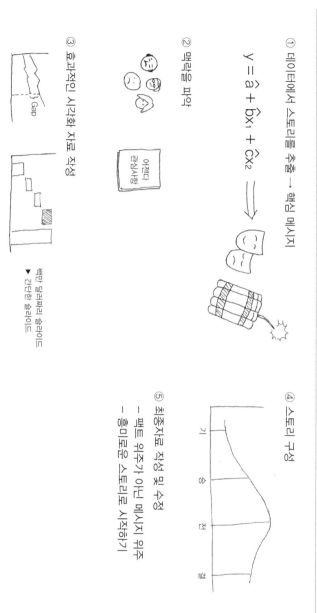

① 데이터에서 스토리를 추출 → 핵심 메시지

$$y = \hat{a} + \hat{b}x_1 + \hat{c}x_2 \implies$$

② 맥락을 파악

어젠다
관심사항

③ 효과적인 시각화 자료 작성

Gap

▼ 맥만 담겨져리 슬라이드
▼ 간단한 슬라이드

④ 스토리 구성

기 · 승 · 전 · 결

⑤ 최종자료 작성 및 수정
− 팩트 위주가 아닌 메시지 위주
− 흥미로운 스토리로 시작하기

[그림 36] 데이터 스토리텔링 프로세스

시 기대하는 바가 단순 보고인지 의사결정인지, 커뮤니케이션이나 의사결정 스타일은 어떤지, 의사결정자가 어떤 성격을 가진 사람인지, 오늘의 기분이나 상태는 어떤지(이건 너무 오버인가? 아니다. 때로는 이게 제일 중요할 수 있다.) 등을 파악해야 한다.

세 번째는 주요 데이터나 메시지로 시각화 자료를 만드는 단계다. 컨설팅 회사에서 얘기하는 백만 달러짜리 슬라이드까지는 아니더라도, 핵심 메시지를 지지할 수 있는 임팩트 있고 단순명쾌한 장표를 만들어야 한다.

네 번째는 핵심 메시지와 장표를 중심으로 스토리를 구성하는 단계다. 밋밋하게 모노톤으로 진행되는 뻔한 스토리보다는, 기승전결이 분명하고 갈등이 있고 반전과 클라이맥스가 임팩트를 주는 스토리가 당연히 좋다. TV 프로그램 〈그것이 알고싶다〉에서 진행자인 김상중 씨가 반전을 위해 사용하는 문구인 "그런데 말입니다", 스티브 잡스가 프레젠테이션 중 마지막에 제일 중요한 기능이나 제품을 설명할 때 사용한 "One more thing"처럼 반전을 위한 카드가 필요하다. 너무 오버할 필요는 없다. 우리는 영화를 찍는 게 아니라 비즈니스 커뮤니케이션을 하는 중이다. 어디까지나 메시지 전달과 보고의 목적에 충실한 선까지 하면 된다.

마지막은 결론을 제시하는 단계다. 그런데 비즈니스 보고서의 기본은 항상 결론부터 먼저Answer First!인데, 이것을 기-승-전-결 구조와 어떻게 결합할 수 있을까? 요즘 뜨는 영화나 드라마의 이야기 구조를 참고하면 좋다. 예를 들어 스릴러 영화에서 살인 장면을 먼저 보여준 후 다시 과거 시점에서부터 이야기가 시작되는 것처럼, 결론에 대한 윤곽과 단서를 먼저 제시한 후 그러한 결론에 이르는 과정을 보여주는 것이다. 이때 결말이 너무 뻔하면 흥미가 반감되므로 복선과 의외성을 가미하면 좋다. 맞다. 어려운 일이다. 우리는 작가가 아니다. 다만 어떻게 하는 것이 듣는 이들의 공감과 함께 변화를 이끌 수 있을까에 대한 고민을 하면 더 좋은 결과가 나올 수 있다는 것은 확실하다.

HIPS 프로세스의 첫 단계에서 핵심 질문으로 시작해 로직트리와 고객여정지도를 같이 만든 것처럼, HIPS 프로세스의 마지막 여정인 핵심 과제에서 데이터와 디자인, 분석과 창의성, 예술과 과학을 통합하는 이야기를 하게 되는 것은 우연의 일치가 아니다. 기술과 인간, 데이터와 디자인, 사이언스와 아트. 분석과 창의성은 대립적인 것이 아니라 세상을 이루는 두 가지 원리이고, 두 개의 축이 균형 있게 맞물릴 때 비로소 제대로 된 문제해결이 가능하기 때문이다.

문제해결사를 위한
현실적인 조언

이제 좀 솔직한 얘기를 한번 해보자. HIPS 프로세스를 마스터하고 수많은 현실 문제들을 해결하면서 경험을 축적한 문제해결사 블랙벨트급이 있다고 하자. 이제 그 사람은 어떤 새로운 문제가 주어져도 문제해결 프로세스를 활용해 곧잘 해결할 수 있을까?

답은 반반이다. 100퍼센트가 될 수 없는 첫 번째 이유는 앞서 언급했던 인지적 편향 때문이다. 경험 많은 문제해결사는 새로운 문제가 주어지더라도 이전에 비슷한 사례를 겪어보았을 테니 경험이 없는 사람들보다 유리할 수 있다. 하지만 '아는 게 병'이라는 말처럼 때로는 과거의 경험이 영향을 미쳐 편견을 갖게 되고, 잘못된 판단을 내릴 가능성이 있다.

두 번째 이유는 현실 세계에서 모든 조건과 변수가 똑같은 문제가 출제되는 일은 없기 때문이다. 질문 자체가 다르거나, 가정이나 전제 또는 조건이 다르다. 무엇보다도 '사람'이 다르다. 문제에 연관된 이해관계자들, 즉 고객도 다르고 상사도 다르고 같이 일하는 동료나 직원들도 다르고 정부나 감독기관의 담당자도 다르다. 이 모든 것이 같다고 하더라도, 문제해결사인 나 자신의 과거와 현재가 다르다. 다른 사람은 다른 생각을 하고 다른 행동을 한다. 사람이 개입되지 않는 문제(이런 문제는 대개 AI가 풀어준다.)라면 모를까, 모든 현실 문제에는 주체 혹은 객체로서 사람이 개입된다. 그리고 사람이 개입되면 그만큼 불확실성이 증가한다. 사람의 생각이나 행동은 일정하지 않아서 예측하기가 매우 어렵다. 특히 조직 내에서는 업무만 존재하는 게 아니라 온갖 사내 정치와 질투, 시기, 비방, 음모, 아부가 난무한다. 합리적 인간을 전제로 하고 문제해결책을 내놓아도 이런 부조리 때문에 좌절하고 비틀리기 일쑤다.

경험도 프로세스도 절대적이지 않다면, 그럼 문제해결사는 대체 무엇을 문제해결의 수단으로 삼아야 하는 것일까? 30년 넘는 직장생활 동안 내가 보아왔던 문제해결사들이 가진 공통적인 품성은 '끈기와 맷집'이었다. 문제를 해결하겠다는 강한 의지와 꺾이지 않는 마음, 이제는 다 끝냈다고 생각했지만 거기서 한 걸음 더 나가보는 집요함, 넘어지고 깨지더라도 소주 한잔 마시고 다음 날 훌훌 털고 다시 일어나는 회복탄력성, 오늘 안 되더라도 언젠가는 될 것이라는 여유와 낙관주의, 그럼에도 현실을 왜곡시키지 않는 차가운 용기가 있었다. 아무리 스마트하고 문제해결 스킬에 통달했다고 하더라도 입이 짧고 엉덩이가 가볍고 유리 멘탈인 사람은 중간에 나가떨어지거나 결국 문제해결사로 성장하지 못했다.

끈기와 맷집. 갑자기 찹쌀떡 반죽이 생각난다. 떡메로 계속 내리쳐도 끈기와 모양을 유지하고 오히려 더 차져지는 찹쌀떡 반죽 같은 문제해결사가 되어보자. 우리나라 조직 중 80퍼센트 이상은 끈기와 맷집을 가진 문제해결사를 알아볼 정도로 개선됐다고 믿는다. (물론 의견이 다른 독자들도 많이 있을 것이다.) 나머지 20퍼센트 조직이면 어떻게 하나? 때려치우는 수밖에.

> "진짜 승부는 막다른 골목에 몰린 상태에서 시작된다. '이건 풀릴 것 같지 않다', '이건 가능할 것 같지 않다' 그렇게 생각할 때, 역으로 무엇인가 극복해내려고 생각하는 것. 나는 이것이 인생에 있어서 노력의 진짜 의미라고 생각한다."
>
> _고모리 시게타카古森重隆(전 후지필름 회장)

AI 시대를 관통하는
가장 중요한 질문

AI가 인간을 대체할 것인가? 이 질문은 마치 부모들이 아기에게 "엄마가 좋아, 아빠가 좋아?"라고 묻는 것과 크게 다를 바가 없다. 어떤 답이 나오든 크게 의미가 없다. 최소한 현재를 살아가는 우리에게는 의미 없고 비생산적인 질문일 뿐이다.

우리는 이미 저 질문의 답을 알고 있다. 과거 인터넷이 도입되고 빅데이터 열풍이 불었을 때도 AI가 특정 직업을 대체하는 것이 아닌가 하는 의문이 있었다. 그러나 그런 일은 일어나지 않았다. 사람들 자신이 아직 AI를 100퍼센트 신뢰할 만한 준비가 되지 않았고, 인간미가 살아있는 아날로그 감성에 본능적인 선호가 있다. 적어도 동시대를 살아가는 우리의 살아생전에는 AI가 인간을 완벽하게 대체하는 일은 일어나지 않을 것이다.

우리가 던져야 할 중요한 질문은 따로 있다. 바로 인간이 잘할 수 있는 것이 무엇인지, 그것을 더 잘하기 위해 AI를 어떻게 활용할 것인지를 묻는 것이다. AI는 특정 직업을 대체하는 것이 아니라 직업에서 인간의 역할을 변화시킨다는 것이 정확한 표현이다. 과거 데이터와 룰을 활용하여 해결할 수 있는 단순 반복적인 일은 AI로 대체될 가능성이 크다. 예를 들면 엑셀의 귀재인 김 대리가 하던 데이터 정리와 분석 업무가 챗GPT를 활용한 파이썬 코딩으로 대체되고, 10년 경력의 데이터 과학자인 이 과장이 3개월 동안 끙끙대며 만든 머신러닝 모델을 AI 머신러닝 프로그램을 통해서 반나절 만에 뚝딱 만들 수 있게 되는 것이다. 그렇다면 우리의 김 대리와 이 과장은 무엇을 해야 할 것인가? 인간은 이제 어떤 역할에 집중하고 그것을 위해 어떤 능력을 키워야 할 것인가? 바로 '맞는 질문 하기'와 '문제해결', 곧 문제해결사의 역할이다.

HIPS 프로세스는 문제해결을 위한 기본적인 가이드를 제공한다. 현실 속 문제들은 수학 문제 풀듯이 해결되지 않기에 이 책에서 제공하는 가이드 또한 모든 문제를 술술 풀어내는 마법을 제공하지는 못한다. 다만 편향되지 않은 다양하고 입체적인 시각에서 문제를 다룰 프레임워크를 제공할 뿐이다. 그렇지만 이러한 접근방식을 체화한다면, AI 머신러닝 프로그램에 대체되지 않는 데이터 과학자, AI 코딩에 대체될 수 없는 개발자, AI 마케팅 어플리케이션에 의해 대체되지 않는 디지털 마케터가 될 수 있는 길을 발견할 수 있을 것이다. 인간이 가장 잘할 수 있는 인간다운 역량을 계속 단련시켜가면서 AI를 잘 활용하는 것이 AI 시대를 대비하는 현명한 방법이다.

앞으로 AI 시대를 살아갈 독자들에게 이 책이 작게나마 도움이 될 수 있기를, 이 책이 사고의 전환을 가져오는 계기가 되기를 간절히 기대해본다.

AI는 인간을 돕기 위해
사용되어야 한다

집필을 완료한 후, 챗GPT에게 문제해결 프로세스를 물어보면 어떤 결과가 나올지 궁금해졌다. 먼저 비즈니스 문제해결 프로세스를 보여달라고 하자 다음과 같은 답변이 나왔다. (영어로 진행했고, 요약하여 옮겼다.)

"물론입죠. 간단한 버전으로 먼저 보여드릴게요."

1. 문제 확인Identify the Problem. 조직이 당면한 이슈나 챌린지에 대해 명확하게 정의한다. 이것은 데이터를 모으고, 이해관계자들과 얘기하고 상황을 분석하는 활동을 포함한다.

2. 정보 수집Gather Information. 문제와 관련된 데이터와 정보를 수집한다. 이것은 시장조사, 재무 데이터, 고객 피드백 등을 포함한다.

3. 해결책 도출Generate Solution. 문제에 대한 잠재적 해결책들에 대한 브레인스토밍을 한다. 이 단계에서 창의성과 다양한 시각이 나오도록 격려한다.

4. 해결책 평가Evaluate Solution. 각각의 대안을 실행가능성, 비용, 임팩트, 비즈니스 목적과의 일치 여부 등에 기반하여 평가한다.

5. 최적 대안 선택Choose the Best Solution. 가장 효과가 크면서 성공 확률이 높은 해결책을 선택한다. 때로는 여러 가지 요인 간 트레이드 오프가 있기도 하다.

6. 실행Implement Solution. 실행계획을 수립한다. 담당, 자원배분, 일정 등을 계획한다.

7. 모니터링과 평가Monitor and Evaluate. 실행의 진척도를 지속적으로 트래킹한다. 사전에 정의한 성공의 기준 대비 결과를 측정하고 필요시 계획을 조정한다.

8. 학습과 반복Learn and Iterate. 프로세스와 결과를 돌아본다. 배운 교훈과 개선 영역을 확인한다. 이 피드백을 향후 문제해결 노력 시 반영한다.

다 맞는 말이다. 후반부에서 철저한 실행관리에 대한 의지가 엿보인다. 하지만 너무 일반적이어서 건질 게 별로 없는 느낌이다.

다음은 HIPS 프로세스에서 참조한 '매니지먼트 컨설팅식 문제해결', '디자인 씽킹', '데이터 분석 접근방식'을 통합한 문제해결 프로세스'를 보여달라고 하자 다음과 같은 답변이 돌아왔다.

"물론이죠. 세 가지를 결합하는 것은 문제해결을 위한 포괄적이고 효과적인 접근방식입니다. 통합하는 방법을 알려드릴게요."

1. 문제 이해(매니지먼트 컨설팅)
○ 이해관계자를 인터뷰하고 조직 내외의 핵심 플레이어들로부터 인사이트를 수집하는 것으로 시작한다.
○ 문제의 맥락과 시사점에 대한 깊은 이해를 위해서 근본 원인 분석, 가치사슬 분석, 전략적 평가 등 매니지먼트 컨설팅의 기법을 활용한다.

2. 사용자 입장 감정이입(디자인 씽킹)
○ 문제에 영향을 받는 사용자나 이해관계자와 감정이입을 하는 디자인 씽킹 원칙들을 적용한다. 이것은 그들의 니즈, 동기부여 그리고 고충 등을 이해하는 걸 포함한다.
○ 문제가 이해관계자에게 미치는 영향에 대한 통찰을 얻기 위

해 사용자 인터뷰, 관찰, 고객여정지도 등의 기법을 사용한다.

3. 데이터 수집과 분석(데이터 분석)

○ 정량적·정성적 방법을 사용해서 데이터를 수집한다. 이것은 시장조사, 고객피드백, 재무 데이터, 운영지표 등을 포함한다.

○ 패턴, 트렌드, 문제와 관련된 잠재적 상관관계 등을 파악하기 위해서 통계 분석툴, 데이터 시각화 기법, 예측적 분석 등을 사용해서 데이터를 분석한다.

4. 문제 정의(매니지먼트 컨설팅 & 디자인 씽킹)

○ 문제를 명확하게 정의하기 위해서 매니지먼트 컨설팅과 디자인 씽킹에서 수집된 인사이트를 통합한다.

○ 매니지먼트 컨설팅의 문제 정의와 디자인 씽킹의 사용자 니즈를 동시에 포함할 수 있도록 문제 정의를 한다.

5. 해결책에 대한 아이디어 창출(디자인 씽킹)

○ 정의된 문제에 대한 해결책에 대해 아이디에이션 세션, 신속한 프로토타이핑, 공동 크리에이티브 워크샵 등의 기법을 활용해서 브레인스토밍을 한다.

○ 다양한 범위의 솔루션을 위해 창의성과 확산적 사고를 격려한다.

6. 해결책 평가(매니지먼트 컨설팅과 데이터 분석)

　○ 두 접근방식을 활용해서 각 해결책의 실행가능성, 지속가능성, 임팩트 등을 평가한다.

7. 프로토타이핑과 테스트(디자인 씽킹)

　○ 프로토타입이나 최소기능제품을 개발한다.

　○ 사용자들로부터 피드백과 개선 아이디어를 얻기 위해 프로토타입을 활용한다.

유기적으로 통합되어있지는 않지만, 중요한 기본 개념들은 어느 정도 다루는 느낌이다. 그리고 이런 통합된 접근방식을 사용하는 기업들이 있느냐고 질문하자 많은 선진기업들이 복잡한 현실 문제를 해결하기 위해 통합된 접근방식의 가치를 알아보고 있다고 한다. 이를 위해 다양한 부서 인력으로 구성된 내부 팀과 외부 전문가를 활용하고 있고, 향후에도 통합 접근방식을 점점 더 많이 사용할 것이라는 긍정적인 답변이 돌아왔다.

다음으로 왜 아직껏 많은 기업이 문제해결에 있어 한 가지 접근방식만을 적용하느냐고 물었다. 그러자 익숙함과 전통, 자원과 인재 부족, 조직 내 사일로와 폐쇄적인 조직구조, 위험 회피, 무지와 몰이해, 변화에 대한 저항 등 그럴듯한 답변을 내놓았다.

마지막으로 아주 결정적인 질문을 해보았다. AI가 인간 대신 문제해결 프로세스를 맡아서 할 수 있을까?

"물론입죠! AI가 이런 통합된 문제해결 접근방식에서 아주 중요한 역할을 할 수 있습니다. 대표적인 것들만 요약해보면, AI 알고리즘을 활용하여 데이터에서 인사이트 도출, AI의 자연어 처리를 활용하여 고객들 피드백으로부터 인사이트 도출, 생성형 AI 모델들을 활용해서 제품 디자인, 마케팅 전략, 프로세스 개선, AI 기반의 프로젝트 관리 툴을 활용한 프로젝트 관리 등을 할 수 있습니다."

이거 큰일이다. AI가 다 할 수 있다고 한다. 그러나 다행스럽게도 마지막에 다음과 같은 얘기가 나왔다.

"AI가 여러 가지 방법으로 문제해결 프로세스를 개선할 수 있지만, 인간의 전문성과 판단이 중요하다는 것을 인정합니다. AI 툴은 인간의 직관이나 창의성을 전적으로 대체하기보다는 인간의 의사결정을 확장하기 위해 활용되어야 합니다. 추가로 AI를 문제해결에 도입할 때에는 윤리적인 고려, 투명성, 책임 소재 등이 중요할 것입니다."

후유, 다행이다. 자신의 한계를 명확히 알고 때로는 상대방을 배려할 줄도 안다. 법적으로 면피도 할 줄 안다. 역시 스마트하다.

결론은 문제해결의 주체가 인간이어야 함을 AI도 인정하고 있다는 것이다. 자신은 여기에 여러 가지 도움을 줄 순 있단다. AI가 제시한 통합 문제해결 프로세스를 보니, 그래도 완전 젬병은 아니고 띄엄띄엄 알기는 하는 듯하다. 잘하는 부분에는 아주 효과적으로 써먹을 만하다.

캐나다의 인공지능 과학자 한스 모라벡Hans Peter Moravec은 '모라벡의 역설'이라는 개념을 제시했다. 인간에게 쉬운 것, 이를테면 감각 처리는 AI에게 어렵고, 반대로 인간에게 어려운 것, 이를테면 수학적 계산은 컴퓨터에게 쉽다는 것이다.

그렇다면 인간과 AI 모두에게 어려운 현실의 문제는 어떻게 해결하면 좋을까? 인간과 AI가 함께, 하지만 인간이 키를 잡고 AI를 잘 활용하면 될 것이다.

인공지능 시대
무기가 되는 생각법

초판 1쇄 발행 2024년 7월 1일
초판 2쇄 발행 2024년 8월 2일

지은이   변창우
펴낸이   신현만
펴낸곳   (주)커리어케어 출판본부 SAYKOREA

출판본부장 이강필
편집   박진희 손성원
마케팅   허성권
디자인   육일구디자인

등록   2014년 1월 22일 (제2008-000060호)
주소   03385 서울시 강남구 테헤란로 87길 35 금강타워3, 5-8F
전화   02-2286-3813
팩스   02-6008-3980
홈페이지   www.saykorea.co.kr
인스타그램 instagram.com/saykoreabooks
블로그   blog.naver.com/saykoreabooks

ⓒ (주)커리어케어 2024
ISBN 979-11-93239-14-8 03190

SAY KOREA는 (주)커리어케어의 출판브랜드입니다.